2016 外语研究论丛

张培　李凤杰　　主编

韩子钰　刘婷婷　　副主编

天津大学出版社
TIANJIN UNIVERSITY PRESS

图书在版编目（CIP）数据

外语研究论丛．2016 / 张培，李凤杰主编．—天津：天津大学出版社，2017.5

ISBN 978-7-5618-5816-5

Ⅰ．①外… Ⅱ．①张… ②李… Ⅲ．①外语－语言学－文集 Ⅳ．①H3-53

中国版本图书馆 CIP 数据核字（2017）第 084095 号

出版发行	天津大学出版社
地　　址	天津市卫津路 92 号天津大学内（邮编：300072）
电　　话	发行部：022-27403647
网　　址	publish.tju.edu.cn
印　　刷	廊坊市海涛印刷有限公司
经　　销	全国各地新华书店
开　　本	185mm×260mm
印　　张	13.5
字　　数	380 千
版　　次	2017 年 5 月第 1 版
印　　次	2017 年 5 月第 1 次
定　　价	48.00 元

卷首语

语言是人类"独享"的并能穿越历史的"圣物"，是人类社会最为重大的文明成果。在全球化的今天，外国语言文学之于中国走向世界的重要性，是不言而喻的。在此意义上，任何一所大学的外语类院系或专业，都承担着使我们培养的人才能跨文化交流、能走出去的历史重任。

学术交流是学术发展的充要条件，这正是我们出版《2016外语研究论丛》的原因。我们期望借助它的出版开展学术交流，把我们的学术专长和学术观点介绍给他人，与有识之士沟通，共同进步。

本论丛共收录29篇论文，是天津财经大学人文学院外语系英语、日语和法语教师以及硕士研究生近两年的研究成果，分语言学、文学和翻译三个方向。其中语言学方向共有12篇论文，主要涉及英语、日语写作，英语专业课教学法的探讨，大学英语四级考试，英语演讲，法、汉语言差异对比，非英语专业课程教学法探讨，教师认知，英语网络热词，话语分析等内容；翻译方向共有论文8篇，内容涉及从功能目的论视角看技术说明书的翻译和中国《政府工作报告》的英译、英译文中叙事构建策略的应用、法语商务翻译、中医古籍英译、MTI课程设置的探讨、顺应论视角下商务英语口译语境顺应的研究以及生态翻译学视角下口译实践中的"零翻译"现象分析；文学方向有9篇论文，主要涉及《黎明之屋》《黄色墙纸》《追风筝的人》《路》《献给爱米丽的一朵玫瑰花》《水浒传》、日本动漫电影音乐、玛丽·奥斯汀的地域主义思想、周作人的日本文化观等。

总之，该书中的学术论文注重理论联系实际、学术性与应用性兼容、科学性与社会性并重，是天津财经大学外语教育研究者的成果的一种展示，希冀得到各界的审读与指正。

丛屹

于天财园

目次

主办单位

天津财经大学

主编

张培

李凤杰

责任编辑

李文慧

● **语言学**

CONTENTS

• Linguistics

• Translation

• Literature

语言学

大学生英语写作中的时态问题在赖兴巴赫 ESR 模型中的分析

李凤杰 张传泽

【摘 要】随着国际化进程的加快，中国学生越来越关注英语的学习，特别是英语写作技巧的掌握。但传统的英语学习使学生在英语的运用上容易出现错误，比如英语时态的误用。英语与汉语的最大不同之一，就是英语中存在时态而汉语没有。为了使时态学习更加直观易懂，本文引入赖兴巴赫 ESR 模型，旨在找出大学生英语写作中的时态问题，并加以分析，使学生写作时建立时态的逻辑体系，提高正确率。
【关键词】英语写作；时态；ESR 时间模型

【Abstract】Nowadays, the students of China pay more and more attentions on English studying, especially on the skills of English writing. However, students could easily make mistakes if studying English in traditional ways. Especially mistakes of tenses, for there's no tense in Chinese language, which is the biggest difference between Chinese and English. To make the knowledge of English tense easier to understand, we introduce Reichenbach's ESR theory, to find tense problems from college students' English writing, aiming to help the students build logic system of tense, and reduce the mistakes.
【Key Words】English writing; tense; ESR

一、引言

对于中国学生来说，英语语法的学习中时态学习一直是难点。李佳（2008）发现在英语专业高年级学生所犯的语法错误中，有 33.11% 是时态错误。文秋芳（2010）发现四年英语专业的学习，并没有减少学生所犯的时态错误。现今，仍有一些英语教师在时态教学中孤立地讲授单个时态，忽视时态的含义及其包含的各时间点的逻辑关系。本文在英语时态中引入赖兴巴赫 ESR 模型，旨在将各时态的含义解释清楚，从而提高英语时态运用的正确率。

二、赖兴巴赫 ESR 模型

赖兴巴赫（1947）认为传统英语语法仅涉及事件发生时间和说话时间两个时间点，这很难用以解释复杂的时态现象，所以需引入第三个时间点。实际上早在 19 世纪，第三个时间点就已经存在于拉丁语语法的解释中。Klein（2009）引入“vantage point”来解释复杂语法。Jespersen（1924）在赖兴巴赫之前解释了过去完成时和将来完成时。赖兴巴赫继承了这些学者的理论思想并建立了ESR模型。

ESR分别指事件发生时间（Event Time）、说话时间（Speech Time）和参照时间（Reference Time）。事件发生时间是指语言世界中事件发生的时间；说话时间是真实世界中语言行为发生的时间；参照时间是说话者自我选择的时间参照点。E和S属于客观时间，而R是说话者自我选择的主观时间。客观时间存在于所有时态中，而主观的R是否存在视说话者的选择而定。

见表1，例句1，2和3中只有客观时间。例句4和5既有客观时间又有主观时间。

表1

例句		说话时间	事件发生时间	参照时间
1	The plane is leaving at 13:00.	现在	现在	—
2	The plane left late.		过去	—
3	The plane will leave in 2 hours.		将来	—
4	The plane had already left when I got to the airport.		过去的过去	过去
5	The plane has left.		过去	现在

表1中，例句1，2，3的说话时间均为“现在”，事件发生时间分别为“现在”“过去”和“将来”。例句4的主句（The plane had already left）向听话者传达了说话者要表达的主要意思，即：飞机已经起飞了。这个事件毫无疑问是发生在过去的。但说话者在这句话中并未使用过去时，因为他将此事件与从句（when I got to the airport）这一事件的时间先后作了一个对比。尽管这两个事件均发生在过去，但存在先后顺序。所以说话者在从句中使用了过去时，而在主句中使用了过去完成时，从句事件发生的时间是主句事件发生时间的参照时间。参照时间对比了事件发生的先后顺序。例句5中的说话时间和参照时间也同样与事件发生时间不同，参照时间是“现在”，说明事件“the plane left”对说话者的影响仍然存在，所以例句5的时态是现在完成时。

这里需要强调的是，是否引入参照时间由说话者自己决定。如例句5，说话者决定不用参照时间来描述事件“the plane left”，那他可以在这句话中使用过去时。如果说话者想用一个事件发生的时间来作为另一个事件发生的参照，则他将使用完成时。

根据说话者是否在一句话中引入参照时间，英语时态被划分为简单时态和复杂时态。简单时态中仅包含说话时间和事件发生时间。一般过去时、一般现在时和一般将来时为简单时态。简单时态中的说话时间永远是“现在”，只是事件发生时间各不相同，分别为“现在”“过去”和“将来”（如例句1，2，3）。

复杂时态中除了包含说话时间和事件发生时间外，还引入参照时间。根据参照时间和事件发生时间的先后顺序不同，复杂时态又分为前事件时态和后事件时态。前事件时态的事件发生时间在参照时间之前，如在复合句“Our train had left at 10 am when I was on the way to the railway station”中，主句的事件发生时间在从句的事件发生时间（主句的参照时间）之前，所以此句时态为前事件时态。在例句“I'm going to visit Lily”中，参照时间是现在，事件发生时间在将来，所以此句时态为后事件时态。

表 2 总结了复合句中 ESR 模型的应用。

表 2

时态类型	时态	例句	时间				
			过去的过去	过去	现在	将来	将来的将来
前事件时态	现在完成时	Lily has been to South Korea many times.		E	RS		
	过去完成时	He had eaten brunch before he arrived.	E	R	S		
	将来完成时	I will finish this tomorrow.			S	E	R
后事件时态	现在进行时	She's going to leave.			SR	E	
	过去进行时	She was going to leave.	R	（E）	S（E）	（E）	
	将来进行时	She will be leaving.			S	R	E

· E=event time，即事件发生时间；S=speech time，即说话时间；R=reference time，即参照时间

三、大学生英语写作中的时态问题在赖兴巴赫 ESR 模型中的分析

赖兴巴赫的 ESR 模型有助于对英语时态的理解，特别是区分意义相近的时态时。简单时态拥有二元结构（E，S）。复杂时态以简单时态为基础，拥有三元结构（E，S，R）。运用 ESR 模型分析句子，能直观清晰地看出句子的时态结构，逻辑正误。将此方法运用于英语写作中，可以使学生更好地理解各时态的含义，建立关于时态的逻辑体系，从而提高正确率。

下面给出两篇大学生写作的英语作文（文中保留学生写作中的语法及拼写错误），并用 ESR 模型分析其语法错误作为示例，见表 3。

示例 1

（1）I was given birth to on 14/2/1994.（2）I have a brother who is 6 years older than me.（3）He was a good brother. Being deeply influenced by him.（4）I was interested in studying and reading.（5）When I was four and a half years old, I begged to send me to school, they did.（6）But it turns out to be I was too young to attend class in terms of energy.（7）So I quitted. Then when I was five years old and a half years old, I went to school again and became a first-grade student for my uncle is the president of that school.（8）I finish the homework quickly, so there is plenty of time for me to play with little friends. (9) This situation last long for almost half of my school life. (10) When I was in junior middle school, I still got the highest scores with least time. (11) I seldom worried about my study, neither my parents, because I always won the first place in my grade.

(12) As time past away, I stepped into senior middle school with a satisfying score in the age of 14. (13) The new environment troubled me. (14) I felt lonely and stressful. (15) The school work was a little difficult for me to understand, it was the first time I began to worried about my study. (16) During the first year in my senior high school, I study very hard, but the results of some subjects like chemistry and physics were not that good. (17) So I choose arts when I was senior two. (18) However, things did not turn better, it's always busy and hard to prepare for the college entrance examination. (19) My geography results were a little poor, so it was boring for me to finish homework every time. (20) Fortunately, my English, Chinese and mathematics grades are satisfying. (21) Every time I felt depressed by my poor geography, I would turn to my beloved subjects for happiness and then come back to study. (22) To tell the truth, my senior high school wasn't happy in terms of study, but what comforted me a lot was that I was made a lot of life-long friends, they brought me happiness and influenced my life in some way. (23) I felt so lucky to make acquaintance with them, my friends lit up my life.

(24) When it comes to university I was in, I don't want to say how regretful I came here. (25) I think that life is full of various choice, and no matter which road you have chosen, just keep going forward with no regrets! (26) It's meaningless. (27) For example, although my major is not that attractive to me, I still learn it well and live happily. (28) Besides, I choose English as my second major just out of interest, that's good enough. (29) You're what you think, just be positive, you'll find humor in our lives. (30) Nowadays, I attend classes, reading, volunteer, take some necessary examinations and do some part-time jobs, it's happy for me. (31) I love those things I do. (32) Happiness lies in our daily lives, so, just find it!

表 3

句子	时间					时态
	过去的过去	过去	现在	将来	将来的将来	
(1)		E	S			一般过去时
(2)			E, S			一般现在时
(3)		E	S			一般过去时
(4)		E	S			一般过去时
(5)		E	S			一般过去时
(6)		E (从句)	E (主句) S			一般现在时 & 一般过去时

续表

句子	时间					时态
	过去的过去	过去	现在	将来	将来的将来	
（7）		E	S			一般过去时
（8）			E, S			一般现在时
（9）			E, S			一般现在时
（10）		E	S			一般过去时
（11）		E	S			一般过去时
（12）		E	S			一般过去时
（13）		E	S			一般过去时
（14）		E	S			一般过去时
（15）		E	S			一般过去时
（16）		E （第三个分句）	E （第二个分句） S			一般过去时 & 一般现在时
（17）		E （从句）	E （主句） S			一般过去时 & 一般现在时
（18）		E （第二个分句）	E （第三个分句） S			一般过去时 & 一般现在时
（19）		E	S			一般过去时
（20）			E, S			一般现在时
（21）		E （第一个分句和第二个分句的主句）	E （第二个分句的从句） S			一般过去时 & 一般现在时
（22）		E	S			一般过去时
（23）		E	S			一般过去时
（24）		E （第一个分句的从句和第二个分句）	E （第一个分句的主句） S			一般现在时 & 一般过去时

续表

句子	时间					时态
	过去的过去	过去	现在	将来	将来的将来	
(25)		E	E S R			一般现在时 & 现在完成时
(26)			E, S			一般现在时
(27)			E, S			一般现在时
(28)			E, S			一般现在时
(29)			E (前两个分句) S	E (第三个分句)		一般现在时 & 一般将来时
(30)			E, S			一般现在时
(31)			E, S			一般现在时
(32)			E, S			一般现在时

赖兴巴赫认为，尽管各个时态中各时间点位置不同，但复杂句的每个分句都应该遵循“时态顺序”原则，即各分句的参照时间相同。赖兴巴赫称之为“参照点恒定论”，即复合句中每个分句的参照时间相同。如果分句时态为简单时态，一般设置一般过去时的参照点为过去，一般现在时和一般将来时的参照点为现在。

表 3 中句（6）的主句是一般现在时，参照点是现在，而句（6）的从句是一般过去时，参照点是过去，这违反了赖兴巴赫的“参照点恒定论”，所以句（6）的时态是错误的，我们将其称为错误 1。错误 1 还出现在句子（16）（17）（18）（21）（24）和（29）中。

为了保持整个语篇时态的一致性，赖兴巴赫的“参照点恒定论”在语篇范围内同样适用。如在示例 1 中，第一段中除了句子（2）（6）（8）和（9），其余句子的参照点均为过去，我们将这类错误称为错误 2。错误 2 还出现在第二段的句子（16）（17）（18）（20）和（21）以及最后一段的句子（24）和（29）中。

示例 2

（1）I have had a free and happy childhood without sorrow and anxiety.（2）I was born in a common family in Tai He, An Hui Province in 1993.（3）I grew up in a small town until I was six years old.（4）I went to kindergarten only for one year and during those kindergarten days, all my duty was playing with friends.（5）I was very naughty and wild but very happy and innocent everyday.（6）I usually stayed in the field and played with boys wildly, sometimes I got injured but I still felt like a bird.（7）When I was five, I went to primary school for the first year in my hometown, <1> but my parents planned to move to downtown and make me go to a more prospective primary school.

(8) So my simple but pleasant primary school life begin in a new town and a new school in seven-year-old I began to study from grade one again, my new school was one of the best primary school in that downtown. (9) To my surprise, I had a very young beautiful and kind head teacher. (10) I love her very much even till now. (11) I can remember her wonderful voice and glace. (12) I consider her as my icon that time. (13) My performance in primary school had always been very good, and I had a great relationship with teachers and classmates. (14) I was a monitor and flag raiser. (15) My parents were proud of me and seldom worried about my academic scores and school lives. (16) Although, sometimes I envied others a little because my family was not rich, Overall I had a meaningful and rich primary school life and get a good education bases, especially English, my interest in English from the first time I had English class in Grade 4 was considered my biggest harvest. (17) The final exam was very easy and I was admitted to the key middle school without any problems. (18) I also had made a lifetime friend.

(19) Then it came my middle school life with bitter-sweet memories in 2005 to 2008. (20) My middle school was just the school I had dreamt about. (21) As soon as I got into the class, I was appointed to be a study monitor and even after. (22) I didn't like my head teacher so much, neither hated him because he was always so kind to me. (23) My favorite teacher was my English teacher who has made English class my favorite class and have a further influence in my English learning even until now. (24) Her class was very active and efficient, we could play and learn in the meantime. (25) Sometimes she was very strict with us and even give us physical punishment, but this had never stopped our love for her. (26) I took part in many outdoor activities during my school life. (27) I painted my own class book in the very graduate year. (28) I also learned causthenics with six girls and went the city to attend competition and <1> receive a good result for NO.2. (29) I have had many good friends in middle school, and we are still very close friends now, we had middle school classmate party very year to memorized our unchanged friendship. (30) The bitter story in middle school began with math, I did poorly in math and <1> felt shameful every time the examination ends. (31) What's happy however, I passed the High School Entrance Examination and got a highest math sore ever, and my math teacher who is a lovely old man was very proud me.

(32) The most unforgettable school life was, of course, my high school life. (33) I went to the key high school very frequently and made the monitor once again. (34) I was very popular with teachers and students. (35) As first, I was in a science class, after a month I chose to transfer into an arts class which I loved and did better. (36) My academic performance had always been the top in my class. (37) Despite of the pressure. (38) I had a happy life with my precious friends, and another three excellent girls was combined to and was called "Four Golden Flowers" by teacher because we four girls usually went to teacher' office as good assistances. (39) I was the English represent and have had a lot of works every day, but I enjoyed being a small English teacher in class. (40) While my math was still very poor

though I worked harder. (41) Fortunately, I still got a good result in the College Entrance Examination. (42) The Senior 3 year was very strict and harsh. (43) We were studying and reciting every day from morning to night. (44) But the struggling days made my life completed and full of sunshine, and every minute after class has became very precious and full of laughter. (45) During the high school years, I have raised several thousand money by my own, which was very proud and gave me a sense of achievement.

(46) My meaningful and busy campus life began two years ago, yeah, how time flies. (47) When I was first in this school, I was full of hope but wandered where I should go. (48) So I catched every opportunity and took part in many activities, I was the monitor once again, And I joint English corner. (49) Drama club, logistics club and so on. (50) My freshman year was very busy. (51) Then the first summer vocation, I went to He Nan Province and did some research on grass root innovation. (52) I met seven excellent boys from the same school and with their influence, I joint a very meaningful student association, Enact us, I performed well there and had the opportunity to attend the competition in Beijing, Nation conference Center, this experience was very unforgettable and precious, I learned a lot. (53) When it came to the third year, I began to realize what I want and what I should do, so this year I will continue draw my happy school life with a dear and more powerful hand!

(54) I struggle for my campus dream. (55) Nothing can be more beautiful than making efforts for your goal. (56) The three-year's hard work reward me a good result in senior high school examination.

如表 4 所示，包含错误 1 的句子：(7)(8)(23)(25)(28)(29)(30)(31)(39)(44)(45)(53)。

包含错误 2 的句子：(1)(7)(8)(10)(11)(12)(23)(25)(28)(29)(30)(31)(39)(44)(45)(53)。

表 4

句子	时间					时态
	过去的过去	过去	现在	将来	将来的将来	
(1)		E	S R			现在完成时
(2)		E	S			一般过去时
(3)		E	S			一般过去时
(4)		E	S			一般过去时
(5)		E	S			一般过去时
(6)		E	S			一般过去时

续表

句子	时间					时态
	过去的过去	过去	现在	将来	将来的将来	
（7）		E	E （句 <1> 的第二个从句） S			一般现在时 & 一般过去时
（8）		E	E （第一个从句前半部分） S			一般过去时 & 一般现在时
（9）		E	S			一般过去时
（10）			E, S			一般现在时
（11）			E, S			一般现在时
（12）			E, S			一般现在时
（13）	E （第一个分句）	E （第二个分句） R （第一个分句）	S			一般过去时 & 过去完成时
（14）		E	S			一般过去时
（15）		E	S			一般过去时
（16）		E	S			一般过去时
（17）		E	S			一般过去时
（18）	E	R	S			过去完成时
（19）		E	S			一般过去时
（20）	E	E （主句） R （从句）	S			一般过去时 & 过去完成时
（21）		E	S			一般过去时
（22）		E	S			一般过去时

续表

句子	时间					时态
	过去的过去	过去	现在	将来	将来的将来	
（23）		E （第一个分句的主句）	E （第二个分句） S R （第一个分句的从句）			一般现在时 & 现在完成时 & 一般过去时
（24）		E	S			一般过去时
（25）	E （第二个分句）	E （第一个分句前半部分） R （第二个分句）	E （第一个分句后半部分） S			一般现在时 & 一般过去时 & 过去完成时
（26）		E	S			一般过去时
（27）		E	S			一般过去时
（28）		E	E （分句 <1>） S			一般现在时 & 一般过去时
（29）		E （第一、三个分句）	E （第二个分句） S R （第一个分句）			一般现在时 & 一般过去时 & 现在完成时
（30）		E	E （句 <1> 的从句） S			一般现在时 & 一般过去时
（31）		E （第二个分句 & 第三个分句的主句）	E （第一个分句 & 第三个分句的从句） S			一般过去时 & 一般现在时
（32）		E	S			一般过去时
（33）		E	S			一般过去时
（34）		E	S			一般过去时

续表

句子	时间					时态
	过去的过去	过去	现在	将来	将来的将来	
（35）		E	S			一般过去时
（36）	E	R	S			过去完成时
（37）						
（38）		E	S			一般过去时
（39）		E	S R （第一个分句的后半句）			一般过去时 & 现在完成时
（40）		E	S			一般过去时
（41）		E	S			一般过去时
（42）		E	S			一般过去时
（43）		E	S			一般过去时
（44）		E	S R （第二个分句的后半句）			一般过去时 & 现在完成时
（45）		E	S R （第二个分句）			一般过去时 & 现在完成时
（46）		E	S			一般过去时
（47）		E	S			一般过去时
（48）		E	S			一般过去时
（49）						
（50）		E	S			一般过去时
（51）		E	S			一般过去时
（52）		E	S			一般过去时
（53）		E （第一、二个分句）	S	E （第三个分句）		一般过去时 & 一般将来时
（54）			E, S			一般现在时
（55）			E, S			一般现在时

续表

句子	时间					时态
	过去的过去	过去	现在	将来	将来的将来	
(56)			E, S			一般现在时

四、结语

本文首先给出了赖兴巴赫 ESR 模型的明确定义，然后选取赖兴巴赫 ESR 模型，分析中国学生英语写作中的时态错误：将每个句子的时态套用到赖兴巴赫 ESR 模型中，分析句子整体时态是否一致；纵观整个语篇，分析语篇整体时态是否一致。这样分析写作中的时态，条理清晰，一目了然。

进而，可将本文所示例的方法运用到实际写作中，在写作前用赖兴巴赫 ESR 模型建立时态的逻辑关系，以正确选择、使用时态。在写作后将赖兴巴赫 ESR 模型套用于句子中以检验时态使用正误，尽量提升时态使用正确率。

因作者水平有限，本文还存在着不足，如运用 ESR 模型设计时态运用的方法还可改进，语料的选取也很单薄。作者也希望继续深造、广泛涉猎，以充实文章。

在全球化的大环境下，世界的联系日益紧密，且涉及生活的方方面面。英语作为国际通用语，是世界的通行证，称其为未来生活的钥匙也不为过。既然学习英语，我们就要把它学明白，用好。作为英语专业硕士生，我们致力于为英语教学做出贡献。

参考文献：

[1] 李佳 . 英语专业学习者句法错误分析 [D]. 曲阜 : 曲阜师范大学，2008.

[2] 文秋芳，胡健 . 中国大学生英语口语能力发展的规律与特点 [M]. 北京：外语教学与研究出版社，2010.

[3] JESPERSEN O. The philosophy of grammar [J]. London: Tijdschrift Voor Philosophie, 1924(4):743-744.

[4] KLEIN W. How time is encoded [C] // KLEIN W, LI P. The expression of time. New York: Mouton de Gruyter, 2009.

[5] REICHENBACH H. Elements of symbolic logic [M].New York: The Macmillan Company, 1947.

大学生英语写作中中式英语问题分析与规避

李凤杰 袁秀颖

【摘　要】中式英语是中国学习者受母语影响所表达出的一种畸形英语。近年来，中式英语成为学者的研究话题，由于母语的迁移以及英语与汉语思维模式的不同，中国学生在英语输出过程中普遍存在中式英语问题。写作是语言输出最综合的体现。本文从大学生的英语写作文本出发，探索英语教师应如何引导学生优化他们的写作，减少写作中的中式英语现象。

【关键词】中式英语；母语迁移；思维模式

【Abstract】Chinglish is an inter-lingual error which reflects the combination of English and Chinese. In recent years, more and more scholars turn to studying Chinglish. Because of the transfer of the mother tongue and the differences in thinking modes between English and Chinese, the Chinese students more often than not would make mistakes or errors of Chinglish in the output of English. The skill of writing can be the most comprehensive representation in the language output. This thesis aims to find out some strategies for college English learners and English teachers to minimize the interference of Chinese based on the data of college students' writings.

【Key Words】Chinglish; language transfer; thinking mode

一、研究背景及意义

英语在中国已经成为工作和外交活动中第二重要的语言工具，作为现代大学生，英语已成为必修课。新颁布的《大学英语课程教学要求》对大学生的英语写作水平有了更高的要求，其中较低层次为能用常见的应用文体完成一般的写作任务，能描述个人的经历、事件、情感等，能就一般性话题或提纲在半小时内写出120词的短文；更高要求为能就一般性主题比较自如地表达个人的观点，做到文章结构清晰、内容丰富、逻辑性强，能用英语撰写所学专业的技术报告、论文。可以看出，社会对大学生英语写作水平的要求已越来越高。中式英语是困扰中国教师和学生的一个顽疾，要想表达出地道的英语就要克服中式英语。

二、中式英语的相关研究

谈到中式英语，我们会自然联系到中国英语，很多学者将其视为一个事物的两种表现形式，其实此观点忽略了它们之间最本质的差异：中国英语和中式英语虽然有很多类似的地方，但它们扮演的社会角色有很大不同，中国英语是被本土化的语言变体，是适应于中国文化发展演变而产生的，用来描述中华文明和表达中国政府的观点，如：太极（Taichi），它是国际规范英语的一部分，我们将它进一步规范化，以便被国际读者更好地接受。而中式英语一般是针对个体而言的，具有不稳定性，是受汉语文法干扰和中式思维影响而产生的违背英语传统表达的语言错误，是不被接受的。有关中式英语，至今还未形成系统成熟的研究，不同的学者对中式英语的成因和定义都给出了自己不同的观点。

中式英语是一种畸形语言，人们普遍认为中式英语是一个贬义词，是一种语言的不标准和错误形式。邓炎昌认为，“中式英语是口语或书面语中受汉语干扰的部分。有些句子表现为汉语的字面翻译。中式英语在语法上也许是正确的，但却是无法被理解和接受的”。张培成认为，“中式英语在中国是正确的表达，我们无须躲避它的使用”。但是，本文作者并不赞同他的观点，笔者认为，中式英语是一种语言错误，它阻碍了英语的正常发展。中式英语现象在初学者的表达中尤为普遍，然而它也是因人而异的，受学习者语言能力、思维方式的影响，不同的人会创造出不同的中式英语。

一直以来，在中国的二语教学中教师都将语法学习放在首位，如同教授数学公式，学生可以举一反三，但在实际学习中，很多符合语法规则的词组或句子在交流中被认为是无效的，事实表明，很多交流的失败都源于中式英语。本文从目标学生一学期的英语写作入手，找出中式英语的成因，为英语教师在帮助学生避免中式英语，运用地道英语方面提供一些方法，希望对二语写作构建给予一点启发。

语言迁移是英语写作过程中重要的认知因素，比较英语和汉语，汉语属于汉藏语系，包含系统的表意文字，而英语属于印欧语系，有系统的字母表达。虽然母语写作与二语写作有很多差别，比如语法、修辞甚至写作策略（Silva, 1993），但二语写作模式很难不受到母语写作模式的影响，如此便会产生中式英语。而所属不同语系很难有完全对等的词汇概念，在二语输出过程中，学生通常用所掌握的词汇去弥补英语词汇的不足，或者在不懂得如何用标准英语表述时借用汉语句法表述，这都将使得输出的语言向汉语倾斜，如此便产生了让以英语为母语的人难以理解的中式英语。

中式英语的另一个主要成因是思维模式的不同。思维是语言的灵魂，语言是思维的媒体。不同的文化会形成不同的思维模式、不同的语言模式和风格。中国人和以英语为母语的人具有不同的思维模式和语言习惯去反映各自不同的生理的、心理的、社会的和文化的特点。为了学好英语，中国的英语学习者有必要学习和理解英语的思维模式和英语本土文化，对比两种语言的相同点和不同点，从而找出中式英语出现的原因。“东方重综合，西方重分析，中国人偏向形象、具体思维，英美人偏好抽象、逻辑思维，英美人重客体思维”（郭大勇，郭庆）。笔者在本篇论文中将运用对比分析的方法，对比两种语言在思维模式以及文化方面的差异，找出中式英语的成因。

三、错误分析与对比分析理论

错误分析与对比分析是二语习得理论中重要的一部分，也是外语教学研究的重要手段。由于母语的影响以及汉语思维的影响，在外语教学和学习中出现中式英语现象在所难免，本文通过将这两种理论运用到教学研究和学生学习结果研究中，可以更加有效地分析出中式英语的成因以及相关的改进方法。

（一）对比分析

对比分析盛行于20世纪五六十年代，其心理学基础为行为主义，强调语言是习惯，语言的习得过程就是习惯形成的过程。在儿童学习母语的过程中，儿童通过模仿和强化获得母语的习惯。而在二语学习中，学生将模仿和强化运用于第二语言学习中。对比分析就是对比母语与第二语言之间的相互作用与影响。对比分析有助于教学，Lado提出，与学习者目的语相似的成分对他来说是简单的，与其母语相异的成分对他来说是困难的，二语习得水平取决于两种语言之间差异的大小。对比分析研究者认为，学习者在表达外语之前总会试着借助母语的意思、文化以及结构在脑中形成一个模型，继而沿着这个模型去表述，而当目标语与母语差别较大时，所表达出来的目标语就会受到母语迁移的影响。

（二）错误分析

错误分析是应用语言学的一个分支，产生于20世纪60年代末、70年代初，由于对比分析在某种层面上存在局限性，无法真正分析出语言的错误，研究者们转而开始研究语言的错误本身。第二语言习得与母语的学习一样，出现错误是很自然的。错误并不意味着失败，而是外语学习中必不可少的一部分。错误分析的心理学基础是认知理论，与乔姆斯基的语言习得理论和普遍语法之间有密切的关系。错误可以分为两种：随机的错误与语言迁移导致的错误，这里我们主要研究的是语言迁移导致的错误。对于非英语专业的大学生来讲，语言输出过程中最明显的错误原因就是母语的干扰。张文涛在他的研究中表示，在二语学习的错误中，由于母语干扰产生的错误占50%，由语言内部原因导致的错误占32.8%。Sridhar认为，传统的错误分析法的目标就在于用于教育（Sridhar，1981）。错误分析法在大学英语教学和学习中具有重要的实践意义。Corder认为，错误分析法的意义主要有三方面：

（1）错误分析可以使教师认识学生的学习程度；

（2）错误分析可以为研究者提供学习者如何学习的证明；

（3）错误分析可以作为学习者发现目标语规则的工具。

观察大学生英语表达中的错误可以发现，他们在语言学习中有所选择地运用了学习策略。错误分析可以帮助发现学生在语言输出中需要注意和加强的地方。错误分析主要是对语言中的错误进行分类，进而有助于教师进行系统的分析，学生更好地进行总结。

四、研究描述

中式英语是中国学习者在英语输出过程中普遍出现的一种语言错误。写作作为语言运用的重要部分，体现着学生语言的综合能力。本篇论文从一系列大学生英语习作入手，分析习作中的中式英语错误，将其分类，从母语迁移和思维模式不同的角度，比较英语和汉语的特点，从语义、句法和文化三个方面分析学生中式英语错误的现象，从而总结出一系列解决方法帮助大学英语教师在英语写作教学中引导学生避免中式英语错误。

（一）研究对象

本篇论文的研究对象为天津财经大学英语实验班三年级的18名学生。他们来自不同的专业，但都选择英语作为第二专业，他们在高考中的英语成绩均高于120分，因此可以将他们视作同一水平的研究对象。这些学生均有对英语学习的兴趣，所以他们都具有主动的学习动机。

（二）数据收集

这18名学生在教师的指导下，根据不同的段落发展顺序，每人完成8篇习作：

（1）How to prepare for a picnic at the weekend（按照过程顺序）；

（2）I have had a happy school life （按照时间顺序）；

（3）My campus（按照空间顺序）；

（4）My friends （按照分类顺序）；

（5）Noise pollution in the city where I live（按照举例顺序）；

（6）Over development of big cities （按照因果顺序）；

（7）Popularity of tours to forests and mountains （按照因果顺序）；

（8）Television and cinema（按照比较与对比顺序）。

我们将这些文章命名为 T1 至 T8，同时，将学生命名为 S1 至 S18，所以第一名学生的第一篇文章即为 S1T1。这些数据的收集从 2013 年至 2014 年持续了一学年，在英语写作课堂上，教师关注学生的写作全过程，包括如何构思、如何草拟、如何修改成终稿。根据大学生英语写作考核要求，此次研究主要针对命题作文，培养学生在看到写作题目后快速有条理地构思。然而一篇好的文章仅仅有好的构思是不够的，还需要有好的语言。我们在研究大学生英语写作语言时发现最多的问题便是中式英语错误，因此本篇论文的研究对大学生如何在写作中避免中式英语错误将具有借鉴作用。

根据 18 名学生的习作，我们建立了数据库。为了保证数据库的真实性，体现学生写作的真实水平，在数据录入过程中，我们保持学生习作的原始数据。

（三）数据分析

在分析学生习作的过程中，我们发现，中式英语错误出现的频率与学生的英语水平紧密相关。随着学生不断接受专业英语写作课程的指导，学生在写作中开始使用写作策略，从而其中式英语错误出现的频率也有所减小，尤其语法层面的错误。

（四）从语义层面分析中式英语错误

语义研究的是词语、词组以及句子的意义。在语义层面，我们发现，我们通常关注的是一个词语通常的意思而不是表达者在特定环境下想要表达的意思。也就是说我们通常在意义方面更加关注客体和普遍意义而不是主体和特定意义，由于从主体角度考虑语义的特定意义是十分多样的，因此，语言学家在研究语言学的宏观层面时通常关注的是语言的普遍意义。我们在二语学习过程中对语义认知的过程就是语义国际化的过程。然而在这个过程中，对于中国学习者来说，具有母语迁移和思维模式不同的双重影响，使得中国学习者在英语表达过程中思维很难完全达到英美本土人的选词构句逻辑，从而产生了中式英语。接下来我们分析学生习作中语义层面的中式英语错误。

语义重复是一种常见的中式英语错误，原因主要是学生无法确切理解单词的意思。例如很多学生说“reading books”，却不知这是一种明显的中式英语错误，“reading”本身的意思就包含所读的内容。英语和汉语不同，汉语动词通常只表达动作，后面需要加客体完成动词的意义，汉语的语义属于片段的连接，而英语词汇的意思通常更加丰富，例如“desk”指的是课桌，而不是简单的桌子，所以如果有人说“writing desk”便会造成语义重复。此种错误需要学生在学习中细心关注词汇的英文注释，避免用中式词语思维固化英语词汇的意思。

E.g. When I was young my grandmother liked and doted on me very much, she always carried me on her back.（S3T2）

这句话中“doted”的意思是溺爱，而与之并列的动词意思为喜欢，很明显造成了词义赘余。从后半句“she always carried me on her back”得知，此处需要的是溺爱的含义，该学生所用的搭配“喜欢并且溺爱我”在汉语中的表达也是不正确的。由此可见，学生的英语表达极易受汉语固化表达思维的影响，有些汉语固化思维本身错误的甚至会表达出更加奇怪的中式英语。

除了语义重复，语义省略也是一种常见的中式英语错误。由于汉语表达更重视语义，而英语表达更重视结构，在它们的互换中很容易出现矛盾。

E.g. We don't have many chances to get together but I found missing can also make me happy.（S4T2）

在汉语表达中，省略主语或宾语是十分常见的现象，但英语十分注重语言的逻辑，除了祈使句外，省略主语或宾语的句子都被看做不完整的。例如中国人在口语中会说“不开心”，转换成英语要加上主语变为“I am not happy”。回到这句话中，“missing”作为英语在此处想要表达的含义是“想念”，在汉语层面，“我发现想念的思绪也会让我感到愉快”是完全合理的，然而在英语中“missing”作为“miss”的动名词并没有名词“思念”的含义。动词后需要加宾语使句式完整。

例句应该改为：We don't have many chances to get together but I found missing somebody can also make me happy.

除了前两种形式的中式英语错误，逐字翻译法也是一种典型的中式英语错误。英语强调逻辑，而汉语更注重情感。因隶属于不同的语系，在英语和汉语中很难找到两个语义完全对应的单词。而很多中国的学习者思维中会有一种寻捷径的想法，就像有些小学生在初学英语单词时会用汉语拼音标注，大多数大学生还处于在表达英语前先用汉语在脑中构造好模型，然后按照这个模型去表达的阶段。采用这种方式当然能更方便地输出其想表达的英语，但却忽略了英语思维。用汉语思维表达出的英语必然会带有中式英语的色彩。但是，思维并不像学习方法，可以很容易地更改，它需要学生在表达英语时忘记汉语，在表达过程中丢掉用汉语思考的过程。

E.g. After my grandmother's death, my grandfather lived 5 years.（S8T8）

由于英语和汉语语义的不完全对等，逐字逐句翻译就会导致词语的误用。这里作者用“lived”来表达“在世”的意思。从字面上和语法上看这个句子是没有问题的，但对于英语补足语来说这样的表达是很奇怪的。“survive”有两层意思，一层表达经过困难后继续生存，另一层表示活得更久，很明显，这个句子需要的是第二层意思。由于学生对词汇语义理解的匮乏以及单词使用不熟练，很多学生想不到可以用“survive”来表达，但“survive”作为大学英语四级词汇，学生们对其是认识的，不过只是停留在第一层含义的层面。只有更深入地挖掘词汇的语义，明白用哪个词表达什么样的意义更贴切，才会让我们的英语表达更加地道。所以本句应该改为：After my grandmother's death, my grandfather survived 5 years.

由于英语的单词较汉语少，很多英语单词都具有内涵和外延的多层含义。

E.g. Finally, you should keep your space clean and take the rubbish to the waste.（S10T7）

在这句话中，“keep your space clean”是为了“take the rubbish to the waste”，所以学生将其表达为并列关系是不合理的。在汉语口语中，语言衔接之间的逻辑词汇时常被忽略，别人能听懂他的意思，并不会追究他的语言逻辑性。然而在书面表达中，尤其是英语书面表达中，语言逻辑是十分重要的，当然在缺少逻辑词汇的情形下别人也可以理解他的意思，但这种表达方式是不地道也不符合语言规则的。此外“waste”这个词在句中应该表达类似“垃圾桶”的含义，而该单词在《牛津词典》中并没有此种含义。对于中国学生来讲，他们在学习英语时虽然不会创造一个词——拼写错误除外，但时常会赋予一个英语词汇某个自认为的并不存在的含义，这也是中式英语。本篇论文认为，学生出现此种错误其实从侧面说明他是在用英语思维表达，只不过由于其英语知识储备不够充分才会出现这种令人难以理解的中式英语。所以要避免这种错误，学生还需要多阅读，提高英语感知能力和表达能力。

以上例句可以改为：Finally, you should take the rubbish away to keep your space clean.

（五）从句法层面分析中式英语错误

由于英语与汉语语法结构不同，学生在表述英语时时常会出现句法层面的错误，比如英语避免头重脚轻，如果学生按照汉语表达方式将一系列的形容词套在句子的主语上，则是不符合地道英语的。再比如英语喜欢用伴随状语，如果学生不懂得伴随状语的使用会使得表达出的句子单调。

此外汉语强调主体，英语强调客体，例如比较如下句子：

（1）a. She was very anxious and her heart broke.

b. Anxiety tore her into pieces.

（2）a. She was so jealous that she became desperate.

b. Jealousy drove her desperate.

我们看下面这个简单但却普遍的错误：

E.g. Don’t destroy anything and restore the environment.

“Don’t destroy anything”和“ restore the environment”是并列关系，句法方面是没有问题的，句意方面是矛盾的，按照英语的习惯，“Don’t”后的并列结构应该都作为“Don’t”的宾语。所以本句应该改为：Don’t destroy anything or damage the environment.

对比英汉两种语言，表述方式的不同也会导致中国学生在表述英语时的转化失败，比如汉语多“把”字句，英语多“被”字句。从英语的被动句看，英语中有所谓的分词，分词的本质就在于它是从动词演变出来的形容词，用来说明事物的性质和状态，举个例子：我烧了一壶水，水烧开之后，把壶移到一边。这时候水的状态是被烧开的，用英语的“烧开”的过去分词“boiled”来描述这一性质。而当我在烧水的时候，水是处于被烧开的状态，英语就用现在分词“boiling”来描述。可见，分词的时态系统和被动语态的产生都应归功于分词的出现，分词表示事物的性质或状态时，可以做定语和表语，当其做表语的时候，句子结构就为主系表结构，比如“The cup was broken”。后来随着英语的发展就出现了被动句，如“The cup was broken by my sister”，一般的英语语法至今仍把主系表结构和被动句加以区别。其实英语中的被动句仍是描绘事物的性质和状态以及描写动作过程的混合体，必须看语境才可以判断出某个被动句到底是哪种语态。

（六）从文化层面分析中式英语错误

英语与汉语文化的不同造成了很多中国学生在英语表达中的笑话。由于中国英语学习者与以英语作为母语的人互不了解对方的文化，当涉及文化的表达时会导致对方完全无法理解你的意思。这就需要中国学生在学习英语的同时学习英语国度的文化，因为语言也是一种文化的产物。

E.g. I was expected to become a dragon after college.

看到这句话，很多中国学生并不认为有任何错误，然而“dragon”在英语国家的含义是“邪恶”“祸星”，与中国传统对“龙”定义的“高贵”，甚至人们自诩为龙的传人的文化是完全相悖的，可以想象当英语国家的人看到这个句子时的迷惑。所以我们可以将句子改为：I was expected to become somebody after college。

E.g. I am the pearl on my parents.

我们通常会听到家长爱孩子，会把其当成掌上明珠，因为自古珍珠都被认为是珍贵的宝物。然而英语国家的人认为眼睛是人最重要的一部分，苹果像人的眼珠一样，用来比喻人们要像爱护眼睛一样爱护的人。所以地道的英语表达为：I am the apple of my parents' eye.

到此我们可以发现，学生在写作中出现的中式英语错误主要还是由于学生在汉语以及汉语思维和文化的影响下，很难充分掌握英语的基础知识，对词汇语法无法熟练地掌握。而客观条件硬要学生去表达时学生只好借助汉语思维，借助已知词汇，甚至去臆造一些表达。接下来我们来总结英语教师在英语写作教学中应如何引导学生避免以上类型的语言错误。

五、解决策略

首先，巩固英语基础。巩固英语基础最有效的方法就是加强阅读，加强学生的语言敏感性。语言敏感度越高，对语言错误的识别率就越高，规避错误的效率就越高。对中国学生来说，通过英汉语比较，加深对英语的理解，是提高语言敏感度的有效途径。在日常教学过程中，应着重以下几方面差异性的理论及实例讲解。汉语语法是隐性的，英语语法是显性的，这种形合与意合的差异提示我们要关注汉语的隐性与英语的显性间的转换规律。由于非英语专业大学生没有受到过专业语法训练，他们在英语写作中的语法错误要明显多于英语专业大学生。教师在教学中需要渗透语法知识的讲解，引导学生防止在写作中出现低级的语法错误。

其次，增加写作练习。正如阅读可以使学生成为更好的读者一样，学生写得越多，他们就会写得越好越流利。在此过程中多模仿英语本土人的写作，让学生学会用地道的英语谋篇构局方式去展现自己的文章，久而久之，学生就会形成这样的思维模式。与很多通过模仿练就出色口语的人一样，模仿写作看似笨拙实则是有效的。教师在写作教学中多向学生提供标准的典型的范文，以便学生体会和模仿。

另外文化是语言学习不可忽视的一面，教师在教授英语写作时，需要渗透文化的讲解，让学生多了解英语国家的文化，进而有助于学生运用英语思维，避免出现由于文化差异造成的让对方无法理解的表述。

以上是作者根据中式英语的成因分析提出的应对策略。避免中式英语是英语写作教学中的重要工程。在今后的教研实践中，还可以从建立学生英式思维的有效途径，英汉对比教学方法系统化等方面进一步研究改进。

参考文献：

[1] BOLINGER DWIGHT LE MERTON. Aspects of language [M]. Harcourt Brace Jovanovich, 1981.

[2] JOAN PINKHAM. The translator's guide to chinglish [M]. Foreign Language Teaching and Research Press, 2002.

[3] 邓炎昌，刘润清 . 语言与文化——英汉语言文化对比 [M]. 北京：外语教学与研究出版社，1989.

[4] 连淑能 . 英汉对比研究 [M]. 北京：高等教育出版社，1993.

[5] 庄绎传 . 也谈中式英语 [J]. 中国翻译，2000（6）.

[6] 贾冠杰，向明友 . 为中国英语一辩 [J]. 外语与外语教学，1997（5）.

[7] 李文中 . 中国英语与中国式英语 [J]. 外语教学与研究，1993（4）：18–24.

英语专业技能课程中思辨能力的培养[1]

韩子钰

【摘　要】如何培养英语专业学生的思辨能力成为近年来外语界的重要议题。英语专业课程体系中占有较大比例的技能课程是思辨能力培养目标实现的重要环节。外语技能课程应紧密依托思辨能力层级分类，细化培养目标。在加强语言基本功的同时，通过适当调整课程设置、丰富教学方法、改进教学内容、对学生赋权、突出个性化学习并建立学习共同体等综合措施来切实提高学生的思辨能力，为提升英语专业学生的人文素养和创新能力及学科发展起到巨大的促进作用。

【关键词】思辨能力；外语专业技能课程；思辨能力层级分类；赋权增能；学习共同体

【Abstract】How to develop critical thinking skills (CTS) has drawn great attention among foreign language scholars. Language skill-based courses which take up great percentage among all types of English major courses play a significant role in fostering CTS. Language skill-based courses should refine their teaching objectives based on the taxonomies of cognitive hierarchies. Adjustment to the setting-up of courses, teaching methods and teaching contents along with the incorporation of students empowerment, IEL and the community of learning should be made to strengthen students' CTS, which will contribute significantly to students' humanistic quality, innovation capability and discipline development.

【Key Words】critical thinking skills; language skill-based courses; taxonomies of cognitive hierarchies; students empowerment; community of learning

一、思辨能力

Critical thinking 传统上被译为“批判式思维”。文秋芳教授（2009）在与中国外语教育研究中心的研究员讨论该术语翻译时认为“批判式”具有一定误导性，故而采用“思辨能力”这一译法，以更好地反映高等教育的培养目标。虽然从字面上看“思辨能力”与“思维”不是同一层面的语义范畴，但思考是愈辩愈明的，正如《礼记》中所说“博学之，审问之，慎思之，明辨之，笃行之”，因此本文采用文秋芳教授的译法。需要说明的是引用国外文献时，本文采用“思辨”“思辨能力”的译法；引用国内文章时，本文尊

1 **项目支持**：国家社科项目“赋权增能型英语教育创新体系研究”（项目编号：16BYY078）；2015 年天津财经大学教育学改革项目“网络信息环境下赋权增能取向的英语教学模式研究与实践”的部分研究成果（项目编号：JGY2015-14）。

重原文作者的用法。

思辨在西方最早可追溯到古希腊哲学家苏格拉底所倡导的探究性质疑（probing questioning），其实质是通过质疑通常的信念和解释，辨析其中是否缺乏证据或理性基础。现代思辨之父约翰·杜威在1910年提出"反思性思维（reflective thinking）"，并将其定义为"主动、持续和细致的思考"。美国伊利诺伊大学的罗伯特·恩尼斯（Robert Hennis）早在1962年就提出了"思辨"的概念，在 *Critical Thinking: A Streamlined Conception* 一文中将思辨定义为"合理的、反思性的思维，其目的在于决定我们去相信什么和去做什么"。

1988年美国学者Peter A. Facione代表美国哲学联合会（APA）与46位来自美国和加拿大的哲学家、教育家、评估专家及社会科学、自然科学的专家组成了德尔斐项目组（The Delphi Project）。从1987年12月至1989年11月项目组对美国各层次教育中的思辨能力培养的现状和测评等进行了系统的研究，德尔斐项目组（1990）发布了《思辨：针对教育评估和指导的专家一致性声明》，即著名的《德尔斐报告》，其中对思辨能力的定义是：

我们将思辨能力理解为有目的的、自我调节的判断，该判断可得出从证据上、概念上、方法上、标准上或背景上考量的阐释、分析、评价、推理与解释，而判断也正是建立在这些基础之上。思辨能力是至关重要的探究手段。因此，思辨能力在教育领域里是一种解放的力量，在个人生活中也是一种强大的资源。一位理想的思辨能力拥有者习惯于勤学好问、博闻强识、相信理性、思想开明、灵活变通、在做出评价时保持公正、在面对偏见时保持诚实、在做出判断时保持谨慎、愿意重新考虑、面对问题头脑清晰、处理复杂事务井然有序、勤于搜寻相关信息、选择标准时正当合理、探究问题时专注目标、在所探究的对象与条件许可的情况下尽可能持之以恒地追求精准的结果。因此，培养具有思辨能力的人就意味着朝着以上理想努力。它把思辨能力的培养与思辨倾向的培养结合起来，由此不断产出有用的真知灼见，这也正是一个理性和民主社会的基础。

《德尔斐报告》一个明显的贡献在于区分了思辨认知技能（Critical Thinking Cognitive Skills）和思辨情感倾向（Affective Dispositions of Critical Thinking）两个维度，这使得思辨能力的培养和评估有了细化的依据（见表1）。

表1

Critical Thinking	
Cognitive Skills	Affective Dispositions
1. Interpretation	1. inquisitiveness with regard to a wide range of issues,
2. Analysis	2. concern to become and remain generally well-informed,
3. Evaluation	3. alertness to opportunities to use CT,
4. Inference	4. trust in the processes of reasoned inquiry,
5. Explanation	5. self-confidence in one's own ability to reason,
6. Self-regulation	6. open-mindedness regarding divergent world views,
	7. flexibility in considering alternatives and opinions,

续表

	8. understanding of the opinions of other people, 9. fair-mindedness in appraising reasoning, 10. honesty in facing one's own biases, prejudices, stereotypes, egocentric or sociocentric tendencies, 11. prudence in suspending, making or altering judgments, 12. willingness to reconsider and revise views where honest reflection suggests that change is warranted.

资料来源：根据《德尔斐报告》整理，http://www.insightassessment.com/Resources/Expert-Consensus-on-Critical-Thinking/Delphi-Consensus-Report-Executive-Summary-PDF

早在20世纪50年代，美国著名教育心理学家Benjamin Bloom（1956）提出的教育目标分类学中教育目标就被划分为认知领域（Cognitive Domain）、情感领域（Affective Domain）和动作技能领域（Psychomotor Domain），共同构成教育目标体系。其中认知领域的目标从低到高分为六级：识记、理解、应用、分析、综合、评价。前两种属于认知领域里较低层次的思维技能，后四种则属较高层次的思维技能，这样目标由简单到复杂递增，后一类目标只能建立在已经达成的前一类目标的基础上，从而形成了目标的层次结构。

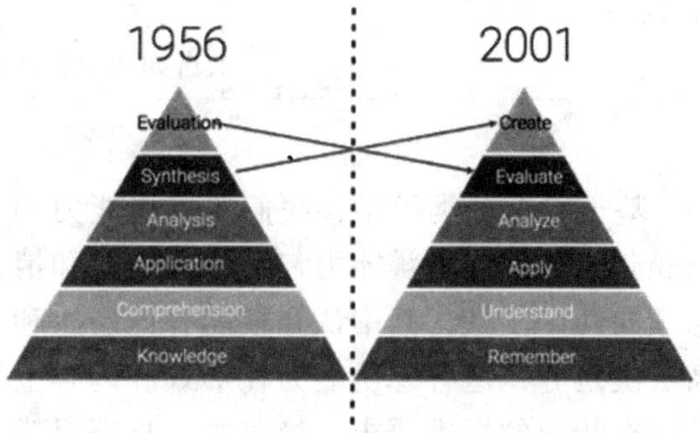

图1 Bloom-Anderson思辨认知能力分类对比图

资料来源：http://www.jiemodui.com/Item/13483

2001年，Bloom的学生Lorin W. Anderson和David R. Krathwohl（2001）对Bloom的分类进行了改进，形成了新版的思辨能力类级模型，层级分别为记忆、理解、运用、分析、评价、创造。在原模型中金字塔顶端的“评价”上增加了“创造”（如图1所示）。

Anderson和Krathwohl模型的创新之处在于突出了思辨认知能力发展的过程性和动态性，并且将创造力提升为思辨能力的最高层级，创新成为思辨认知能力中的皇冠宝石。

除了国外学者，我国学者也提出了自己的思辨层级模型。为了构建思辨能力量具的理论基础，文秋芳（2008，2009）提出了思辨能力层级的理论模型（见表2）。层级模型将思辨能力划分为两个层次：元思辨能力和思辨能力。第一层次元思辨能力是指对自己的思辨计划、检查、调整与评估的技能；第二层次思辨能力包括与认知相关的技能和标准以及与思辨品质相关的情感特质。处于第二层次的思辨能力受第一层次元思辨能力的管理与监控。将这两种思辨能力置于上下层关系，目的是突出思辨者的主观能动性在思辨能力中的主导作用。在此模型基础上，文秋芳教授及其团队历时多年开发出了国内首个思辨技能测试和思辨倾向性问卷，并成功地进行了大规模的大学生思辨能力现状调查。

表 2　思辨能力层级的理论模型（文秋芳，2009）

元思辨能力（自我调控能力）——第一层次		
思辨能力——第二层次		
认知		情感
技能	标准	
分析（归类、识别、比较、澄清、区分、阐释等） 推理（质疑、假设、推论、阐述、论证等） 评价（评判预设、假定、论点、论据、结论等）	精晰性（清晰、精确） 相关性（切题、详略得当、主次分明） 逻辑性（条理清楚、说理有根有据） 深刻性（有广度与深度） 灵活性（快速变化角度、娴熟自如地交替使用不同思辨技能）	好奇（好疑、好问、好学） 开放（容忍、尊重不同意见，乐于修正自己的不当观点） 自信（相信自己的判断能力、敢于挑战权威） 正直（追求真理、主张正义） 坚毅（有决心、毅力，不轻易放弃）

基于以上分类模型，我们对思辨能力的内涵归纳如下：思辨能力包括认知技能和情感倾向两个领域，其中认知技能有低层次和高层次之分，这种思辨能力在形式和内容上都存在相应的标准要求。换言之，具有思辨能力的人是积极思考者（情感倾向），而且善于思考并能够提出有价值的观点（认知技能）。

二、外语专业技能课程中思辨能力培养的现状

思辨能力的培养是世界范围内高等教育的核心命题之一，例如美国成立了由 8000 名教育家组成的“思辨国家高层理事会（the National Council for Excellence in Critical Thinking）”。目前在中国，高等教育以内涵式发展和质量提升为导向的新一轮教育改革中，思辨能力培养的重要性日益凸显。

《中华人民共和国高等教育法》总则中规定：“高等教育的任务是培养具有创新精神和实践能力的高级专门人才。”《国家中长期教育改革和发展规划纲要（2010—2020年》确定的战略主题之一就是：“坚持能力为重。优化知识结构，丰富社会实践，强化能力培养。着力提高学生的学习能力、实践能力、创新能力，教育学生学会知识技能，学会动手动脑，学会生存生活，学会做人做事，促进学生主动适应社会，开创美好未来。”因此，如何从国家层面上培养学生的“创新能力”无疑是现在中国教育改革的战略关键之一。

Anderson 的思辨认知能力分类图告诉我们创新能力是思辨认知能力的最高层次，因此创新是思辨能力的最佳体现，而实践只有在高级思辨能力的引导下才能有所创新。

然而，当前英语专业教学对思辨能力的培养重视不足，这一问题已引起许多专家学者的关注。何其莘教授等在《关于外语专业本科教育改革的若干意见》中提道：“在语言技能训练中往往强调模仿记忆，却忽略了学生思维能力、创新能力、分析问题和独立提出见解能力的培养”（何其莘等，1999）。这一点在英语专业本硕学生毕业论文撰写和答辩时表现得尤为突出，题目选择不当、缺乏创新，论述几乎没有分析与综合

以及思维混乱等问题十分普遍。正如“入世与外语专业教育”课题组（2001）指出：“外语专业毕业生显现出令人担忧的‘思辨缺席症’和智性不足。”

英语专业课程体系缺乏思想性和人文通识类的课程，语言技能训练类课程、测试辅导类课程比例不当，加之教学安排和教学方法单调死板，因而大量的教学活动都是在机械模仿和低级认知层面展开的，高校英语专业与校外英语培训机构出现同质化的倾向在一定程度上也是存在的。正如黄源深教授（2010）批判高校英语专业采取类似“语言中心（Language Centre）”的教学模式，认为这种重视技能训练轻视思维培养的教学模式导致了诸多的弊端：

“在培养目标上，专注于造就掌握英语的人才，很少顾及培养全面人才应具备的其他素质，尤其是思维能力、创新能力、独立解决问题的能力；在课程设置上，开设的大多为旨在提高英语水平的语言技能和语言知识课程，缺乏提高人文素质的课程（哲学、历史、社会学等）；在知识结构的营建上，出现严重失衡，表现为在知识与技能的传授中，重技能轻知识；在知识的传授中，重语言知识，轻其他人文知识；在教学方法上，重背诵、记忆、模仿、复述等机械脑力劳动，轻视或忽略有利于发展思维能力、鼓励独立思考的讨论与争辩；在学习方法上，学生往往专攻英语，单科独进，以致发展到热衷于考证书而放弃正规课程的极端实用主义，仿佛这就是专业学习的终极目标。”

综上所述，英语专业教学大纲中思辨能力的培养“缺席”，课程安排上存在把语言的习得和知识的获取割裂开来的情况，而教学方法单调，不能综合运用多种手段调动学生思维发展也在一定程度上制约了学生创造能力的发展。

三、改革外语专业技能课程，重视思辨能力培养效果

（一）明确培养目标

首先，高校英语专业在培养目标上应把思辨能力培养纳入核心培养目标。正如孙有中教授（2011）所言：“当务之急，必须在英语专业的培养目标层面明确思辨能力培养的核心地位，使之成为该专业全部教学活动的指导思想之一。”

其次，应对各个课程进行分析，找出课程与思辨能力培养的目标的对应情况，按照Bloom-Anderson 分类图，对英语专业的所有课程从不同角度和层次进行编排，以期达到四年不断线地对思辨能力进行系统训练。

（二）调整课程设置

根据2000年的《高等学校英语专业英语教学大纲》的要求，英语专业的培养目标是注重培养获取知识的能力、独立思考的能力和创新能力。课程设置上建议英语专业技能课程安排65%左右的学时；专业知识课程安排15%左右的学时；相关专业知识课程安排20%左右的学时。可见专业技能课程占全部课程比例是最大的，这也凸显出技能课程对思辨能力培养的重要性。

为了破解专业技能课程与思辨能力培养割裂的矛盾，各个高校英语专业可以因地制宜地调整课程设置，有条件的高校可以适当压缩技能类课程在总课时中的比例，相应增加专业知识类课程、研究方法类课程和思维训练课程。条件尚不具备的高校，可以充分挖掘内部潜力，按照思辨认知分层理论，在培养学生掌握扎实的外语基本功的同时，探索思辨能力培养的接口，将记忆、理解、运用、分析、评价、创造能力体现在语言技能教学过程之中，让思辨能力贯穿于英语专业教学的整个过程。

（三）丰富教学方法，实现赋权增能

合适的教学方法能够更好地挖掘技能类课程对思辨能力培养的效果。各个高校可以鼓励教师开展更有针对性的教学法研究，进行教学方法改革试验和项目申报。

思维成长需要空间，所以教师应对学生充分赋权以激发学生的主观能动性，让学生拥有个性化的、自主的学习机会，更好地提高思辨能力和外语学习效果。教学上可以充分挖掘英语专业小班教学的优势，把课堂教学的主导权交给学生，借鉴翻转课堂或者圆桌讨论的教学形式，布置学生更多地自主搜索知识点和兴趣点，课前完成自学，课堂上以讨论、发言、提问和回答等方式展开教学，最后将讨论结果整理成文。教师授课时改变单向传授知识给学生的模式，可以采用苏格拉底式教学方法，通过启发式提问与相互辩论的方式来深入教学。

（四）改进教学内容，打造六项全能

改进技能课程的教学内容，需要改变过去单纯以提高语言使用熟练程度为唯一目的的教学内容，同步建立起贯穿学习全过程的思辨能力培养目标，学生在全面提升“听说读写译”单项技能的同时还提高“思”的层次和水平。

五项技能增为六项技能重在精心设计，教学活动针对记忆、求知、分析、理解、批判、评价和创造等不同思辨层级，将语言技能和思辨能力培养合二为一，贯穿于教学内容始终。具体操作上可以将教学内容划分为公共内容和自选内容。公共部分由教师统一讲授学习要求和策略，学生学习的权利与义务，引导语言技能和思维训练的方法；自选内容围绕着认知技能和情感特质展开，以任务型教学法为驱动，学生通过同伴讨论互助，为完成任务自主寻找学习素材和编写学习内容，在课堂用英语完成各种情景真实的任务。学生通过做中学（learning by doing），主动建构学习内容，既培养了综合应用英语能力，又让学生的思维得到锻炼和发展。

（五）组成学习共同体

心理学中“共同体”的概念是由 McMillan 和 Chavis（1986）首次做出清晰定义的，他们认为“共同体”是群体成员拥有的归属感，认为每一个人对团体和其他人都很重要，团体中每一个人的需求都会通过集体的努力而实现。“共同体”概念很适合课堂教学环境，因此该理论对于课堂教学研究很快产生了重要影响，“学习共同体”的研究应运而生。

McMillan（1996）认为“学习共同体”有助于理解学生的差异性在提升课堂学习中的价值；让学生愿意在学习环境中参与智力上的挑战；建立不断增长的集体知识和技能的共同目标；培养学生对集体的认同和归属感。

Samuel Totten（1991）发现通过团体协作活动的学习让学生有机会参与讨论，为自己的学习负责，并成长为思辨能手。这一观点让学术界开始探索“学习共同体”与思辨能力培养之间的关系。

英国学者 Reg Dennick 和 Kate Exley（1998）经过系统研究发现开展小组学习提升思辨能力的四种方法，分别为焦点小组讨论（focused group discussion）、学生主题研讨会（student-led seminars）、问题导向型学习（problem-based learning）和角色扮演（role play）。通过开展小组学习，学生建立起学习共同体，一起阐释、辩护和拓展他们的观点，学生的思维能力也最终获得了提升。

随着网络教学越来越普及，基于网络的学习共同体因其不受时空限制，较之传统课堂教学有更强的开放性和参与性，让学生随时随地组成学习的社区。例如利用 QQ 平台改进高校英语专业基础英语课堂教学，从而促进课堂教学和课外交流，并拓展课内外学习的深层内涵（阮全友，2014）。

四、结语

英语专业课程体系中技能类课程一般占有较大比例，因此调整改革技能类课程成为思辨能力培养与专业人才培养的目标实现的重要环节。近年来，在部分高校英语专业展开的以思辨能力培养为导向的教学改革表明：技能课程知识化（技能课程的材料必须系统呈现外语学科的人文基础知识），知识课程技能化（知识课程必须同时致力于学生语言能力的持续提高）（参考：content–based instruction 和 content and language integrated learning）以及技能课程思辨化，知识课程思辨化，此“四化”为外语专业培养学生思辨能力的根本途径（孙有中，2015）。为此，必须为思辨培养设定明确的教学目标，调整课程设置，丰富教学方法，改进教学内容，为学生赋权增能，搭建思辨共同体，培养学生从低级思维向高级思维发展，促进英语专业学生思维能力和创新能力发展，不断增强竞争力，同时也为专业的发展注入新的活力。

参考文献：

[1] ANDERSON L W, KRATHWOHL D R, AIRSIAN P W , et al. A taxonomy for learning, teaching and assessing: A revision of bloom's taxonomy of educational objectives [C]. New York: Longman, 2001.

[2] BLOOM B S, ENGELHART M D, FURST E J, et al. Taxonomy of educational objectives, handbook I: The cognitive domain [M]. New York: David Mckay Co. Inc. ,1956.

[3] DELPHI PROJECT. Expert consensus on critical thinking[A]. 1990[2016-8-8]. http://www.insightassessment.com/Resources/Expert-Consensus-on-Critical-Thinking/Delphi-Consensus-Report-Executive-Summary-PDF.

[4] DENNICKA R G, EXLEY K. Teaching and learning in groups and teams[J]. Biochemistry and Molecular Biology Education, 1998, 26（2）：111-115.

[5] JOHN DEWEY . How we think[M] .Boston: D.C . Heath , 1910:6.

[6] MCMILLAN D W. Sense of community[J]. Journal of Community Psychology, 1996, 24（4）：315-325.

[7] MCMILLAN D W , CHAVIS D M. Sense of community: A definition and theory[J]. Journal of Community Psychology, 1986, 4（1）：6-23.

[8] ROBERT HENNIS. Critical thinking: A streamlined conception [M]. Palgrave Macmillan US, 2015.

[9] TOTTEN S. Cooperative learning: A guide to research[M]. New York: Graland Publishing,1991.

[10] LAVE J, WENGER E. 情景学习：合法的边缘性参与 [M]. 王文静，译 . 上海 : 华东师范大学出版社，1991/2004：45.

[11] 何其莘，殷桐生，黄源深，等 . 关于外语专业本科教育改革的若干意见 [J] . 外语教学与研究，1999（1）：25-29.

[12] 黄源深 . 英语专业课程必须彻底改革——再谈“思辨缺席”[J] . 中国外语 , 2010（1）：11-16.

[13]“入世与外语专业教育”课题组 . 关于高等外语专业教育体制与教学模式改革的几点思考（一）[J] . 外语界，2001（6）：9 -15.

[14] 阮全友 . 基于 QQ 平台的实践共同体对学生思辨能力的培养 [J]. 外语电化教学，2014（2）：48-54.

[15] 孙有中 . 突出思辨能力培养，将英语专业教学改革引向深入 [J]. 中国外语 ,2011 , 8（3）：

49-58.
[16] 孙有中 . 外语教育与思辨能力培养 [J]. 中国外语，2015（2）：23.
[17] 文秋芳，王建卿，赵彩然，等 . 构建我国外语类大学生思辨能力量具的理论框架 [J]. 外语界，2009（1）：39-45.
[18] 文秋芳 . 论述外语专业研究生高层次思维能力的培养 [J] . 学位与研究生教育，2008，（10）：29 -34.

不断变革的四级考试对学生学习过程的反拨作用研究

鲍婕

【摘　要】语言测试反拨效应是指语言测试对语言教与学产生的影响，对反拨作用的研究在一定程度上促进了测试和教学改革。作为大型高利害考试，大学英语四级考试在我国已经有三十余年的历史，历经多次变革。本文通过定性和定量相结合的方法，从学习者的角度出发，重点探讨了不断变革的四级考试对于大学英语学习所产生的反拨效应。研究表明大学英语四级考试在很大程度上影响了学生的英语学习过程，既有正面的反拨作用，也有负面的反拨作用。

【关键词】大学英语四级考试；英语学习；反拨效应

【Abstract】Washback effect refers to the effect of test on language teaching and learning. A number of studies have been carried out on the washback effect of language tests, especially high-stakes tests, to promote language teaching and learning reforms. This paper is an empirical study which employed a combination of quantitative and qualitative methods to investigate the washback effect of the transformative CET4 on college students' English learning. Findings in this paper showed that CET4 put great impact on students' English learning, with both positive washback and negative washback.

【Key Words】CET4；English learning；Washback

一、引言

反拨是应用语言学中的一个术语，自20世纪90年代开始被语言学家所关注。它特指“测试对于教学的影响”（Cheng & Curtis, 2004）。对于测试反拨作用的研究能够最大限度地发挥测试对于教与学的正面影响。在中国，大学英语四级考试是由教育部高等教育司主持的全国性考试。考试内容依据测试学理论，评分标准全国统一，旨在衡量我国在校大学生的综合英语水平并不断推进大学英语教学。考试自1987年正式实施以来，历经数次变革。

1990年，为保证作文考试的时间，试卷分成客观题和作文题两部分，以避免考生不做作文题，仅依靠选择题拿分。这一改革实施后，各大高校考试更加重视学生写作能力的提高，作文平均分大幅度提高。

1996年，四级考试增加了英译汉、简短回答和复合式听写等新题型，开始注重对语言交际能力的考查。

2005年，考试成绩开始采用710分的计分体制，将考试合格证书改为成绩报告单，报告单上包含总分和各分项得分，从而更有利于教师和学生有的放矢地提高自己的能力（张海燕，2009）。同时，考试内容也发生了变革。最显著的变化是听力理解比例由原来的 20% 提高到 35%。听力部分题量增加、分数比例增大、口音多元化。新题型改革后，各个高校更加重视听力教学，增加听力课时。

2013 年，四级考试完形填空被取消，翻译由单句翻译变成与考研题相同的整段翻译，分值提升至 15 分，更有利于考查受试者的语言应用能力。尤其是翻译题型的调整，旨在改善翻译学习多年来在英语学习中未受到足够重视的状况。

2016 年，为了适应新的形势下社会对大学生英语听力能力的更高要求，四级考试听力部分再次被调整：取消短对话和短文听写，新增短篇新闻 3 篇，听力考试难度进一步加大。听力测试的效度也进一步提高。

不断变革的四级考试对于大学生的英语学习过程究竟带来了哪些影响，是正面的还是负面的？笔者以参加 2016 年 6 月四级考试的学生为研究对象，采用定性与定量相结合的方法进行了实证研究。

二、调查设计

（一）调查对象及抽样方法

调查对象为天津某大学的大一学生，全部参加 2016 年 6 月的四级考试。年龄从 19~20 岁不等。学生被分为两组：第一组 10 人参加面对面访谈；第二组 50 人分别在四级考试前一个月回答问卷 1，四级考试后一个月后回答问卷 2。

（二）数据来源

问卷 1 和问卷 2 由选择题组成，用来对比四级考试前后学生语言学习的差别。问卷设计均依据反拨理论框架，即“反拨假设”（Alderson & Wall, 1993）。同时，为增强问卷的可读性和可靠性，笔者参考了亓鲁霞（2004）的问卷内容。对于收回的有效问卷，笔者使用 Windows 系统下的 SPSS 对数据进行了统计分析。

面对面访谈问题皆为开放式问题，在访谈过程中，笔者笔录了要点，增强了该研究的质量控制和代表性。

三、结果与讨论

（一）四级考试对于学生学习过程的反拨作用

问卷 1（A 部分）、问卷 2 和面对面访谈的数据表明了四级考试对于英语学习者学习过程的影响程度。根据 Bachman 和 Palmer（1996）的研究，参加考试的人会被参加考试的经历所影响，在一些案例中，会被准备考试的经历所影响。

1. 对学生学习动机的影响

问卷 1 中的第 9 项和问卷 2 中的第 4 项主要用来揭示四级考试对于学生学习动机的影响。

如表 1 所示，学习英语四个原因中的三个在四级考试前后发生重大变化。明显的，四级考试前学生学习英语的主要目的是准备考试（80.1%）。由此可见，四级考试作为一个全国范围的大型高利害考试，像指挥棒一样对学生的学习过程产生了巨大影响。这一结果与学生访谈结果相一致，大部分受访学生承认四级考试为他们的英语学习提供了动机。10 名学生中有 7 名承认因为有了四级考试，他们学习英语更加努力；其中 1 名甚至承认如果没有四级考试，他根本不会考虑学习英语。

学生 A 提道：

“四级考试促使我端正英语学习态度，积极学习英语。”

学生 C 表示：

“四级考试让我对英语学习有了紧迫

感，督促我花费更长时间在英语学习上。”

学生D表示：

“通过四级考试是能够顺利拿到学位证的必要条件，为了能够顺利毕业并找到一份理想的工作，我会更加努力地学习英语。”

表1还显示，在四级考试过后，找到一份好工作成了更多人的学习动力（69.2%）。这与通过考试一样，皆为实用性原因。正如Gardner（1985）指出的，动机大部分是以目标为导向的并和成就紧密相关。

表1 学生学习英语的动机

原因	四级考试前（%）	四级考试后（%）
通过四级考试	80.1	—
找到理想工作	7.6	69.2
满足个人兴趣	2.1	13.3
进一步深造或出国留学	10.2	17.5

2. 对学生学习时间的影响

问卷1中的第7项和问卷2中的第5项显示了四级考试前后学生每天用来学习英语时间的变化。

如表2所示，在四级考试之前，学生每天的英语学习时间明显长于四级考试之后。60.3%的学生平均每天会花费3小时或者3小时以上的时间学习英语。学生访谈的结果进一步证实并补充了问卷结果。受访的10名学生中有7名承认因为有了四级考试，他们会花费更多的时间和精力来学习英语；其中1名甚至承认如果没有四级考试，他根本不会考虑学习英语。Ellis（1994）指出，学习第二外语时，带有工具性动机的学习者能够成功，原因在于动机会增加学习者学习的时间。10名受访的学生均表示，在考试准备期间，他们平均会增加1~2个小时的英语学习时间。

表2 学生学习英语的时间

时间	四级考试前（%）	四级考试后（%）
1小时	4.6	76.3
2小时	35.1	12.1
3小时	56.9	9.5
更多	3.4	2.1

学生A在访谈中表示：

“刚刚上大一时，我每天除去上课时间，大概有半小时用来复习英语，完成老师布置的作业。大一下学期开始备考四级考试之后，我每天会花费两个小时的时间来学习英语。”

学生E在访谈中说道：

“大一刚开始的时候我没有特意去学习英语。考前一个半月开始，我每天会花费三个小时来学习英语，备考四级。”

这个结果表明了四级考试在很大程度上促进了学生的英语学习，这可以说是四级考试对于英语学习的一个积极反拨作用。然而，这种积极的反拨作用仅仅限于四级考试前这一短暂阶段，并未能持续长期地对学习者产生影响。

3. 对学生关注的知识技能的影响

Bailey（1999）指出，一个好的考试自实施之日起就不会停止产生积极的反拨作用。因此，四级考试产生了什么样的反拨作用以及四级考试前后反拨作用的差别值得我们研究。问卷1中的第1项以及问卷2中的第1项用来调查学生在试前试后所关注的知识技能。结果如表3所示（问卷采用多选题形式，故各选项百分比加和大于100%）。

表 3　四级考试前后学生所关注的技能

技能	四级考试前（%）	四级考试后（%）	下降（%）
听力	86.5	55.1	31.4
阅读	90.2	54.9	35.3
写作	88.2	7.8	80.4
会话	3.9	80.5	–76.6
翻译	23.6	9.7	13.9

在试前，阅读（90.2%）、写作（88.2%）和听力（86.5%）技能训练占据了学生大部分英语学习时间。学生对于听、读、写的关注显示了四级考试正面、积极的反拨作用。特别是 2016 年听力题型改革后，更多的学生开始更加重视听力，选择真实的语料来练习听力，10 名接受访谈的学生中有 8 名承认他们开始收听英文广播，希望以此应对听力新题型。

学生 D 表示：

“在 2016 年听力加入短篇新闻之后，我觉得整体听力的难度大大增加了。这迫使我在英语学习过程中把更多的精力放在听力练习上。我特意买了收音机，用来收听 BBC 和 VOA。在收听新闻的过程中，不仅训练了听力，我还得到了意外的收获：更加真实的语料不但拓宽了我的知识面，更提高了我的语言交际能力。”

表 3 还显示，学生对于翻译技能的关注较低。即便在翻译实行新题型，改为篇章翻译，分数大大增加之后，仍然只有 23.6% 的学生关注翻译技能的训练。究其原因，笔者认为，虽然考试调整使得学生对于翻译更加重视，但是很多学生缺乏方法，只能通过扩大词汇量来应对翻译题，缺乏对于翻译理论和翻译技巧的认知。李桂英（2004）的研究结果也表明，大部分大学生认为大学英语教师并不重视翻译教学。

在四级考试后，会话（80.5%）成为学生最关注的技能。表明在没有考试压力的情况下，学习者更愿意以交流为目的来学习语言。而在四级考试前，这一数据仅为 3.9%。由此可见，四级考试对于口语的学习并没有起到积极的反拨作用，甚至抑制了学生学习口语的积极性。尤其对于多次考四级仍未通过的学生来说，为了顺利拿到学位证，会不停把通过考试作为英语学习目标，从而很难有充分的精力和时间来练习口语，提高语言交际能力。

此外，在四级考试过后，学生最不关注的技能由会话（3.9%）变为写作（7.8%）。写作作为四级考试的重要组成部分，激励学生在试前投入大量的精力进行写作训练，教师也会为了考试通过率为学生大量修改作文、给出反馈。在考试后，没有了考试压力和教师的监督指导，很少有学生会自主地训练写作技能。

4. 对学生所学材料的影响

问卷 1 中的第 3、4、5、6 项和问卷 2 中的第 6、7、8、9 项用来揭示四级考试前后学生使用的学习材料。结果如表 4 所示。

四级考试前，超过一半的材料是以考试为导向的。如表 4 所示，78.8% 的听力材料、87.4% 的阅读材料和 79.6% 的写作材料与考试模式相似，显示出四级考试巨大的反拨作用。对于一个高利害的考试，此结果在笔者预料之中。

表 4　四级考试前后所用材料

技能	材料	四级前（%）	四级后（%）
听力	考试题型	78.8	40.6
	课本	5.9	23.4

续表

技能	材料	四级前（%）	四级后（%）
听力	广播、电影、歌曲等	3.9	21.3
	无	11.4	14.7
阅读	考试题型	87.4	10.5
	课本	10.6	50.9
	英语报刊、小说等	2.0	38.6
	无	0	0
写作	考试题型	79.6	2.0
	书信、日记等	14.5	29.8
	其他形式的写作	5.9	30.5
	无	0	37.7
口语	英语角、口语社团	2.5	43.0
	与外国人交谈	2.6	3.5
	大声阅读	40.4	39.8
	无	54.5	13.7

表 4 还显示在四级考试后，仍然有 40.6% 的学生使用四级考试的学习材料来练习听力。笔者认为，这在很大程度上和四级考试听力题型改革、增加短篇新闻等真实语料有关。

学生 G 在访谈中提道：

“在准备四级考试的过程中，我收听了很多 BBC 和 VOA 的新闻，通过大量泛听和精听相结合，我学会了抓要点、总结大意等提高听力水平的方法。这一阶段的训练让我的听力技能大大提高。因此，即使在四级考试结束后，我还是会经常收听 BBC 和 VOA 的新闻，或者用一些四级听力材料来练习听写。”

由此可见，2016 年改革后的四级考试在听力学习方面，为学习者带来了持续的积极反拨作用。推进四级考试改革，能够在最大程度上提高积极反拨作用，更好地为大学英语学习服务。

在训练阅读技能所使用的学习材料中，学生在考试后开始更多地使用课本（50.9%）和阅读英语报刊、小说（38.6%）；而考前只有 10.6% 的学生会关注课本阅读材料，2.0% 的人会阅读报刊和小说。结合访谈结果，10 名学生中有 6 名承认在考试前一个月的英语课堂上，他们很少关注老师所讲授的课本内容，更希望老师能讲一些四级考试技巧。4 名学生承认他们在考前一个月的英语精读课上，会做和课堂无关的活动：背诵四级词汇、做四级模拟题等。由此看出，四级也有消极的反拨作用，它使得学习者急功近利、忽视大学英语课程的重要性。依考而学的形式违背了大学英语课程学习的要求。

此外，从表 4 中还可得知，在备考四级阶段，54.5% 的学生没有使用任何的口语材料。这是因为在四级考试中，通常没有口试环节，只有四级成绩达到 550 分以上才会获得口试资格。全国英语四、六级规定“英语四级成绩达到 425 分以上（含 425 分）者，可以报考英语六级”。所以全国各个高校和用人单位一般把 425 分认定为四级考试的及格线。因此，对于大部分考生来讲，口语测试并不是四级考试的一部分。而实施口语考试的成本高、难度大，很难全面推进成为四级考试的必考部分。而在四级考试之后，学生对于语言交际能力的需求，特别是口头交际能力的需求开始加大：43.0% 的学生会通过参加英语角和口语社团等活动来练习口语。对口语完全放弃的学生比例降至 13.7%。

在学生访谈中，当笔者问到如果没有四级考试，学生会希望英语课堂如何组织时，10 人中的 5 人表达了希望在课堂中加入更多的口语练习材料的愿望。

学生 F 在访谈中回答道：

“如果不用准备四级考试，我希望可以在课堂上加入更多的口语训练。在学习课文时，希望能够有更多的时间进行小组讨论。希望课堂上有更多的用英语发言的机会。希望老师能够开设英语演讲辩论类的课程。这类课程不但能够提高我们的语言交际运用能力，还能训练我们的辩证思维。还希望老师多提供一些真实语料的口语素材。”

上述问卷调查结果和访谈结果都证明了四级考试对于口语学习的消极反拨作用。

5. 对学生学习偏好的影响

问卷 1 中的第 12、13 项用来探讨学生在四级准备过程中学习的偏好。结果如表 5 和表 6 所示。学生访谈结果也进一步补充了数据。

表 5 显示超过一半的学生（60.8%）在备考期间更偏爱与四级考试相关的教学内容。学生访谈结果也表明，大部分学生认为四级考试模拟题对考试很有帮助，在考试前平均会练习 10~20 套模拟题。

表 5　学生偏爱的教学内容

内容	百分比（%）
四级相关内容，模拟试卷	60.8
英语电影、戏剧、报刊	30.4
课本	8.8

同时，在备考期间，仍有 30.4% 的学生偏爱更真实的语言材料。此调查结果与学生访谈结果相吻合。10 名被访谈者都表达了他们更希望使用真实语言材料，如电影、场景模拟等来学习英语的愿望。

学生 F 在问卷 3 中写道：

“我清楚地知道自己在考试准备期间应该更关注与考试相关的材料，比如做练习试卷或记单词语法。但是大量和考试相关的材料的使用降低了我对于英语学习的兴趣，让我对英语感到厌倦。偶尔赏析个英文电影、排练个英语短剧会让英语学习变得不那么枯燥并能减小一些压力。”

表 6 显示如果教师在四级考试准备期间组织一些与考试无关的活动，大部分学生（70.7%）会积极参与；比例明显超过那些不愿参加（8.7%）和持无所谓态度的学生（20.6%）。

表 6　学生对于学习行为的偏好

行为	百分比（%）
积极参与	70.7
不参与	8.7
无所谓	20.6

在访谈中，大部分学生强调了英语学习中兴趣和生动课堂的重要性。

学生 I 写道：

“对于试卷题型的大量练习让我感到很困倦。所以，如果老师能组织一些生动有趣的课堂活动，我会开心地参与其中。也许这会占用时间，但是从长远来讲，会提高我们英语学习的兴趣和英语学习能力，也能让我们更适应改革后的四级考试。”

（二）学生对四级考试影响的看法

问卷 1 中的第 19 项调查了学生对于四级考试影响的看法。如表 7 所示，大部分学生（55.7%）认为四级考试的准备过程对他们的英语学习既有积极作用又有消极作用；30.4% 的学生认为四级考试对英语学习有积极作用；仅有 5.8% 的学生认为四级考试只有消极作用。

表 7　学生对于四级考试影响的看法

积极影响（%）	消极影响（%）	积极消极影响并存（%）	没有影响（%）
30.4	5.8	55.7	8.1

为更详细地说明问题，笔者具体调查了四级考试的积极和消极影响。

1. 四级考试的积极影响

问卷 1 中的第 20 项探究了四级考试对于学生的积极影响。如表 8 所示， 88.3% 的学生认为四级考试对扩大词汇量有积极影响；81.5% 的学生承认四级考试对阅读技能的积极影响；78.6% 的学生声称四级考试帮助他们提高了听力技能；65.8% 的学生承认四级考试对写作技能的积极影响；下面依序为总体语言熟练度（37.1%）和口语熟练度（10.6%）。

总的来说，四级考试带来的最显著的积极影响是词汇量的扩大。学生希望通过大量背诵四级词汇来更好地完成考试中的阅读、翻译和写作。听力、阅读以及写作的学习同样从四级考试中获益。Wall 和 Alderson（1993）说过，考试通过激励教师和学生做如果没有考试便不会做的有益事情来产生积极影响。因此，四级考试可以看做一个促进教与学的机会。

表 8　四级考试的积极影响

提高的方面	百分比（%）
词汇	88.3
听力技能	78.6
阅读技能	81.5
写作技能	65.8
总体语言熟练度	37.1
口语熟练度	10.6

2. 四级考试的消极影响

如表 8 所示，仅有 10.6% 的学生认为口语熟练度在四级考试准备期间得到了提升。这是由于四级考试的重点在于听力、阅读、写作和翻译，目标语言的口语练习机会在课堂中被大大减少。这种消极影响也在学生访谈中得到了证实。

“我非常清楚语言学习应该强调对语言的流利使用。但是我的短期目标就是通过四级考试，从而能够顺利拿到学位证，也为自己今后择业增加一个筹码。这也是我为什么只训练和考试相关技能的原因。”（学生 B）

“四级考试让英语学习变得枯燥，我会花很多时间总结考试技巧，背诵作文模板，失去了很多运用语言表达自己想法的机会。”（学生 E）

“我把所有的时间用来做和考试相关的练习了。我已经很久没有开口讲英语了。”（学生 F）

“我刚上大学的时候对英语学习很感兴趣，因为我喜欢看英文电影，去英语角和别人用英语交流。现在我没有时间了。”（学生 J）

上面的数据以及分析都说明，四级考试对于英语听力、阅读以及写作的提高起到了积极的反拨作用；有效地丰富了学生的词汇量，增加了英语的输入。但同时，四级考试让学生学习变得更加功利性，一定程度上限制了学生语言交际能力的提升。

四、结论

（一）研究总结

首先，研究发现四级考试对学生学习语言的过程产生了巨大的反拨作用。学生的学习动机、学习技能、所用材料等方面在四级试前及试后有很大不同。

其次，在促进英语学习方面，四级考试

起到一定的积极反拨作用，主要体现在：提高了学生听力、阅读以及写作技能；增加了学生的词汇量并为学生学习英语带来了更大的动力。尤其四级题型几经变革之后，考试更加注重学生的输出，很大程度上加大了考试的积极反拨作用。四级考试消极的反拨作用主要体现在对口语的忽视以及对学生学习能力的忽视。

（二）教学启示

大学英语四级作为一个高利害考试所产生的巨大反拨作用让英语教育者开始思考如何让考试持续对学习者产生积极有益的反拨作用。笔者通过实证研究提出以下两条建议。

首先，鉴于四级考试所产生的消极反拨作用主要体现在对口语技能和综合语言技能的忽视上，笔者认为可以通过进一步改革考试，更加侧重对于学生输出性技能的考查，比如逐步推行四级口语考试、优化作文题型等。此外，可以适当减少多项选择题，增大主观题的比例，从更高的层次上测试学生的认知水平，进一步加大考试的效度。杨慧中、Weri 在 1998 年撰写的大学英语四、六级测试研究报告中明确指出：多项选择题对教学有一定负面影响，而主观题的效度较好，对教学后效也比较好。（危琼，2003）

其次，如研究结果所显示，四级考试的本性决定了其在削减学生兴趣、限制教学材料及活动、减少学习者参与度等方面的消极反拨作用。根据教育部的文件，学生参加四级考试并不是强制要求。然而学校和社会对于四级考试投入了过多的关注。笔者认为可以通过适当降低四级考试的利害度来减少四级考试的消极反拨作用，比如：取消四级考试和学位的挂钩、对于学生的评估不再由单独一个考试所决定、引导社会对于四级考试的正确使用等。

参考文献：

[1] ALDERSON J C, WALL D. Does washback exist? [J]. Applied Linguistics, 1993, 14（2）: 23.

[2] BAILEY M KATHLEEN. Washback in language testing [M]. New Jersey: Educational Testing Service, 1999.

[3] CHENG L, CURTIS A. Washback or backwash: A review of the impact of testing on teaching and learning [A] // L CHENG, Y WATANABE, A CURTIS. Washback in language testing: Research contexts and methods. Mahwah, NJ: Lawrence Erlbaum & Associates, 3-17, 2004.

[4] ELLIS R. The study of second language acquisition [M]. Oxford: Oxford University Press, 1994.

[5] GARDNER R C. Social psychology and second language learning: The role of attitudes and motivation [M]. London: Edward Arnold,1985.

[6] BACHMAN L F, PALMER A S. Language testing in practice [M]. Oxford: Oxford University Press, 1996.

[7] 刘晓华，辜向东 . 国内外反拨效应实证研究二十年回顾 [J]. 外语测试与教学，2013（1）: 6-19.

[8] 李桂英 . 大学翻译教学与科技人才培养 [J]. 开封大学学报，2004，18（3）：57-58.

[9] 亓鲁霞 . 意愿与现实：中国高等院校统一招生英语考试的反拨作用研究 [M]，北京：外语教学与研究出版社，2004：49-297.

[10] 危琼 . 试析 CET 对大学英语教学的反拨效应 [J]. 合肥工业大学学报：社会科学版，2003，17（4）：126-129.

[11] 张海燕 . 浅谈改革后大学英语四级考试的反拨效应 [J]. 山西大同大学学报: 社会科学版，2009，23（2）：103-104.

JF 标准下“Can–do 模式”在日语教学中的应用——以“商务日语写作”课程教学实践为例[1]

李晶

【摘 要】日本国际交流基金会以《欧洲语言学习、教学、评估共同参考框架》为参照，于 2010 年开发了《JF 日语教育标准》。本文将 JF 标准下的“Can–do 模式”运用于“商务日语写作”课程的教学实践之中，有效地提高了课堂教学效果，证明了 JF 标准下的“Can–do 模式”在日语教学中进一步应用的可行性。

【关键词】JF 标准；“Can–do 模式”；“商务日语写作”；教学实践

【Abstract】The “JF Japanese Standard in Education” was made by The Japan Foundation in 2010 referring to “A Common European Framework of Reference for Language: Learning, Teaching, Assessment”.This paper applies JF Can–do in the teaching practice of “Japanese Business Writing”,which effectively improves the effect of classroom teaching, and proves the feasibility of JF Can–do application in Japanese teaching .

【Key Words】JF Japanese Standard in Education; Can–do; “Japanese Business Writing”; teaching practice

在国内的日语教学中，教师是教学中的主导，教师注重的是传授知识，注重词汇和语法结构的讲解，导致学生应试能力强，而综合应用能力和沟通能力差。日语教育者虽注意到该问题，进行了一些教学改革，但目前的教学仍以传统教学法为主。传统教学法注重语言知识的传授，忽视了跨文化交际能力和自主学习意识的培养，教学内容缺乏语境，教学手段单一。2013 年日本国际交流基金会对各国日语能力测试一级得分率的分析结果表明，中国考生在词汇及语法上得分高于其他国家 20% 以上，而听力、阅读得分率却较低。这一现象集中体现了目前传统教学法的弊端。

一、JF 标准下的“Can–do 模式”

国外关于日语教育的目标与方向的讨论随着时代的发展不断变化，自 20 世纪 80 年代后期开始，人们从单纯的语言教学转为越来越关注文化理解与交际能力的培养。2010 年日本国际交流基金会把“使用日语能够胜

1 项目支持：2015 年天津财经大学教育教学改革项目“JF 标准下‘Can–do 模式’在日语教学中的应用研究——以“商务日语写作”课程教学实践为例”，项目编号：JGY 2015–37。

任和完成任务”作为语言学习的出发点，开发出一套日语教育、学习、评估共同参考标准《JF 日语教育标准》（以下简称 JF 标准），这套标准以 2001 年欧盟公布的《欧洲语言学习、教学、评估共同参考框架》（“A Common European Framework of Reference for Language：Learning，Teaching，Assessment”，简称 CEFR）为参照，体现了全球化背景下的语言教育与评价理念。JF 标准指出实现以相互理解为目的的语言习得活动必须具备两种能力，即“任务完成能力”和“跨文化理解能力”，并指出学习者利用学习档案记录和保存学习过程方法进行学习的重要性。JF 标准着眼于语言的社会功能，把学习者看作特定的环境和领域中完成某种任务的“社会成员”，而并非单纯的语言学习者，强调语言的社会功能所体现的语言的本质——用来互动和交流的过程。此外为了帮助实现课堂教学，交流基金会组织开发了一套 Can-do 网络工具，在不同语言活动或能力项目下提供了一些促进社会文化理解的话题及任务，如学校、医疗、建筑，等等。在这些具体的话题与任务中使用者可以根据自己的实际情况设定相应的教学目标及教学效果评价。也就是说“Can-do”为教学提供了一套从学习目标设定到学习效果评价的标准化解决方案。

JF 标准对语言的熟练程度进行了等级划分，语言活动的目的是培养语言的运用能力，JF 标准也对此做了具体的划分，并根据不同的学习目的提供了解决的策略，JF 标准的评价可以为我们在设计学习目标时提供具体指南。教师和学习者可以在完成 Can-do 的任务中设定相应的教学目标及教学效果评价，而体现教学效果评价的过程则可以保存在学习档案中。这份学习档案由语言能力评价、语言文化体验记录、学习成果三个要素组成。这些文档由教师根据事先设定的目标来确定，由学习者根据学习的过程来完成。完成学习档案和评价的目的并非只是检验是否达到预期学习目标，还可以通过对学习过程的思考改善学习方法与策略，完成自我的不断更新，养成自主学习的习惯，使学生成为学习的主体，这才是最终目的。

“Can-do 模式”改变了以往以掌握语法点和单词为教学目的的教学方式，把完成任务和完成课题作为教学目标，提高学生实际运用语言的能力。这一模式的运用贯穿于整个教学过程，从教学总目标，到学期课程目标，到每一课教学目标。这些目标的设定将明确学生各阶段的任务、课题，学生通过完成任务和课题来提高任务执行能力和跨文化理解能力。

二、JF 标准下“Can-do 模式”在“商务日语写作”课程中的应用

基于日语教学的现状，迫切需要改革现有的教学方法，营造良好的教学环境，提高学生实际运用语言的能力。JF 标准下“Can-do 模式”的应用，有助于在教学过程中构建一个社会性的学习环境。“Can-do 模式”中的评价体系也为教师了解整体学习状况提供了良好依据，有助于教学目标的制定与完善，同时使学生对自己的水平和目标有清楚认知，并通过反思学习过程中的问题，改善学习方法，在自我修正与向着目标不断努力的过程中养成自主学习的习惯，成为学习的主体。因此，JF 标准下“Can-do 模式”在日语教学中的应用对于改善日语教育现状，提高教学水平，培养具有跨文化交际能力的日语人才具有重要意义。

本文为了考查 JF 标准下“Can-do 模式”在日语专业课程教学中的应用方法与教学效果，以“商务日语写作”课程为教学实践对象，重新进行课堂设计，考查了新的教学方法对

于提高学生的综合应用能力和学习能力所起到的作用。

纵观各个院校的商务日语课程，“商务日语写作”都是其中必备课程。商务日语写作作为一门实践性极强的课程，主要培养三种技能：商务实践技能、书面交流技能及跨文化沟通技能。目标是使学生掌握较宽泛的人文与社会科学以及国际商务基础理论知识，培养适应在政府机构、各类企事业单位从事国际商务活动所需要的高素质专业性人才。通过调查发现，大多数商务日语写作课程是这样进行的：首先教师讲解某类商务信函的写作特点，然后指导学生阅读相关例文数篇，最后课上完成写作内容。然而，学生通常照猫画虎，写作的内容并无新意。这样的商务日语写作教学，未使课程真正达到与社会需求、实际应用接轨的目的，难以达到上述的教学目标。因此，有必要将 JF 标准的“Can-do 模式”运用于商务日语写作课程的教学中，以实际工作任务为引领，以企业涉外商务活动中涉及的写作交际技能和贸易流程操作为主线，以教学目标为依据，对传统的商务日语写作课程教学模式进行改革。

（一）教学实践对象及周期

笔者所任教的高校日语专业本科在三年级下学期设置了商务日语写作课程。本研究的教学实践对象则为该年级的两个班，将一班设定为对照组；二班设定为实验组。教学周期为一学期，共计 16 周，每周 2 学时。

（二）课堂设计

对照组采用传统教学法，实验组采用新的教学方法。简单概括起来是按照以下几个步骤进行课堂教学：课前教师将实际操作中常用的商务文书按照一定的关系编排成若干案例，并制定每堂课程的教学目标；课上教师首先进行案例背景和要求讲解，并将学生按公司设置分成若干组；学生分组讨论任务，阅读并学习相关范文，总结该文书常用的表达方式，提出方案，完成商务文章写作任务；各组交换文章，互相阅读点评；最后教师集中点评。在完成课堂教学环节后，学生在课下完成学习档案记录。教师根据学生的学习日记与自我评价再次检验教学效果，发现学生的掌握程度并分析原因，改进教学中的不足。学生在学习过程回顾中，还会提出延展性问题，抓住这些问题并进行调查、分析与整理，课程的内容得到延伸，教学也不单单局限在“写作”这一单一的目标上。

（三）实施方法

1. 课前准备

不同于普通的日语写作课程，商务日语写作课程是结合实际，为就业打基础的提高实际应用能力的课程。因此，只有了解企业中哪些类型的文书、函电是最需要掌握的，课堂教学才能够有的放矢。为此需要在相关企业中进行调研，具体步骤如下：岗位情况分析，确定与写作相关的岗位及其工作任务，明确岗位技能要求，确定工作情境，提炼典型工作任务，转换成学习领域，构建日语写作课程内容体系。此外，还将求职信、简历制作等与学生的实际需求密切相关的内容加入到课堂教学之中，提高课程的实用性。

教师对学生的学习程度进行全面的了解，根据 JF 标准针对学生的既有水平制定教学目标，教学目标的设定并非全盘一致，而是根据每个学生的学习程度而设定的。原则是因材施教、因地制宜。

2. 课堂任务

在一定的“社会任务”下设计课堂活动，需要教师将课程内容根据相关性分成若干个案例，比如可以在某个案例中涉及计划书、会议纪要、活动邀请函，还可在某个案例中涉及询价、报价、还盘、合同协议。然后设置可以贯穿相关文书的案例情境，向学生介绍任务的意义、重要性和背景知识。模拟企业的部门设置将学生分成若干组，如企划组、文秘组、销售组、采购组等。给各个组下达本组在这个案例中承担的任务即相应类型的文书。接下来督促学生广泛地阅读和学习，教师提供相应的参考范文，引导学生找出此类文书中常用表达方式、写作规范和注意事项，引导学生学以致用。还可以通过讨论、辩论等方式进一步促进学生的开放性和独立思维的形成。最后，学生以小组为单位进行讨论研究，学习范文，按一定思路寻找写作方案，形成有实用价值的商务日语文章。

文章的修改与评阅采取相互评阅的方式，即各个组之间进行交换评阅。每位学生拿到其他同学的初稿，然后小组讨论，在互相讨论过程中各抒己见，引导学生对自己所看到的文章进行梳理，分析其特点、结构、亮点、不足。在这一过程中学生的思维能力和理解能力得到同步提高，同时由于是站在读者的角度，可以让阅读者与作者之间展开互动环节。在这种交流中教师和学生在群体中都实现了互动，而且是积极的互动关系。并且，学生通过阅读别人的文章，找出其中的错误和不当的表达方式，在这一过程中，学生可以在评价他人和自我评价中得到能力的提升。在此基础上，教师将文章收回修改，将学生在写作中经常出现的问题进行分析，对出色的表达方式进行评讲，对常用、重要表达方式可以重点讲解。此外，在相互评阅过程中，对学生尚未发现的问题点，尚未挖掘到的部分进行进一步的解析。最后教师对学生互评后的文章中出现的集中性问题进行说明和讲解。通过“Can-do”模式，可以让学生实现从日语理论学习向日语写作实践的转化，达到理论与实际相结合，以提高商务实践能力和跨文化沟通能力。

3. 课后任务

在课堂任务完成之后，由学生在课下完成对课堂活动的记录、总结、评价，重点在于分析自身学习中的优势与困难，并兼顾对商务知识的理解和学习。学生在自我检讨与向着目标不断努力的过程中，明确自己“已经掌握了什么”“未掌握什么”以及“还需做什么”，这是记录学习过程的真正价值所在。

（四）教学手段

1. 任务教学法

任务教学法是以学生为中心的过程教学法。课堂教学的过程中，通过教师和学生共同完成某些任务，促进自然学习语言，掌握语言的运用。任务教学法不仅重视思想内容的挖掘和表达，强调写作目的和意图，注重反馈和批改，并且强调写作内容的真实性和实用性。写作内容的真实性和实用性不仅能够调动学生的积极性和创造性，提高学生自主学习和思考的能力，并且在执行任务的时候可以巩固和提高语言表达的能力及书面交际能力。任务教学法的重要特征是，在写作前期到写作完成和后期修改的整个过程中都有教师和同学以及同学之间的互动参与。

2. 案例教学法

案例教学法是指在教师的策划和指导下，根据教学目的和教学内容的要求，运用典型案例，将学生带入特定事件的现场，通过学生独立思考和集体协作，进一步提高其识别分析以及解决某一具体问题的能力，同时培养正确的管理理念、沟通能力和协作精神的教学方式。案例教学法在商务日语写作教学中的组织与实施包括三个基本环节：案例的准备、案例的实施、案例的总结。

3. 情境教学法

情境教学法是指通过设计一些具体场合的情境，为语言技能提供充足实例，并活用所学语言知识，具有直观性、趣味性、实践性和交际性，易激发学生的学习兴趣，使学生主动参与到课堂教学活动中来，积极地从事发现问题、探索问题、解决问题的学习，发展开拓创新能力。情境教学法是通过具体学习情境来实施，以典型项目或任务为载体，以工作过程逻辑为主线，学生亲自经历工作的全过程，从而获得工作过程知识，全面培养学生的职业意识、工作方法、学习能力、沟通合作能力等，并最终形成综合能力的教学方法。

4. 模拟教学法

模拟教学法是指在教师指导下，学生模拟扮演某一角色进行技能训练的一种教学方法。模拟教学能在很大程度上弥补客观条件的不足，为学生提供近似真实的训练环境，提高学生的综合能力。为了让商务日语写作课最大限度地接近真实工作环境，可采取建立虚拟贸易公司的形式，让 4~6 人组建一个贸易公司，以公司为单位进行讨论与决策，共同完成写作任务。以此方式，加强学生的团队意识，培养学生独立处事的能力。

（五）教学效果评估

为了评估新的教学方法对于提高日语水平和学习能力的效果，从以下两方面对实验组和对照组进行了考察。

1. 学生自我评价

实验组班级的学生根据 JF 标准中对于语言的熟练程度以及可以完成的任务所划分的等级进行自我评价。学生通过自我评价发现自己的优势与欠缺，客观地检测学习成果，从而更加明确下一步目标，不断改善学习方法，养成了自主学习的习惯。

同时实验组和对照组在学期末进行关于课程形式、内容、效果的满意度调查。对照组学生对于课程的评价的关键词为：课堂气氛沉闷、教学内容不实用、收获不大等。实验组学生对于课程的评价的关键词为：实用性强、参与性强、更加了解自己的学习水平、学会了自主学习等。可见，实验组学生对于新的教学方法非常适应，而且反映良好，并提高了自主学习的能力。

2. 教师评价

实验组教师根据 JF 标准分别在实验前、每堂课后、实验结束后对学生的能力进行评价，发现所有学生在试验结束后的各项能力都有所提高。

同时，实验组和对照组的任课教师也在学期末对学生的课堂表现进行了评价。对照组教师认为课堂中学生的参与度差、学习热情欠佳、作文完成水平欠佳、基本停留在模仿阶段。实验组教师认为学生的参与度较高、思路开阔、作文完成质量较高、自主学习能力增强、教师可以更加精确地掌握每个学生的学习效果。

可见，JF 标准下的“Can-do 模式”在“商务日语写作”课程中的应用对于提高课堂教学效果和学生的学习能力起到了明显的作用，得到了学生和教师的一致认可，也证明了 JF 标准下的“Can-do 模式”具有在日语教学中进一步应用的可行性。

三、结论

JF 标准将语言的熟练程度以及语言活动的目的进行了等级划分，根据不同的学习目的提供了解决的策略，在教学过程中构建一个社会性的学习环境。Can-do 为教学提供了一套从学习目标设定到学习效果评估的标准化解决方案。使用 JF 标准下的“Can-do 模式”的好处是不仅为教师和学习者量身定制了学习目标，同时还提供了基于目标的具体评价标准以及对应的策略，从而使因材施教成为了可能。另外十分重要的一点是学习者的课堂体验与学习回顾记录可以直接再现学习的过程，促使学习者反思学习过程中的问题，并进行有的放矢的评价，也使教师可以通过学习者记录的客观材料更准确地把握教学效果，而不是像传统方式那样根据课堂提问或作业情况经验性地把握，故对学生与教学效果的评价更加精确，为改善教学方案提供了更多的空间，可以进一步运用于日语教学之中。

参考文献：

[1] 岑海兵，邹为诚.《欧洲语言共同参考框架》对我国大学英语教育的影响研究 [J]. 中国外语，2011（4）：31-38.

[2] 彭瑾，徐敏民.『JF 日本語教育スタンダード 2010』与我国日语教育改革——以高等教育日语课程标准的比较为切入点 [J]. 日语学习与研究，2013（2）：69-76.

[3] 乔颖. 日语教育、学习、评估的参考标准《JF 日语教育 Standard2010》与中国的日语教育 [J]. 外语教学理论与实践，2011（4）：72-80.

[4] 伊東祐郎. 評価の観点から見た日本語教育スタンダード [J]. 日本語学，2006（6）：35-46.

[5] 国际交流基金会.JF 日本語教育スタンダード 2010 利用者ガイドブック [第二版].https://jfstandard.jp/pdf/jfs2010ug_all.pdf，2012.

"英语演讲"课程对英语专业学生实践能力的培养

田丽

【摘　要】针对大学生实践能力薄弱的问题，本文提出了以"英语演讲"课程为代表的日常教学实践能力培养方式，论述了"英语演讲"课程在英语综合应用能力、知识习得能力、应变能力、思辨能力和跨文化交际能力五大方面对英语专业学生实践能力的培养，帮助学生成长为知识与能力兼备的高素质人才，进而论证了"英语演讲"课程面向非英语专业学生的可行性和必然性。

【关键词】英语演讲；教学；实践能力；培养

【Abstract】Aiming at the inadequacy of college students in practical competency, this paper offers a suggestion of practical competency cultivation based on daily teaching and learning, and the course "English Public Speaking" is a typical representive to achieve this goal. This paper also explores that "English Public Speaking" curriculum helps English majors specifically cultivate practical competency in terms of comprehensive aptitude in using English, English-learning capacity, problem-solving ability, critical thinking, and cross-culture communication, assisting students grow into quality-orientated talents with both knowledge and competency. Thus, this paper expounds the feasibility and nessecity of "English Public Speaking" course expanded into non-English majors.

【Key Words】English Public Speaking; Teaching and learning; Practical competency; Cultivating

一、引言

十八届五中全会《中共中央关于制定国家经济和社会发展第十三个五年规划的建议》要求："深化教育改革，把增强学生社会责任感、创新精神、实践能力作为重点任务贯彻到国民教育全过程。"而当今大学生实践能力薄弱是不争的事实。而实践能力低下直接导致的结果就是就业率低，然而，即使很多大学毕业生走上了工作岗位，他们也发现自身所学和实际情况有所脱节，经验不足，能力欠缺。针对这个现象，各高校也展开了一系列的实践活动，比如组织高年级学生在实习基地进行实习，而针对英语专业（非师范类英语专业）的大学生来说，实习基地以翻译类为主，大部分仍为笔译类活动。试问，英语专业的学生毕业后有几成能够从事专业的笔译工作？再反观我们的课堂教学，实践能力能不能从专业课程中得到培养？

"英语演讲"课程在中国高校已经推广了十余年的时间，从个别院校开设选修课，到大部分高校将此课程列入英语专业必修课；从高校各自举办英语演讲比赛到全国范围英语演讲比赛的开展；从照搬国外演讲课程模式，到“全国英语演讲教学与研究学术研讨会”召开的十年光阴，“英语演讲”作为教学与实践结合最紧密的英语语言课程，已经成为提高和培养我国大学生听、说、读、写等综合语言能力行之有效的途径。

笔者依据“英语演讲”课程突出的实践性特点，结合个人“英语演讲”授课和对学生比赛培训辅导的经验，谈谈“英语演讲”课程对英语专业学生实践能力培养的体会和做法。并希望改变长期以来的“实践能力只能从实践活动中来”的本末倒置的片面观点，强调日常的教学也是培养学生实践能力的重要途径，从而希望将此课程推广到更多的专业中，使“教学中的理论与实践紧密结合”从口号变为实际。

二、英语专业学生的实践能力

在现代社会中，一些学者把大学生的实践能力分解为一般实践能力、专业实践能力和综合实践能力三个组成部分。一般实践能力是学生在日常学习、工作和生活中都应具备的实践能力。主要包括：表达能力、适应环境能力、自学能力、人际交往能力，等等。专业实践能力是指大学生利用所学专业理论知识解决社会和专业领域实际问题的能力。如实际操作能力、数据分析能力、记忆分析能力、观察想象能力、逻辑思维能力、信息处理能力、专业写作能力、实验能力、科研能力、设计能力、发明创造能力等。综合实践能力是指大学生运用在校期间已经积累的丰富知识，通过自身不断地探索研究，在头脑中形成独特性的思维，独立分析解决现实生活中的新问题、攻关新课题的创新能力[4]。就英语专业的学生而言，实践能力具体表现为以下五个方面：英语综合应用能力（专业实践能力）、知识习得能力（一般实践能力）、应变能力（一般实践能力）、思辨能力（综合实践能力）、跨文化交际能力（综合实践能力）。

三、“英语演讲”课程对英语专业学生英语综合应用能力的培养

英语综合应用能力在这里主要指英语的听、说、读、写以及语言的整体熟练度。

“英语演讲”课程一般是针对大学三、四年级的高年级同学开设的专业课程，这足以说明此课程有别于基础的英语口语课程，是一门综合性语言课程，因此它对提升语言的综合应用能力非常有效。

（一）阅读、写作能力

阅读是学生在准备演讲稿时必须经历的过程，是写好一篇演讲稿的基础工作。阅读在这里并不是简单地看文字，而是要根据所写内容，在大量的阅读信息中搜索、定位、筛选、收集、整理、加工。这样的复杂过程必将提高学生的阅读能力。

写作是“英语演讲”课程的中心环节。以中国高校普遍使用的教科书——卢卡斯教授编著的《演讲艺术》一书中的设置为例，全书16章中有6章是直接关系到英语写作的讲解和练习。其中包括，选择话题和目标、论证观点、组织演讲主题、开篇与结尾、撰写提纲和语言的应用。而演讲课的写作训练又区别于英语写作课程，它更加注重写作的实效性，即定位目标、选择方法、表达观点。而这样的写作在学生日常的生活中极为多见，具有很强的应用价值。例如，在“英语演讲”课程的第一个学期，学生需要完成三类演讲稿的写作：自我介绍、信息性演讲和说服性演讲。学生在校竞选、在校外工作面试以及演示说明、提出观点等场合都需要以上写作能力的支持。

另外，学生的演讲稿并非一次定型，整个成型的过程需要经历教师讲解、个人搜集

资料、组织语言、撰写、教师修改、演讲后同学老师意见反馈、个人再修改、再演讲、又修改……经过几轮大量的工作才能达到满意。这样的做法能够帮助同学，特别是英语底子比较薄弱的同学牢固地掌握某一类写作技巧，从而提高写作能力。

（二）听、说能力

毋庸置疑，“英语演讲”课程可以提升学生“说”的能力，但演讲是一门艺术，它看似与日常交谈有相似之处，实则不完全一样，它是在对话言语基础上发展起来的更高级别的言语行为。它不仅可以提升学生在英语口语中语音语调、节奏停顿等语言本身的应用能力，更加可以帮助学生有逻辑地说，根据不同听众有调整地说，追求最佳效果地说。

听、说不分家。以一个普通自然教学班为例，30 名同学，同一话题，每个同学都必须进行演讲，那么每个同学就对此话题聆听了近 30 个相关演讲，孰优孰劣，同学们会在学习中不断提升听力能力、理解能力、判断能力。另外，在教学中为学生播放相关视频也是课堂必要内容之一，相信学生们可以通过大量的音频、视频、现场演讲等活动提升听力能力。

（三）英语熟练度

对于中国学生而言，“英语演讲”课程不仅是针对演讲技巧的系统学习，还要攻克语言这道关卡。很多同学在学习演讲之初，脑中有想法，但局限于语言的有限能力，不能很完整流畅地表达自己的观点，特别是在即兴演讲中表现得更加突出。要完成一篇令人满意的演讲，学生需要利用教师讲授的技巧，在课下利用与上课相同的时间，甚至两倍、三倍的时间准备，不断练习演讲，在大量的演讲练习中获取语言的流畅度，从而加强了语言的熟练程度。而语言的熟练程度也可以有效地避免中国学生在二语习得时需先将中文翻译成英文、然后再表达的尴尬的错误方法。

四、知识习得能力

“英语演讲”课程具有突出的实践性，单从教学大纲的时间安排来讲，教师授课与学生实践的比例为 1:1。因此，学生完全摆脱了老旧的“填鸭式”教学，成为学习的主体，能够真正地主动投身于学习。另外，在如今日新月异的信息时代，学生可以通过各种信息源拥有海量信息，经过筛选、加工，运用到个人的演讲中，这样的过程本身就是一个自主学习的过程。因此，“英语演讲”课程培养了学生的知识习得能力，而这样的自主学习的过程也使学生们增加了对此课程的兴趣和认知。

五、应变能力

在《演讲艺术》一书中，卢卡斯教授引用了一项 2005 年在美国进行的民意调查，调查显示 42% 的受访者视演讲为最令他们忧惧的事，相比之下，直言畏惧死亡的人仅占受访人群的 28%[1]。显而易见，怯场是十分普遍的现象，而正是通过演讲课程的教学与训练，才能使学生提升个人的自信心，加强自身的心理素质。

另外，演讲的整个过程要求演讲者要针对不同听众调整话语并针对观众反馈及时调整[3]。学生在教学和训练中懂得注意听众的面部、肢体等反应，了解他们的需求；这也是学生在与人交往特别是在今后职场中所必须拥有的实践能力。

最后，“英语演讲”课程还会涉及特殊场合的演讲，例如面试、比赛、辩论，等等。这些特殊场合的演讲对学生的应变能力提出了更高的要求。一部分语言功底比较好，热爱演讲并且接受了演讲有效系统训练的同学在本专业甚至学校中脱颖而出，代表学校参加省市甚至全国的英语演讲比赛，在各种变化形式的演讲考题中从容应对，取得优异成绩。

六、思辨能力

四川大学任文教授通过对比调查发现，在外语水平不构成中国大学生学习和思考障碍的情况下，他们的思辨能力并不逊色于西方学生；同时，中国外语专业学生的思辨能力并不弱于（甚至可能强于）其他文科学生，知识后续发展力度有待加强[7]。在“英语演讲”课程中，学生发现话题，思考组织，写作并修改，这一系列的步骤都促进学生逻辑性、思辨能力和创造性思维的发展。而教师给每一个学生的每一次评价、反馈，也会成为学生自我检查、反思的良好机会，从而提升思辨能力。另外，视频中的优秀演讲和同班同学展示中的成功和失败的演讲，都会成为学生学习和反思素材。最后，演讲中的即兴演讲和辩论正是体现思辨能力的舞台。

七、跨文化交际能力

要成为有效的英语演讲者，自然需要具备文化层面上的沟通能力。语言是文化的载体，成功的英语演讲者应在畅通的语言沟通基础之上，关注语言背后的跨文化沟通。在学生准备演讲之时，所选取的素材特别是实例应符合听众的文化背景，避免引起误会；而在演讲时，教师应特别向学生强调，尊重听众的文化价值观，真正做到在多元文化中顺畅沟通。诸如以上做法的教学和实践必将可以帮助学生增强跨文化交际意识和能力。另外，“英语演讲”课程在中国发展的十年间，从最初的原版教材的引进，到现如今本土化案例、教材、课程设置等一系列的变化与发展，说明了教师们在教学中也意识到跨文化价值的重要性。

八、结论

“英语演讲”课程在我国各大高校英语专业的普及以及以“21 世纪杯”和“外研社杯”为代表的全国英语演讲比赛如火如荼地开展，表明了此课程的重要价值所在，它在培养学生实践能力中的价值应该得到重视。针对英语专业学生的实践能力的培养，具体表现在以下五方面：英语综合应用能力、知识习得能力、应变能力、思辨能力、跨文化交际能力。

另外，“英语演讲”课程不应被视为单纯的语言课程，教师在教学中应向学生强调其实践性，并将其“培养学生实践能力”的作用写进提纲，在教学中努力践行，做到真正带有明确的教学目标，理论与实践相结合，在课堂教学中培养能力。

当然，如果条件允许的话，“英语演讲”课程也可以在一些非英语专业的高年级学生中开展选修课，事实上很多非英语专业学生已经可以很好地进行语言沟通，并急切地需要提高自身实践能力。此课程的进一步普及定可使更多高校学生因此受益，提升自我能力和素质，更加适应社会发展，成为理论实践俱佳的高素质人才。

参考文献：

[1] ALEX BLYTH. How to get the most out of public speaking training [J].Training Magazine, 2006.

[2] STEPHEN E LUCAS. The Art of Public Speaking [C].10th ed. Beijing: Foreign Language Teaching and Research Press, 2014.

[3] STEPHEN E LUCAS. English public speaking

and the cultivation of talents for chinese college students [J]. Chinese Journal of Applied Linguistics, 2013（2）.

[4] 邓辉，李炳煌 . 大学生实践能力结构分析与提升 [J]. 求索，2008（3）：162–163.

[5] 李传玲 . 英语演讲教学对大学生思辨能力培养的作用研究 [J]. 淮海工学院学报：人文社会科学版，2012，10（23）：61–63.

[6] 李芳 . 我国大学生实践能力培养的现状、问题与对策研究 [D]. 长春：东北师范大学，2009.

[7] 任文 . 再论外语专业学生的思辨能力"缺席"还是"在场"？兼论将思辨能力培养纳入外语专业教育过程——以英语演讲课为例，[J]. 中国外语：中英文版，2013，10（1）：10–17.

[8] 孙旻 . 中国高校英语演讲学习者思辨能力发展个案研究 [D]. 北京：北京外国语大学，2014.

[9] 斯蒂文 · E. 卢卡斯 . 演讲的艺术 [M]. 顾秋蓓，译 . 北京：外语教学与研究出版社，2014.

[10] 文秋芳，孙旻 . 评述高校外语教学中思辨力培养存在的问题 [J]. 外语教学理论与实践 . 2015（3）：6-12.

[11] 赵毅玲 . 英语演讲训练对大学生英语实践能力的培养 [J]. 新疆职业大学学报，2011，19（1）：63-65.

跨文化视角下汉法语言差异对比

许莹

【摘 要】语言与文化之间的关系密不可分，二者相互影响，相互依托。汉法两种语言在语言表达方式、语法结构、词汇等方面都存在着较大的差异。从跨文化视角出发去研究汉法语言差异，可更深入地了解两国的语言文化，减少跨文化交际障碍的产生。

【关键词】汉法语言差异；跨文化交流；文化

【Abstract】Language and culture are interrelated and inseparable. There are a world of differences in expressions, grammatical structures and vocabulary between Chinese and French. Doing research from the perspective of cross-cultural communications may give an insight into the cultures of the two countries and help to remove the obstacles in cross-cultural communications.

【Key Words】linguistic differences between Chinese and French; cross-cultural communication; culture

每一个民族都有自己的语言和文化，语言与文化有着密切的关系。由于语言的产生和发展，人类的文化才可以传承和发展。“语言既是文化的载体，又是文化的写照。[1]”文化脱离了语言就缺少了一种重要的表现方式；语言如果脱离了文化，其感染力也会随之消失。文化包括语言，同时它又时时刻刻地影响着语言，使语言为了适应文化发展变化的需要而变得更加精确和缜密。因此，各民族的语言差异会直接影响跨文化交际的顺利进行。在语言的三要素与文化的关系中，词汇与文化的联系最为紧密，也最易引起跨文化交际障碍。民族文化可以在词汇中直接或间接地反映出来，这些词汇本身已经体现了明确的民族文化信息，如带有中国文化特点的龙、凤、麒麟等。有些词在其他民族文化中的含义差别很大，甚至截然相反，如鹤，是中国古代最崇高的动物中的一种，它象征着圣洁、清雅、长寿，为长寿仙禽。鹤之所以在中国文化中占有很重要的地位，是因为它和仙道以及人的精神品格有着密切的联系，因而有成语“鹤立鸡群”（比喻卓越出众）、“鹤鸣之士”（比喻具有崇高品德的贤明之士）等。然而，在法国语言和文化中，grue（鹤）并不崇高、圣洁，俗语中有“娼妓”之意。

从语言与交际的关系看，交际本身不仅是一个编码和解码的过程，同时也是一个信息交流的过程。只有当谈话双方在使用同样或相似的编码体系时，交际才能顺利进行。这种编码体系就是语言。人们对语言的定义有很多种，概括地说，语言就是人们在进行社会交流时的一种最重要的工具。法国语言学家 André Martinet 对语言的定义为：Une langue est un instrument de communication selon lequel l'expérience humaine s'analyse, différemment dans chaque communauté, en unités douèes d'un contenu sémantique et d'une expression phonique, les monèmes; cette expression phonique s'articule à son tour en unités distinctives et successives, les phonèmes, en nombre déterminé dans chaque langue, dont la nature et les rapports mutuels diffèrent, eux aussi, d'une langue à l'autre.[2]（译为：语言是一种交际工具，我们利用该工具对不同群体中人们的言语行为进行分析、区分，并将其划分为具备语义内容和表达声音的单位，即符素；而声音的表达是由不同的语音单位，即音素相互连接而成的，在每种语言中，其本质及其相互关系各不相同。）对于语言的使用者来说，它是一种思考或是表达思想的工具，同时也是一种结构体系。人们的交际活动正是受到了这种结构体系的影响和制约，从而出现了一系列的跨文化交际障碍。本文从跨文化交际视角对比汉法两种语言在语法、表达方式及词汇方面的差异，加强对中法两国文化的了解，以减少跨文化交际障碍。

一、汉法语法结构方面的差异

汉法语法方面的差异性主要体现在意合和形合上，前者是指汉语的词、短语和句子的构成方式一般都缺少形式上的标志，其组合主要依靠构成成分之间的意义关系；而后者指的是从语言抽象出一定的语法规则，并将其形式化、标准化，然后以这种形式规则严格地约束着意义的表达。汉语语法具有明显的意合的特点，它摆脱了严格的结构上的束缚，采用多种句式的组合，使语言表达变得更加灵活多样。但这种语法形式也有它的缺点，就是容易造成歧义，产生错误的理解，如毛意忠教授编写的《法语现代语法》中在介绍复合指示代词时有这样一个例子：M.Dupont a la plus grande douleur d'informer M.Blanc que la mère de celui-ci vient de décéder.[3]（译为：杜邦先生非常悲伤地告诉布郎先生他的母亲刚刚去世了。）“他”究竟指代谁，谁的母亲去世了，此问题在汉语表达中无法更好地体现出来。我们分析一下法文原句。根据复合指示代词的用法，-ci 指最后出现的人或物，-là 指先出现的人或物，且有阴阳性和单复数之分，那么剧中的“他”很明显指的是 M.Blanc。再举一例，法国作家于勒·罗曼在其代表作《名人传》中写道：Pendant toute mon enfance et mon adolescence, j'ai même habité rue Blanche... ce qui est en somme à deux pas... Mais les découvertes que l'on fait quand on passe de la rue à quelque appartement comme celui-ci, d'où l'on a une vue, sont étranges.[4]（译为：在我全部的童年和少年时代，我曾住过白街……总之几步之遥，但从白街所在街区到巴黎其他行政区所路过的风景却是新奇的。）celui-ci（译为：这个）指代的是与它最近的名词 appartement（译为：区），如此歧义就不会发生了。法语语法形合的特点使句意表达清晰，结构突出。法语的词、词组、句子的组合通常受到一定的语法规则的严格限制，时态的变化更将其形合的特点充分体现出来。该语言的时态是一个比较完整的系统，我们可将其分为六个语式（les modes），即直陈式、条件式、虚拟式、命令式、不定式、分词式，每一种语式下面又分成不同的时态。一般情况下，时态的变化是通过词尾形式上的变化表现出来的，在同一时态中，也可根据动词的形式判断出该动词的施动者。这与汉语语法的意合完全不同。

汉法语法意合和形合的差异体现了中西

方哲学思想的差异性。中华民族有着数千年的悠久文化史，中国人长久以来崇尚儒家思想，主张中庸、和谐。汉武帝在位时，提出“罢黜百家，独尊儒术”使得儒家学说取得统治地位，成为历代王朝思想统治的巨大支柱。孔子作为中国伟大的思想家、教育家，以其刚健有为、自强不息的生活态度在汉语的发展过程中一直都起着主导的作用。而法国的哲学发展经历了很长的一段历史时期，特别是从文艺复兴时期开始资产阶级启蒙思想家们提出了人道主义和理性问题，哲学研究逐渐达到顶峰。它的逻辑性和理性影响着法国社会的各个方面，语言受其影响最深。因此，法语具备如此严谨的句式结构也就不足为奇了。哲学思想上的区别、思维方式上的不同导致了语法结构的差异，影响了句意的理解。

二、汉法语言表达方式差异

每种语言都有其属于自己的表达方式和表达习惯，交际时如果不了解对方语言的表达方式必然会影响跨文化交际的进行。我们举一个跨文化交际失败的例子，某校大学毕业典礼合影时，出于礼貌，校领导指着前排正中的座位对法国外教说：“您请，您请！”对中国文化不太了解的法国外教似乎听懂了领导的话，立刻走到第一排正中间的位子上坐了下来。于是，在场的所有师生都惊讶地看着他，而他却丝毫不了解自己做错了什么。诸如此类导致跨文化交流出现障碍的误解比比皆是，其产生的一个主要原因就是对汉语与法语之间的表达方式的差异了解得不够充分。中国人喜欢采取含蓄的表达方式，侧重于心领神会。这种含蓄的表达方式在我国古代诗歌中就有体现。如我国两宋时期著名的女诗人李清照的《一剪梅》：

红藕香残玉簟秋。轻解罗裳，独上兰舟。
云中谁寄锦书来？雁字回时，月满西楼。
花自飘零水自流。一种相思，两处闲愁。
此情无计可消除，才下眉头，却上心头。

这首诗是诗人在丈夫外出求学后，思念丈夫有感而发。作者通过红藕香残，荷花凋谢，从竹席上感到深深的凉意，表达自己悲凉的心情。“花自飘零水自流”，“花”和“水”都是非常柔和的，代表着诗人自己，可是却是形单影只，任自己飘零、流淌，充分体现了诗人当时孤单的心情。这首诗没有采取直接叙述的方式，而是含蓄地将其思念之情表达出来。相反，法国人的表达方式比较直接。以下是一首现代法国爱情诗歌的节选，名为 *Qu'allons-nous devenir mon amour...*（《爱情，路指何方？》）

On a beau se comprendre et faire ça à l'amiable,
我们的爱情之路如此艰难，
Qu'entre nous c'était tendre, que l'amour est instable,
即便相互理解也是枉然。
Espérer sans espoir que la tempête passe,
不忍目睹爱情的失败，
En refusant de voir cette d é faite, hélas,
望早日雨过天晴。
Que sont devenus ces jolis discours ?
当日的甜言蜜语不复存在，
Est-ce-un sursis pour retarder l'échéance?
如何阻止爱情末日的降临？

这首诗歌直接表达了自己对爱情的态度和诗人力图克服困难坚守爱情的决心。诗人没有采用借景抒情的方法，而是以倾诉的形式向读者叙述诗人与其爱人之间存在的分歧和矛盾“Qu'entre nous c' était tendre”，没有华丽的语言，没有恰当的比喻，一句话便直截了当地进行叙述，表达了诗人的情感。含蓄和直接两种语言表达方式各具特色，前者委婉动人、感情丰富，后者直击问题、表达清楚。

此外，中国人喜欢采取简洁的语言表达方式，表达中成语的使用频率是很高的，比如“杞人忧天”，比喻不必要的或缺乏根据的忧虑和担心；“同舟共济”比喻在困难的环境中团结互助，这些成语概括了我们日常生活中所要表达的含义，并不需要把具体情况详细地解释出来。法语中并无此种表达方式，法语是通过句子的结构以及句式的千变万化表词达意的，如法国作家莫泊桑在其短篇小说《我的叔叔于勒》中写道：Une fois là-bas, mon oncle Jules s' établit marchand de je ne sais pas quoi, et il écrivit bientôt qu'il gagnait un peu d'argent et qu'il espérait pouvoir dédommager mon père du tort qu'il lui avait fait.（译为：一到那里，叔叔成了商人，但我不知道他经营什么。不久后，他来信说他挣了一些钱，希望能够弥补他对我父亲造成的损失。）该句使用了一个主句同时引导两个并列的从句来突出法语的结构性特点，使句式结构更加简洁，分句之间的衔接更加紧凑，语言表达更富有逻辑性。汉法语言表达方式大相径庭使得跨文化交际困难重重。法国人讲话喜欢用一个主句同时引导几个并列的从句以体现句子结构的优美。可对于初学法语的中国学生来说却是一个令人头疼的问题。往往在听完第一个从句后就忘记主句讲的内容，其他从句就会显得十分难以理解了。同样的，汉语中的成语也为法国学生带来不少的困扰。由于缺乏对成语故事的了解，他们很难从简简单单的四个字联想到成语所表达的真正含义。

汉法语言表达方式不同也反映各民族宗教信仰的差异性，从而导致言语行为和文化交流方面的不同。16 世纪的宗教改革运动使基督教的思想深入到法国人生活的各个方面，《圣经》已经成为一个独立的文化体系，其中的人物、典故也已家喻户晓。由此出现了许多带有宗教色彩的特有的表达方式，比如“打开潘多拉的宝盒”意思就是说会带来不幸的礼物；“诺亚方舟”比喻灾难普降时生命的保护物或者是摆脱厄运的工具。相反，中国人的传统思想是以天为上，万物之中“天”是最大的，是宇宙的主宰。在人们的心目中“天”是至高无上的，因此便有了“谋事在人，成事在天”“皇天不负有心人”的说法。

三、汉法词汇方面的差异

汉法词汇上的差别对跨文化交际影响主要体现在外来词的理解方面。从文化的角度来说，外来词的引入对语言的充实与发展具有深远的影响。词汇是语言系统中最稳定也是最易变化的元素，其变化速度之快是社会、科学领域中任何事物都无法与之相比的。语言上的发展也必然会向一种民族文化中注入新的文化内容。进入 21 世纪以来，全球文化大传播、大碰撞的趋势与世界经济一体化的潮流并行，现行科技的发展和经济全球化的需要使得各个国家民族之间的政治、经济和文化交往日益频繁，这些时代特点都加速了汉语与不同民族的词汇的相互渗透和融合。比如，我们在日常交流中经常遇到诸如此类的词：芭蕾（ballet）、沙龙（salon）、香槟酒（champagne）、沙文主义（chauvinisme）等。这些外来词由法语音译过来，在汉语中具有一定的含义。Channel 是法国香水的著名品牌，该公司刚打开中国市场之际，产品名称的翻译是一个大难题。对于国外的品牌，一般都采用音译的方法。但是这样翻译根本不会引起消费者的关注，这势必会导致一次失败的跨文化交际，因为只通过名字很难弄清商品的用途。然而，翻译认真了解到中国人比较喜欢使用有一定含义的名称，采用音译和意译结合的方法，将其译为“香奈儿”，意思是：该款香水的香味难以抵挡。如此翻译既符合了商品的发音特点，又以中国人习惯接受的方式使产品用途一目了然，“香奈儿”迅速成为中国家喻户晓的香水品牌也就不足为奇了。

当然，借词的意义不能只局限于为汉语增加了几个词汇，而是作为法国文化的象征出现在中国文化中，并与中国文化融为一体。同样，随着中国在国际上的地位日益上升，一些汉语词汇也出现在法语中，如 kung-fu（功夫）、taiji（太极）、yin（阴）、yang（阳）、poussah（菩萨）、ginseng（人参），特别是 Confucius 一词如今已被越来越多的法国人所熟知，与此同时，中华民族数千年的悠久文化史，中国人长久以来崇尚儒家思想，主张中庸、和谐的儒家思想也将中国文化带入到法国文化之中，促进了中法两国人民的跨文化交流。

四、结语

由此可见，语言作为文化的载体，关系着文化的传承和发展，也更加影响着跨文化交际的顺利进行。由于所属语系的特点不同，汉法两种语言无论在表达方式和表达习惯方面还是在语言结构和词汇方面都存在着较大的差异。这种差异直接或间接地关系到跨文化交际的进行。中华民族和法兰西民族都各自具有悠久的历史和文化，汉法两种语言必然会具有各自的语言特点，因此对汉法两种语言进行分析对比研究，是中法研究的必然趋势，也为正确进行跨文化交流提供了有效的途径。

参考文献：

[1] 胡文仲 . 跨文化交际学概论 [M]. 北京：外语教学与研究出版社，1999.

[2] ANDRÉ MARTINET. Éléments de linguistique générale[M]. Paris: Armand Colin, 1960.

[3] 毛意忠 . 法语现代语法 [M]. 上海：上海译文出版社，2002.

[4] ROMAIN ROLLAND. La biographie[M]. Paris: Editions du Septénaire, 1911.

[5] G SAPIRO. Le marché de la traduction en France à l'heure de la mondialisation[M]. Paris: Editions du CNRS, 2008.

[6] ANA GUTU. Théorie et pratique de la traduction[M]. Paris: Éditions ULIM, 2007.

[7] ANTOINE DE RIVAROL. De l'université de la langue française[M]. Paris: Bailly et Dessenne, 1874.

[8] CLAUDINE GARCIA-DEBANC, KARINE DUVIGNAU, CLAIRE DUTRAIT ET MICHEL GANGNEUX. Enseignement du lexique et production écrite. Un travail sur les verbes de déplacement à la fin de l'école primaire[J]. Pratiques, vol.141/422, 208-232.

[9] 贾秀英 . 汉法语言对比研究与应用 [M]. 北京：中国社会科学出版社，2003.

[10] 王金花 . 浅议文化异同与语言差异 [J]. 大同职业技术学院学报：社会科学版，2002（4）：59-60.

[11] 尚杰 . 从中西语言的差异追溯中西哲学的差异 [J]. 杭州师范大学学报：社会科学版，2008（5），9-15.

[12] 肖芳英 . 从文化角度浅析中西语言的差异 [J]. 湖南科技学院学报，2005，26（12）：201-202.

财会金融课程全英文教学方法探讨

张莹

【摘　要】伴随着全球经济的高速发展，科技的突飞猛进，以及世界各经济大国之间的合作与往来越来越密切，中国需要更多具有国际化视野与专业知识的复合型人才。本文根据作者从事多年外语和专业教学的实践经验，详细探讨了专业课全英文教学存在的若干问题以及如何提高教学水平的几种方法，并列举了课堂中所遇到的典型实例，希望英文教学对国家培养国际化复合型人才发挥一定作用。

【关键词】教学目标；问题；解决方案

【Abstract】China is currently claimed for multi-disciplinary talents and professionals, under the context of highly accelerated speed of globalization and ever-changing dynamics of technology, as well as the intimate collaboration between countries. As a writer Zhang Ying, with years of experiences in teaching Accounting and Finance in foreign languages, I'm pleasured to embark on discussing this topic specifically and controversially, there are some discovered problems in class and recommendable methods will be unveiled in this essay, hopefully, it would be a career-long commitment to professional education.

【Key Words】Teaching aim；Problems；Countermeasures

高等教育应当顺应教育国际化的大趋势，加速发展部分专业课全英文教学的步伐，以此来迎接全球经济一体化的发展，高等学府推进专业课程全英文授课并非易事，打造具备全英文教学、有能力的优秀师资队伍更为重要，而教师们提高自身的专业水平和英语水平，并能用外语流利地讲好本专业课，才是最为关键的。

一、财会金融类专业全英文授课的目标

根据现行高等教育的办学宗旨，结合人才市场对高等会计金融类人才素质的综合需求，注重培养学生的英语实用能力是教学的首要目标。使学生掌握基本的专业知识在英语中的对应表达，并能使用英语进行基本的财务和金融业务的处理。

（一）知识目标

通过开设“基础会计学”“定量分析方

法”“中级财务会计”“成本管理会计”“经济学”“投资组合管理”“金融衍生工具”“审计学原理”“财务报表分析”“股权资本评估”一系列课程，教材全部采用英美国家最流行的全英文教材，由浅入深、循序渐进、较为系统地用英语阐述了财务会计、金融管理、投资和审计学等方面的专业知识。随着《企业会计准则》在中国的广泛实施，中国的财会和金融行业不仅在制度和理论上，更是在实务中，与国际体系实现了实质性趋同，也对从业人员的英语水平提出了更高的要求。通过系统的学习，使学生全面熟悉会计学、金融学等内容的英语表达方法，以提高其阅读英文版财会金融类文献和运用英语处理相关业务的能力。

会编制资产负债表和利润表等双语财务报表；了解审计学主要术语的英文表达，能够运用英语读懂审计相关知识和审计报告。掌握金融领域的专业用语和英文表达方式，掌握中英文会计的术语和行业词汇，以此来完成本专业相关岗位的工作任务。

（二）素质目标

使学生认识到学习财会金融类英语和今后工作的密切关系，让学生深知作为一名财会金融复合型人才，应该拓宽自己的事业，学习更多的知识，大量阅读相关专业的书籍，以此来提高自己的综合能力，来适应未来的工作。

运用英语了解国际会计准则和其他主要国家会计准则的发展动态、学习和获取专业新知识的能力；讨论、沟通、交流和合作能力；自主学习能力。运用计量、统计、会计方法进行分析和研究，了解主要国家和地区的经济发展状况及其金融财会政策，了解国际金融学、国际投资理论发展的动态，并意识到专业类英语的重要性，培养其强烈的求知欲和探究意识，在专业英语沟通与交流中培养全面素质。

二、目前教学中普遍存在的问题

（一）基础英语水平有待提高

一般来讲，专业授课的班级为大二或大三的学生，大二学生已经在校学习一年，英语有了一定的基础，但由于生源地不同，学生的水平参差不齐，虽然多数学生能听懂，但他们不太习惯教师在课堂上用英语教学，这不利于提高英语口语交际能力，需要师生共同努力改善提高课堂英语口语化水平。

即使有一定的英语基础，但是因为基础层次水平的差异，同一个班级中学生的英语水平差距很大，不少学生词汇量匮乏，还达不到专业课英文教学的大纲要求。主要是因为，学生们虽然思想活跃，但学习自主性差，自控能力差，学习非常被动。因外语基础薄弱，存在自卑心理和畏难情绪，影响了用英语交际的能力，也影响了学生听说读写各项技能的提高和后续学习能力。

此外，授课教师的英文水平也应相应提高，如果一堂专业的英文授课，教师的英文口语使用少于课堂授课的 80%，那么这堂课的专业英文效果就是失败的，授课教师除了提高自身的英文水平之外，对自身发音准确的要求更要格外严格，因为这直接影响到学生们今后在各自工作岗位上能否正确流利地使用英语来展现自身的专业水准。

（二）专业课授课内容枯燥，理论与实践无法有机结合

当今，高校的教育模式仍然是以专业划分为主，大学生的学习也是根据其专业来安排课程的，前两年以公共基础课为主，后两年偏重专业课。相对基础课而言，不少学生感觉到专业课更难学、难懂，枯燥无味。相对于财经金融类课程来说，不像基础课那样具有死板的理论体系和相对较固定的教学内容，相反，它具有较强的“时尚性”，与社会各领域的发展密切相关。如果想真正调

动学生们自主学习的积极性，还需要专业教师多采取更活泼而有效的教学方式。

传统的财会金融教学模式比较单一，主要以理论为主，通常先进行理论教学，然后再进行会计金融实践训练。在学习理论知识的过程中，由于专业知识的系统性和抽象性，“填鸭式”的教学方法常常使学生感到晦涩、难懂，逐渐产生厌烦情绪，最终失去学习的兴趣。而在进行实践训练时，难免又会忘记前面学过的理论知识，造成理论知识不能很好地运用于实践操作中，影响了学习效果。

另外，实训的资料不够真实，与实际经济业务相差较大，而且实践训练过于简单，通常是有一些常规性的业务，缺少难处理的业务。在这种模式下培养出来的学生实践能力都相对较弱，不能更好地适应社会和企业发展的需求。

（三）培养方向单一，师资力量薄弱，不能满足多重岗位的需求

随着社会的飞速发展，各企事业单位对会计金融人员提出了更高的要求，并且有调查显示很多会计毕业生不仅从事会计工作，而且他们还从事过金融、统计、文秘以及其他工作，但是学校对这种市场需求变化并没有给予足够的重视，教学还局限在单一专业培养方向上。

大学担负着为社会输送高端人才的使命，而完成这个使命就需要依靠高质量的专业师资队伍，会计金融类教师不仅要具有较高的专业素养，而且还要拥有丰富的实践经验。但是，实际能够满足真正意义上的专业教师条件的人员并不多，他们中的大部分人只是掌握会计理论知识而缺乏实践经验，所以教出的学生也同样不具备较强的实践能力。这些都是大学里财务金融教学过程中存在的问题，它们对学生今后的职业能力产生了很大的影响。

三、如何提高整体的专业教学水平

课堂教学中，教学所用的教材和相关组织形式，对学生的影响是显而易见的。若教材难易度能为学生承受、教学组织形式活泼多样化，课堂气氛就会活跃，课堂教学内容就会被学生乐于接受，学生越学越有意思，反之，就会出现课堂气氛沉闷甚至压抑，学生越学越失去兴趣。所以，妥善处理好教材，精心设计好学生易于接受的课堂教学组织形式，对成功上好一节专业课英文讲解，起着举足轻重的作用。

（一）情景式教学法

当今的专业课授课中，无不注重设置情景和情景的导入。这正是突出建构主义学说所强调和倡导的建构学习环境（Constructive Learning Environment）的重要作用。财会金融类都是专业性很强的课程，最新的专业试用版教材较好地处理了专业性和难易度问题，并且还设置了与学生现实生活联系比较紧密的情景。在教材的支撑下，在教师的精心设计下，情景教学更为生动地展示了专业知识的实践性。

比如，在成本会计课程中“chapter 9 absorption and marginal costing”，教师以在美国洛杉矶的一家服装厂引入话题，并就产品成本核算提出问题：“should we make a comparison between absorption and marginal costing through a sampled question?”看似简单的问题却不简单！由于两种成本核算方法的不一致，在计算过程上的烦琐，很容易让学生们产生逆反和畏难心理，但是好奇心必然会驱使学生去急于发现事实——Profit, 这样本课的导入水到渠成，进而教师趁热打铁，用数据分析的不同结果，更让学生容易理解其核算方法的重点步骤，从而使得本课教学主体 reconciling profits（调和利润）的呈现一气呵成。并且这种呈现过程是学生在教师创

设的情景中去发现的过程，这也即是布鲁纳的发现学习理论（Bruner's Discovery Learning）中所阐述的，教师的作用是创设一种学生能够独立探究的情景，而不是提供现成的知识。

学习的目的是要学生参与建立学科的知识体系的过程，学生应积极地参与到学习过程中来，真正的学习来自于个人的发现。这种情景化教学的成果就是学生能积极参与课堂教学并且能给予积极反应。这表明，即使是专业课程，只要教师找到合适的切入点，就能很好地引导学生进入课堂教学。

（二）英国案例式教学法的启发

案例教学法是一种以案例为基础的教学法（case-based teaching），案例的宗旨就是以各种真实的企业案例，来更深刻地阐述专业理论，使其内容丰满而又生动，而教师在教学中扮演的是设计者和激励者的角色，鼓励学生积极参与其讨论和推导中，不像在传统的教学方法中，教师只是一位高高在上很有学问的人，扮演着传授知识、教书育人的角色。

案例教学法更多的是让学生把自己纳入案例场景，通过讨论或者研讨来进行学习的一种教学方法，主要用在管理学、法学等学科。教学中既可以通过分析、比较，研究各种各样的成功和失败的管理经验，从中获取一般性的管理结论或管理原理，也可以让学生通过自己的思考或者他人的思考来拓宽自己的视野，从而丰富自己的知识。

案例教学法的特色体现在如下方面。

（1）鼓励学员独立思考，传统的教学只告诉学员怎么去做，而且其内容在实践中可能不实用，非常抽象，且非常乏味无趣，在一定程度上打消了学生的学习积极性。但案例教学没人会告诉你应该怎么办，而是要自己去思考、去创造，让学生去充分体验参与其中的乐趣，并且铭记其过程，乐趣无穷。

（2）让学生更注重能力，而不仅仅是知识。当今的管理者都知道知识不等于能力，理论不等同实践。管理的本身是重实践重效益的，学员一味地通过学习书本的死知识而忽视实际能力的培养，不仅对自身的发展有着巨大的阻碍，其所在的企业也不会直接受益。案例教学正是为此而生，为此而发展的。

（3）利于师生互动。传统的教学方法是老师讲，学生记、学生听，至于听懂多少，记住多少，只有通过考试才能知道，学生一旦考完试基本就忘得差不多了。在案例教学中，学生一拿到案例后，先要进行文字消化，然后查阅各种他认为重要的理论知识，这无形中加深了对知识的理解，而且是主动进行的。获取到相关理论提示时，学生还要经过缜密思考，提出解决问题的方案，这样就是能力的升华。同时他的答案随时由教师给予引导和判断，这也促使教师加深思考，根据不同学员的不同理解补充新的教学内容。这样双向式的教学互动对教师也提出了更高的要求。

在教学方法上注重案例教学，并将管理学的理论与方法运用到教学实践工作中来，如教学生通过团队合作来讨论和分析问题，利用头脑风暴法进行决策等。案例教学就是促使学生主动学习的一种重要教学方法。在运用案例教学时，班上的学生进行自愿组队，每一小团队对案例资料进行讨论，同时在给出结论时会利用到管理决策的一些方法如头脑风暴法等。这样不仅培养学生在学习过程中的有效思维，培养学生的逻辑思维能力，分析问题、解决问题能力，口头表达能力以及团队合作的能力，而且增强学生的学习动机，开阔视野和增强学习的信心。

（三）组织课堂的活动

丰富有趣、形式多样化的课堂活动，是调动学生们学习兴趣的有效方法之一，也是学生掌握预定的知识或者理论规律后，教师把课堂交给学生实践和创新的一种形式，让学生在一定的情景下建构有意义的知识习得过程。以国际注册会计师（ACCA）考试中F6税法为例，在学生了解Three Kinds of Taxes后，教师设计了一个IRS（Internal-Revenue Service，美国国税局）Tax Collector和Taxpayer的活动。教师设计了一些卡片，分发给三位Tax Collector（Property tax collector, Sales tax collector和In-come tax collector）和各种类别的Taxpayer，要求他们按各自的职务范畴收税和纳税。

这样，通过活动的形式学生们更进一步掌握和理解了税的种类和范畴。而且，这种理解是学生建立在教师所搭建的语境中和专业知识背景下的，通过老师和同学们的帮助以及自己亲自参与过程中的体验，从而获取成就感和认知感，因而这样的学习过程，更具有积极主动的意义。在《金融学》英文版教材中也设计有不少的活动形式。在课堂教学中，教师若能结合各种活动充分开展任务型学习或者研究性学习，就一定能充分调动学生的课堂学习积极性，刺激学生充分发挥其学习主动性和创造性，从而取得更好的学习效果。

在课堂教学上提倡学生自己踊跃站起来回答问题，我作为教师并不轻易否定学生的观点，而是鼓励发散思维。如在开始上“银行与货币”课程时，我让学生说说自己眼中从事金融业的人都是什么样的，在社会中扮演着什么样的角色，银行每天的工作都是怎么样的，有没有听说过或看到过一些和金融有关的新闻或事件等，在这样一个轻松交流的气氛中，我鼓励学生主动踊跃地站起来谈自己的想法。最后班上有一二十名学生都主动回答了问题，这样学生不仅自己思考了，而且还能锻炼勇气和增强信心，同时也轻松掌握了一些相关的专业知识。

教师引导学生围绕某一问题进行分组讨论，鼓励学生积极参与，培养学生的语言表达能力。分组讨论既培养学生的自学能力，又调动学生学习的主动性和积极性；讨论中的发言固然要围绕讨论的中心，但也可以不受教材的限制，因而有利于发挥学生的独立思考和查阅能力。

会计、金融都是实用性很强的学科，仅仅记住一些理论是不够的，更重要的是要学会应用。因此在教学过程中要始终贯彻“理解，掌握，运用”这个思想，做到理论联系实际，将理论很好地应用到实际工作中去。在讲解理论的时候，经常联系大量的具体的经济业务，学生很容易理解并记住一些理论知识，然后进行分组讨论，在讨论的过程中，本身就是理论知识的应用。如“财务报表分析”课程中的会计分录，为了让学生掌握该部分内容，每学一个账户，笔者都会随机出几个业务题，让学生做会计分录，通过做题，学生会很好地体会该账户的用法，借方记什么内容，贷方记什么内容，期末余额在哪一方，表示什么意思。这样讲完所有的账户后，学生只是理解了各个账户，还不会具体应用，容易混淆一些账户的用法。因此课堂教学设计为首先分类练习，主要分下列几类：筹集资金，供应原料，生产过程，销售过程，利润及分配过程等，每一类让学生做大量的真实业务练习，同时让学生理解分析并讨论，然后学生依次按顺序站起来回答，因为每个学生必须站起来回答，所以他们不得不努力思考，积极参与到讨论当中，站起来表现一个最好的自我，整个教学过程很流畅。经过一段时间的反复练习，将知识系统化并使学生将实践与理论紧密结合起来，从而牢固掌握了会计理论知识和实务操作技能。

（四）多媒体教学与课堂讨论法的完美结合

传统的会计金融教学，教师侧重进行理论的讲述，课堂气氛压抑，学生学习效率低，但随着网络、多媒体等技术的迅速发展，使得多媒体在教学中获得了很大的成功。多媒体真正运用到专业教学中后，以其生动、直观、形象、新颖的特征优化课堂教学，提高了专业课的学习质量和学习效率。多媒体和课堂讨论法的结合，是教学弊端的重要突破之一。

多媒体在专业课教学中的优势如下。

1. 形象生动，调动学习兴趣

多媒体授课把传统的以教师为中心，变成了以学生为中心。多媒体将声音、图像、文字等多种方式融合为一体，营造出一个“图文并茂、动静结合、声情融会、视听并用”的多媒体交互式教学环境，给学生带来更多的感观刺激，为学生提供了丰富的视觉和听觉材料，可以满足不同思维方式学生的不同思维需求。譬如，企业供产销经营过程的讲解在传统会计教学中会很枯燥，但通过多媒体的演示，学生会很直观地把握企业的供产销流程，大大缩短了教学与现实的距离，充分满足了学生的好奇心理，调动了学生学习的积极性 。

2. 提高教学效率

在进行实践性教学时，可以充分利用会计模拟核算资料、教学版会计软件、教学录像，专门设置出纳、核算、审计等职业岗位，让学生进行职业岗位模拟实践操作，解决学生对这些工作岗位认识模糊的问题，进一步明确会计岗位的工作职责、内容，同时让学生们相互检查、监督，共同进步，既能完成教学任务，又能充分发挥学生主体参与性，融实践与理论为一体。

（五）专业师资队伍的建立

提高专业课授课水平的关键之一，是教师队伍整体水准的升华，教师应掌握多媒体教学的相关技术，结合会计金融学科的实践应用与理论相结合的特点。充分把握会计金融理论，搜集大量的资料，确保课件的知识含量和信息含量。为此，学校应有计划地做好教师的技能培训，鼓励教师将现代化的教育技术手段运用到课堂教学中去，优化教学过程。

学校在进行教师技能培训的同时，应加大力度强调教师的道德修养。教师应充分理解“以学生为中心，为学生服务”的教学宗旨，积极引导学生自主学习和自发学习。当前，高校的部分会计金融类教师是从学校毕业后直接从事高校会计教学工作的，大多缺少实践经验，因而，学校应加强教师的实践业务知识学习，不断提高其业务水平。可通过轮岗的方式，使会计金融专业类教师深入到企业里，从事会计或金融实务工作，为教学积累宝贵的资料及经验。

有些专业课老师的英文口语欠缺一些，学校应当多提供这方面的英语口语培训，以此来提高授课老师的英文口头表达能力，真正达到专业课英文授课的国际教学水平。教师要从“灌输者”的角色转变为学生学习的指导者、学习活动的导演者，教师也不能因为采用多媒体技术，就忽视了教学设计和课堂组织教学。应当尽可能地用启发式教学，充分调动学生的动机、兴趣、情感、意志等因素，启发学生的思维，调动学生学习的主动性、自觉性和创造性。

就拿笔者讲授的一门英文会计课程来说，教师必须要掌握与它相关的知识，如中级财务会计、高级财务会计、税法、成本会计、财务分析和审计等；还要学习会计方面的法律法规，如《中华人民共和国会计法》《企业会计准则》《企业会计制度》等；同时也要掌握当前国内乃至国际上发生的一些较大的财务事件。要想让学生对知识的学习和理解更系统、更透彻，就必须要掌握各个方面的知识，这样在讲课的时候就可将其穿插进来，让它融入整个教学过程中，同时在实践教学中笔者尽量追求用最简单和通俗的语言将复杂的会计理论讲清楚。这一方面可激起学生的兴趣，喜欢听老师的课，另一方面也可让学生的知识体系更完整。

总之，在当今全球经济一体化的新形势下，就业市场对高等教育提出了更高的人才培养目标，企业更强调毕业生的工作经验和专业技能，不仅需要掌握专业基础知识，还要具备综合业务处理的能力。这就要求我们在传授知识时，不但要教会学生财会金融的基本原理、技能和相关处理办法，还要训练学生将理论知识熟练地运用于实践当中，培养学生的综合能力，使学生成为全面发展的复合型技能人才。同时，财会金融课程的实务性、操作性很强，因此，提高专业课教学质量、进行教学改革是势在必行的。我们要采用一体化的教学模式，以学生为主体，以实践为核心，培养出适应社会需求和变化的财会和金融专业人才，并推动专业教学改革进一步深化。

参考文献：

ANTHONY C WINKLER. 学术论文写作手册[M].7 版 . 北京：北京大学出版社，2008.

优秀大学英语教师对其课堂行为的阐释

耿丽萍

【摘 要】尽管教师认知在国外蓬勃发展，但在国内以探讨大学英语教师认知与课堂实践关系为目的的实证研究比较匮乏。本研究采用课堂观摩和访谈，对教授英语精读课程且有十年以上教学经验的优秀教师进行案例分析。结果表明，每位教师都有一套复杂的、个人的认知系统，教师经历把抽象的教师知识与实际的课堂教学相融合，从而完成教学目标。因此，重视教师个人教育和教学经历，有利于教师认知体系的完善、课堂行为的改善，最终促进英语教学的发展。

【关键词】教师认知；课堂行为；教育与教学经历；英语教学

【Abstract】Although teacher cognition flourishes in foreign countries, the quality research is still limited in teachers' sense-making of their classroom practices in intensive reading class in Chinese university. This study is a case study with the research methods of observation and semi-structure. The research participants are those who teach intensive reading with more than ten years' teaching experience and are identified as good EFL teachers. The findings suggest that every teacher has complicated and individual cognitive system. Individual learning and teaching experience can integrate the abstract teacher knowledge with classroom practices, which carries out the goal of teaching. Therefore, developing teachers' leaning and teaching experience can make teachers' cognitive system better and improve EFL teachers' behaviors in university so that the English teaching can be promoted.

【Key Words】teacher cognition; classroom practices; learning and teaching experiences; English teaching

教师在教学中处于核心地位，同时也是课堂教学的决策者、实践者和改革者，对英语教学的发展起着至关重要的作用，而对教师认知的研究又是提高教师专业素质的落脚点，因此，深入地开展英语教师认知的研究已成为大学英语教学改革中不可或缺的紧迫任务。近些年来越来越多的研究发现外语课堂上教师认知对其课堂实践有很大影响，同时也意识到在教师认知研究领域中的困难，如，专业术语不一致和教师认知的不可直接观察性。因此，需要研究者通过对教师的课堂行为的研究来解析教师认知。

现有的有关教师认识和课堂实践的文献主要关注的是课堂建构的原因、原因的类别、教师认知和课堂实践的关系以及原因、背景因素的影响，但此类研究大部分是在一语教学环境中，在外语课堂上相对不多，在国内教学环境中研究英语专业的精读课上的教师认知和课堂实践的就更少了。据此，本研究借助 Zhang 的理论框架，着重对在外语课堂上教师认知和课堂行为之间的关系以及影响因素进行深入挖掘。

一、文献综述

（一）教师认知研究概述

教师认知指的是“教师的所知、所感和所想”。也就是它包含了教师精神生活各个方面以及影响他们的教学理念、教学方式和教学决策的各种因素。纵观教师认知相关文献，术语不一致是此研究领域的一大特点，Borg 回顾了在教师认知领域中出现的相关术语，如：教师信念、教师知识、实践知识，等等，这些术语都在不同的角度阐释着教师认知。Borg 提出“教师认知”这一概念，他认为“教师认知是一个包容性的术语，它可以包括教师精神生活的一切复杂活动”，这就化解了不同术语之间的争议，如：教师信念和教师知识之间的问题。

在普通教育学中教师认知研究可以追溯到 20 世纪 70 年代。70 年代是有关教师认知研究转型的年代，教学研究从传统的“过程—结果”范式逐渐转向教师思维；80 年代，随着教师决策研究深入发展，教师知识研究逐渐成为一项核心内容，但此时针对教师决策的研究并没有从一个整体全面的角度捕捉教学过程和教师认知，且缺乏对教师信念的认识。90 年代以来，教师认知研究越来越专业精细，对其影响因素的挖掘也越来越深入，这一阶段的核心问题是教师知识、信念与学习教学的过程。21 世纪后，对教师认知研究继续向前发展，呈现出个性化、复杂化、环境化的特点。

教师知识这一概念早在 19 世纪 80 年代就开始逐渐取代教师思维这一概念，并成为教师认识领域中的主要研究方向。Shulman 将教师知识分成七大种类：主题内容知识、学科教学知识、一般教学知识、课程知识、学习者的知识和特点、教学环境的知识和教育宗旨的知识。其中学科教学知识对教师认知发展有很大影响。90 年代，Carter 又从教师知道什么、如何获得知识的角度把教师知识分为教师信息处理、教师实践知识和学科教学知识。这些不同角度的研究说明在教师认知领域中学者对教师知识的不断深化挖掘。到 21 世纪，教师知识也成为了教师认知领域中使用最广泛的术语。就本篇论文来说，教师知识是一个包括和课堂教学有关的一切教师教育以及实践方面的知识。

（二）教师认知与课堂实践

除了对教师认知本质和范围的研究外，有一部分研究者把目光投向教师的实践课堂，从教师的课堂行为中探讨教师认知。Borg 和 Zhang 回顾了有关教师认知和课堂教学实践的相关文献。这些文献反映出的共同主题：一是对课堂实践的阐释归因于教师认知或个人的实践知识；二是此类文献既关注教师行为原因的阐释又对其原因进行分类；三是此类研究的跨度，从小学生到成人，从职前教师到经验丰富的教师，但基本都是在国外的教学环境中的研究。Feryok 研究了在交际教学实践中，教师实践上的理论、所观察的课堂行为以及环境因素三者之间的关系。Phipps 和 Borg（2009）探讨了在语法教学中教师信念和课堂实际行为之间的冲突。这些研究不仅通过课堂行为剖析了教师认知与课堂实践的关系，而且也研究了影响教师认知和课堂实践的环境因素，如：教师的学习经历、教学经验和学校环境等。语言教师认知的研究也涉及不同的课程类型，主要集中在语法、写作和阅读课。Borg 做了一系列关于语法课上教师认知的研究，他认为“语法教学受到一系列复杂因素的相互作用的影响”。Wilson 等发现教师在教授阅读课时，教师的信念与课堂实践之间存在不一致的问题。而对写作课的教师认知研究主要包括两个方面：一是职前和在职教师对写作课程的理念；二是研究教师所持有的写作课理念与学习者所持有的写作课理念之间的关系。

虽然外语教学环境中对教师认知研究以及对教师认知和课堂实践的研究起步相对较晚，但在一语教学环境中所取得的在相关概念和研究方法上的成就对其在外语教学中的研究有很大的启示作用。

二、研究方法

本研究旨在探讨教师在进行外语课堂建构时，所体现出的教师知识和课堂实践的关系以及环境因素的影响，从而为语言教学和教师的发展提供了启示。研究问题如下。

（1）教师是如何建构其课堂教学的？

（2）教师所持有的认知是否付诸其课堂实践？

（一）研究对象

根据研究目的和研究问题，本研究选取了某大学外语系三位教授英语专业一年级精读课本的教师（见表 1）。三位教师愿意接受本研究的访谈和课堂观摩。

（二）数据收集和分析

数据收集历时一个多月，数据收集阶段还有一个多月就是大学英语四、六级考试时间。数据收集的方法包括：背景文献、课堂观摩和半结构式访谈。观察和半结构式访谈是质化研究范式中数据采集的主要策略。

表 1 A brief profile of the participants

Name	Gender	Age	Qualification	Professional title	Teaching year	Students
Lin Feng	M	55~60	MA	Professor	31	Year 1, 20
Li Xue	F	40~45	PhD	Professor	22	Year 1, 21
Du Ping	M	30~35	PhD candidate	Associate professor	13	Year 2, 13

首先，在进行课堂观摩前已经收集了三位参与者的背景文献。其次，以不介入课堂教学的方式完整地观摩了每位教师四节课教学情况，在老师允许的情况下，对其课堂教学进行录音，并及时地对其进行誊写，目的是对教师课堂建构进行深入剖析。最后，对教师进行半结构式访谈（大约一个小时），半结构式访谈与每次课堂观摩是连续进行的，这样可以减少偏差，保证了数据的有效性。

对数据的分析是循环往复的，誊本将会和课堂观摩和访谈内容进行反复比对，将教师在访谈中所陈述的认知和课堂观摩进行比对，总之，不同数据源搜集的数据要经过三角测量来认证，确保研究数据的真实性、可靠性。

三、调查发现

本部分主要是依据研究问题，对每位教师进行个案分析，目的在于分析教师课堂建构的基础上，通过研究教师认知是否付诸其课堂实践，探讨教师认知和课堂实践以及影响因素的关系。每位教师都有自己的一套教学认知体系，而在访谈中教师也会着重强调他们在某方面的认知。本研究也将重点从角色认知、教学目的和教学策略这三方面来探讨本研究所提出的问题。

（一）Lin Feng 的案例分析

Lin 具有 31 年的教学经验，也是三位参与者中唯一一个拥有正规的海外留学经验的教师。

在访谈中 Lin 不断地强调他的教学过程所要达到的预期结果即教学原则是提高学生的语言应用能力，这也是他一切教学活动的出发点和落脚点：

“我看中的是学生的英语的实际应用能力，考试只是手段。我在课堂上基本不考虑考试，就是提高学生的语言实际能力，但从长远来说，与考试并不矛盾，还是关注实际能力，对以后工作，不只是考试都有帮助，比如：课上翻译练习，给学生启示，让他们耳濡目染，这样学生会关注该怎么说。”

如果 Lin 把提高学生的语言应用能力作为其教学原则，为了达成此目标，他就必须把学生作为课堂的中心，但从其课堂实践来看，整个课堂并不是完全意义上以学生为中心的，而是把一部分时间交给学生，让学生读一遍自己负责的课文，然后和大家分享从中学到什么，包括单词、主题或其他方面的见解；其余的时间由教师串讲，包括提问和互动，期间有些学生比较羞涩，不敢开口，Lin 还用各种方式鼓励他们，完成教学任务。也就是说虽然 Lin 认同把学生作为教学中心的理念，但在实际教学中却对此理念有所折扣，对此 Lin 做出的解释是：

“学生在经历过上学期，我开始有意识地培养以他们学习为主的学习方式，就这个班来说，之前我的精读都是以我串讲为主，现在开始逐步转向以学生为主，启发他们，下一步计划让他们自己讲。他们现在还不太熟，还不知道怎么讲，现在开始启发，告诉他们应该做什么，比如我会问他们：‘在这段你看出什么了？’他们有的已经揣摩到我的思路，这就是个比较好的开始，过去就是完全听我讲。”

虽然在 Lin 的课堂上目前还没有完全以学生为中心，但是他解释了目前这么做的原因，并且最终目的是向以学生学习为主的方式发展。在访谈中的一些话语也能够体现出 Lin 正朝着这个方向努力，如“把全班学生都融入课堂活动中”“让每位学生负责一部分学习内容，让他们感觉到他们既是一个整体又是独立的个体”“鼓励他们尽可能多地说英语”“对学生不要打击”等话语。

这些描述构成了 Lin 的主要教学认知体系，他们解释并且支持了 Lin 在课堂中的主要教学决策和教学行为。

（二）Li Xue 的案例分析

Li 在 40 岁初获得了教授职称，她是语言学博士，有 22 年的教学经验，并且有 7 年的正规的师范大学学习经历。

在本研究三位参与者中，Li 老师的课堂是最能反映以学生为主的教学方式，相关的话语多次出现在访谈中。在访谈中提及课堂目标“主要是为了学生的兴趣、爱好和发展”。因此，可以推断，Li 的课堂实践应该是围绕学生展开的，从课堂观摩中看到，Li 的课堂上有专门的每日汇报、听力练习和与课文相关的口语汇报。而且这些环节占据了精读课堂的大部分时间，对于具体的语言知识并没有讲解多少，对于此，Li 有这样的阐释：

“每节课都有每日汇报，学生运用多媒体进行汇报，一是六级作文，因为临近期末要考六级，学生针对题目有自己的演讲，然后给出一个 model paper；二是拓展学生知识面，自愿讲解喜欢的内容，为的是培养学生的兴趣；听力部分是这段时间增加的；对课文的讲解，因为本节课的课文属于课文 B，我们对其采取的是泛讲策略，如果课文 B 的主题对学生很重要，我也会多讲点。对于课文 A，在精读课上要精讲，包括课文结构、语言点和话题讨论。”

从此段访谈中，Li 与其他两位参与者比，与众不同的环节是把六级听力纳入到课堂，并且每节课花费近 40 分钟的时间放音频，但并没有进行详解，只提到“因为学校的压力和学生的需求，所以在课堂上增加了有关六级的题目类型”。在访谈的最后 Li 也总结到关于角色的认知：

“我上课主要采纳的是以学生为主的教学方法，因为他们是语言类的学生，尽量把焦点放在他们身上，我就是个引导者，有选择地安排话题。”

基于以上对 Li 课堂建构的分析，她的教学策略也反映其教学原则和角色认识，如：“对每位到台前做演讲的同学报以掌声”“课堂氛围轻松愉悦”“每位同学都有发言”“对重要的话题进行教育”。

（三）Du Ping 的案例分析

通过 Du 的案例来进一步说明教师基于教学原则、角色认知和教学策略的分析。

Du 与其他两位参与者相比较年轻，有 13 年的教学经验，有 4 年在正规师范高校学习的经历，并且是唯一一位多次在全国大学英语教学大赛中获得冠军的教师。

对于 Du 的课堂建构，是三位中最风趣又不失体面的。在访谈中 Du 提到“Interest is the best teacher”。由此推断，他的教学原则是培养学生对英语的学习兴趣。在之后的访谈中他也在不断地说“把学生的兴趣调动起来”“让学生保持新鲜感”等之类的话。在课堂实践中，Du 语言幽默，讲解自然，以积极的态度鼓励学生大胆发言，学生可以随时发表自己的见解，且善于使用多媒体，这都激发了学生的兴趣，他在访谈时提到：

“在 90 分钟的课堂上，对于英语学习这个宏观的事情来说，最重要的是调动学生的积极性，无论是图片、典故、音频还是其他，都服务于这个目的。”

从 Du 对教学原则上的描述，我们判断，其课堂氛围融洽，师生关系和谐。“与学生是亦师亦友的关系”“老师是个积累的过程，老师和学生共同成长”和“以学生的角度去思考问题”，从这些言语表达得出，Du 没有把学生仅仅看作学生，而是亦师亦友的关系。在课堂观摩中，Du 会毫不吝啬地赞扬学生，如“引以为傲”。

“教师是合作者、引导者，但不能是 dominant player，我甚至更把合作者放在引导者之前，因为我一直认为兴趣是最好的老师，兴趣、互动、表现，还有学生的反馈都是我所看重的，比如我课堂上经常问他们“understand? Got it?”，“教师是处于主导地位，学生是中心，两者是互动的作用，相互变化的过程”。

这段话是 Du 在阐述其对课堂中角色的认知。Du 认知层次上是偏向于以学为中心的教学结构，但在教学环节设置上偏保守。在具体的课堂实践中，Du 的策略是“强调语言基本功”“关注对课文主题和文化的理解”“注重学生的发音”“运用各种方式进行操练”“对词汇由浅入深地学习”。基于此，Du 的课堂行为有发音的对比练习，例句的翻译、比较、替换和释义，相关主题的拓展，等等。

四、讨论

通过对三位参与者的综合分析，发现在课堂建构中，教师认知与其课堂实践整体上是一致的，但也存在着不一致的因素。比如，Li 在教学原则方面的认知就没有完全地体现在其实践当中，他的教学原则是为了学生的学习兴趣、爱好和发展，但在实际的课堂环节中学生并没有很高的积极性，是被动完成任务。相关文献中提到教师在提高学生兴趣和能力方面的信念的影响程度比在提高有效阅读教学方面的信念影响深远得多。虽然 Li

在教学内容的选择和编排上确实起到了一定的作用，但却忽视了形成性评价重要性。虽然在访谈中Li也提到，要看学生反馈，但她所指的反馈或评价属于总结性评价。她说："每位教师只教一个班，没有重复内容，所以只能到下一年再调整。"针对此情况需要研究者对教师进行长期深入的跟踪报告，这也是此研究有待提高的地方。此外，Li在课堂上临时加入了六级听力的环节，并且在每日汇报中有六级作文。在对Li背景文献的了解中，发现她著有《新编大学英语四级考试（仿真）试题集》和研究过大学英语四、六级测试效度与英语教学效果的比较研究。由此推断，教师在某一方面取得的成果会影响到其课堂建构和课堂实践。Zhang也曾提到"教师自己的学习经历，尤其是在考试方面取得的个人成就会影响到他的所想和所做，此外，因为学生要参加六级考试和六级证书是所在学校毕业的一项指标，所以，Li把六级听力和作文引进课堂。教师改变原来的教学计划是教师的教学选择与教学环境尤其是学生的情况相互影响的结果。

Lin是参与者中年龄最大，教龄最长的一位教师。虽然学历不及其他两位，但在教学方面却有自己的一套见解。Lin多次提到他在尝试着转变学生的学习方式，他的这种理念是受到西方教育理念的影响，还有他多年的教学经验的积累。Lin曾在2002年和2006年分别到美国和新西兰做访问学者，研究语言教学和课堂实践，在国外的求学经历使他接触到西方的教育理念，使他逐渐加强了对学习者的认识，可见教师的教学理念不是一成不变的。回国后，Lin把国外的理念与中国学生课堂的实际情况相结合，没有一味地追求新理念而忽视客观因素，从"以中国传统教育理念为主"到"以西方教育理念为主"循序渐进的转变过程也说明教师可以通过进修学习或者工作经验的积累来提升自己的认知水平。除了Lin，Du案例也得出，国内教师在接受西方的语言教育理论时，绝大多数都会坚持一些中国传统的教育理念，比如，老师是知识的主要传输者的理念。

虽然Du是优秀青年教师，曾获得过全国大学英语教学大赛的冠军，也曾到英国以访问学者的身份学习一年，但在他的教学环节设置上偏保守。他讲课文的方式中保留了中国传统的语言教学方式，也留有一部分的时间让学生讨论或与学生互动，这体现出一种折中的观点，而这样的模式也是国内大学英语教师的普遍授课方式。这是国内教师长期被所谓的"好老师"观念所影响的结果，Zhang认为在中国过去人们认为教师是知识的最权威的来源，一个好的教师应该充分地准备和积极地组织课堂讲演，课堂互动应该以老师和课本为中心。但是随着国内教师队伍的发展，他们逐渐接受了西方先进的教育和学习理念，如：教师是组织者、合作者，以学习者为中心和互动式学习，等等。Du和Lin的授课方式使以学生成为中心、互动环节中发展学生应用能力与教师教授课本的方式相平衡。在访谈中，Du曾说过，教师的主导和学生的中心是互动的作用，这也是受益于他专业的教师素质以及受国外先进教学理念的影响。折中主义在一定程度上反映了儒家思想，即中庸之道。Du和Lin的课堂实践中都不同程度地存在着折中主义的因素。由此得出，教师的课堂建构是与其教学认知以及环境因素的考虑共同构成的一个互相交织的统一体，同时，也反映了不同的学习观。

五、结论

本研究目的在于探索大学英语教师对英语专业精读课程的教师角色认知、教学目的和教学策略三方面的认知和课堂实践的关系以及影响因素，从教师认知是如何付诸其课堂实践的角度对三位参与者进行了案例分析。结合半结构式访谈、课堂观摩和背景文献，揭示了教师的认知和课堂实践行为是互相影响和渗透的，同时，他们也会受到其他的环境因素的改变和重塑，如：课程安排、学生需求和当地的文化背景等。除此之外，本研究还得出一些值得深思的启示。首先，在职教师对语言教学有自己的见解，这些见解与自身学习经历、进修经历、教学经历密切相关，它们有不同的表现形式，并会随着时间的推进与教学经验的积累发生变化。其次，教师的教学认知不是孤立地存在着的，它的发展是不断地与教学环境和教学对象等错综复杂的因素相协调和磨合的过程。虽然，为了避免重复"结果—过程"这一研究范式，但在教师认知研究日趋成熟的阶段还应该把教师所想、所知和所做与学生的学习联系起来。再次，教师是教育的关键，加强教师自身专业知识和教学技能的培养对大学英语教育起到至关重要的作用。最后，教学过程是一个异常复杂、艰辛且充满创造性的过程，教师在制定教学方案或计划时，应关注其形成性评价，使学生的学习效果利益最大化。

从以上研究结果中发现，经验丰富的优秀教师在特定的中国大学教学环境中，充分利用个人教育与教学经历，把自己有的先进的教学理念转化为实际的课堂行为，而并没有机械地照搬理论，忽视国内大学生的学习以及教学特点。而且把对学生的教育看作一个完整的过程，循序渐进地培养学生科学的学习方式。因此，对于新老师或师范专业的学生来讲，要从实践中培养他们的专业素质和技能，使理论知识成为教师内化的能力。本研究中也存在一些不足之处，如：需要对参与者进行长期深入的跟踪报告，研究方法有待改善，研究者自身研究水平有待提高。语言教学方面对教师认知的研究还有许多有待探索的因素，研究者可以借鉴国外在相关领域中的成果，再结合我国外语教学的具体实情，从而促进我国大学外语教学和教师队伍的发展。

参考文献：

[1] BORG S. Teacher cognition and language education[M]. London: Continuum, 2006.

[2] BORG S. Teacher cognition in language teaching: A review of research on what language teachers think, know, believe, and do[J]. Language Teaching, 2003（36）: 81-109.

[3] BRYMAN ALAN. Social research methods[M]. New York: Oxford University Press Inc., 2012.

[4] CARTER K. Teachers' knowledge and learning to teach[J] // BORG S. Teacher cognition and language education[M]. London: Continuum, 2006.

[5] FERYOK A. An Armenian English language teacher's practical theory of communicative language teaching[J]. System, 2008（36）: 227-240.

[6] JOHNSON K. E. The relationship between teacher's beliefs and practices during literacy instruction for non-native speakers of English[J]. Journal of reading Behavior, 1992(24): 83-108.

[7] MUNBY H. The place of teachers' beliefs in research on teacher thinking and decision making, and an alternative methodology[J]. Instructional Science, 1982（11）: 201-225.

[8] PHIPPS S, BORG S. Exploring tensions between teachers' grammar teaching beliefs and practices[J]. System, 2009（37）: 380-390.

[9] SHULMAN L S. Knowledge and teaching: Foundations of the new reform[J].Educational Review, 1987（57）: 1-22.

[10] WILSON S M, FLODEN R E, FERRINI-MUNDY J E. Examining content area

and reading beliefs, decisions, and instruction: A case study of an English teacher[J]. Yearbook of the National Reading Conference, 1992（41）: 475-82.

[11] ZHANG P（张培）. English language teachers' constructions of classroom practices: A Study from a Chinese University（英语教师课堂建构：原则与意图）[M]. Tianjin: Tianjin University Press, 2009.

[12] 郑新民. 大学英语教师认知问题：个案研究[J]. 外语电化教学，2006（4）: 32-29.

附：半结构式访谈的提要

1. 描述是如何组织课堂实践的及其原因。
2. 课堂的教学目标和策略是什么，具体举例。
3. 就本节课而言，在课堂上学生应该学什么。
4. 在本节课中有要特别强调的东西吗？
5. 整节课的课程安排和内容是如期进行的吗？请叙述原因。
6. 与平时上课相比，本节课有无变化？若有，是什么以及原因。
7. 尽可能地对课堂具体动作解释其原因。
8. 尽可能地描述个人的经历（教育、教学等）对教学实践的影响。
9. 如何描述教师和学生在课堂中的角色以及之间的关系，请举例。

浅谈语言商品化背景下网络热词的产品生命周期[1]

缪强美

【摘　要】信科时代孕育了网络热词，推进了语言的商品化。本文例说了网络热词的结构特征，结合语言生态系统多样性及网络热词的文化属性，试从产品生命周期的角度探析其生成、传播、热用到退没的过程及其影响因子，利用 SWOT 模型分析其利弊影响并提出相关建议。

【关键词】网络热词；产品生命周期；SWOT 分析

【Abstract】In the modern internet era, the advanced IT industry provides a favorable environment for the emergence and commercialization of network hot words. This paper starts with the structural features of network hot words. By borrowing certain conception from Eco-system diversity and referring to cultural characteristics of language, the paper follows by analysis of network hot words' "shelf life" process (words introduction, rapid spread, popularization, and market withdrawal) and influence factors, and then moves to a SWOT analysis of the new language product and provides some feasible suggestions.

【Key Words】network hot words; product life cycle; SWOT analysis

一、引言

"互联网 +"模式的开启为当代人的生活加入了许多新元素。网络这个实时性交互平台的"魅力在于它的在场感觉，这种亲身参与话题或者事件的过程使得网民对于参与话题或者事件产生一种亲切感，信赖感与成就感……从而极大地增强网民的自我人格建构的力量"（兰爱国，2008）。方便快捷的沟通渠道和跨越时空的交流平台给了人们自由和更大的话语权，这一点在网络热词的创新使用及其传播方面体现尤为明显。网络热词化作商用已屡见不鲜，相比于市场上普通的实物产品，热词经创意新包装后进入市场，自然也有其独特的"产品"生命周期。

二、研究背景及现状

网络热词的出现是互联网时代的一种独特的社会文化现象，具有较深的内涵与对社会现实更紧密的联系及表达力度。网民的力量不容小觑，他们热情地参与到网络热词的创造与传播中来，网络的共时性、匿名性与非直面性的交流特征破除了人们在真实世界

1 项目支持：天津财经大学研究生院资助计划（2015TCS40）资助。

里所受到的各种障碍、束缚和担忧，有了一个相对自由的公共话语空间可以实现话语权，有了充分表达自己观点的平台，找到了自我存在感与归属感，使他们无形中成为了网络热词的主要推手，为网络语言的产生、发展以及传播创造了有利的条件。正因如此，网络热词也逐渐走入很多研究者的视野，开始成为网络交际学、沟通学、跨文化传播学、词汇学、语言学以及翻译学等相关学科研究者关注的焦点之一。

不同领域的研究者们对于网络热词所关注的焦点和研究视角呈现出一个多元互补的现状，他们对此展开的研究涉及网络热词的概念、特征、类型、生成和传播机制、产生的宏微观背景、使用群体和使用行为、社会心理、社会功能及其影响、舆情、伦理道德与控制、翻译（方法、策略、原则、文化因素处理等）、词内文化解读、跨文化传播与走向等方方面面。研究视角多样化，从伦理学、传播学、文学理论、构词法、翻译理论与实践、跨文化传播等多角度切入进行研究解读，各种研究成果相互交汇补充，研究视角与研究内容在不断扩展并逐渐深化。但就目前来讲，还少有学者从市场营销学的角度去分析这些产生于网络时代背景下的、无形中被商品化了的网络词汇的产品生命周期，本文例说了网络热词的特征，聚焦于其产生、传播、热用到退没的过程及其影响因子，试图分析其在各个生命周期阶段的特征表现及其起落的原因。作为补充和丰富，笔者将网络热词这一在新环境下创新催生的新词新语看做是语言生态系统多样性的来源之一，将之放入大自然生态系统的大框架之下，与基因的遗传与变异导致的生物多样性作类比描述，看其在语言生命周期中的角色影响，同时也穿插性地探讨了网络热词本身所携带的文化性，利用SWOT分析法简要讨论了宏观大数据网络时代背景下网络热词生成和传用的利弊影响，并提出几点相关建议。

三、网络热词的定义及构词特征

（一）网络热词的定义

就定义来讲，现阶段学界对于网络热词的界定呈现出多样性和复杂性特征，到目前为止仍没有形成一个关于网络热词统一的、严谨而有权威性的定义，现有的一些定义多是由研究者们从不同的视角出发，就网络语言的产生背景、呈现的外在特征及其社会文化交际功能等方面进行总结概括性的描述。如“网络热词作为一种词汇现象，反映了一个国家、一个地区在一个时期人们普遍关注的问题和事物”。又如“网络热词是指由网民创造、借助网络平台进行传播的，但是在一定范围内具有公认性质的新词汇，它能反映一定的社会现象和社会事件”（音坤，何宗源，2013）。再如“网络热词均来源于一个新闻事件或一类社会现象，通过一个个形象生动的词恰当鲜明地做出总结，让人们更深刻地记住关键信息社会心态”（李铁锤，2015）。还有研究者把网络热词与网络流行语看成是同一概念：“所谓网络热词，又称网络流行语，指的是由网民创造或发掘的、在网络上迅速传播并盛行的词汇或句子，它反映了网民对某一公共事件和某种社会现象的看法、态度和评价，传达了民情民声，记录了社会进程，是网民公民意识勃兴的结果，也是网民积极融入社会、关注民生、发表意见、参与社会进程的体现。”（傅毅飞，2010）

以上几种表述的核心意义可以说基本一致，大都认为网络热词本身与一定时期内的热点新闻事件和社会现象有很大的关系，是热点舆论和民意的反映。本文在综合借鉴多种定义的基础上，融入自己的理解，就“网络热词”一词给出自己的定义：网络热词是源自网络的、被大众在线上和线下频繁使用的、能够及时而敏锐地反映社会热点或焦点问题的、大都尚未被规范化的新词新语，代表着一种新兴的网络文化，网络热词不仅仅是“词”，小到一个字的单位，大到一个完整的句子，都属于它所涵盖的范畴。

（二）网络热词的构词特征

网络热词催生因子的复杂性、广泛性和创造性使得其构成特征也呈现出多种多样的形态。

就其外观来看，它们长短不一，长相各异。它可以是单个字，比如，“槑”表示呆、傻；“壕”源于“土豪”这两个字的合体，是后者更简化的形式；“囧”表示相当困顿或尴尬，从这个字的外形来看，其视觉效果神似一个窘困的面部表情实写，也因此而得到热传热用。它也可以是一个词语，比如“屌丝”“躺枪”“秒杀”“杯具”“壁咚”“打酱油”“白骨精”（白领 + 骨干 + 精英）、“蛋白质”（笨蛋 + 白痴 + 神经质）、“小鲜肉”“老腊肉”等。它也可以是一个小短句：“不要迷恋哥，哥只是个传说”，“哥抽的不是烟，是寂寞”，“元芳，你怎么看？”“神马都是浮云”，“no zuo no die”（不作就不会死），“臣妾做不到啊”，“有钱就是任性”，“世界那么大，我想去看看”，“重要的事情说三遍”，“吓死宝宝了”，“我想静静，别问我静静是谁”。当然也可以是一串拼接的字符，如“duang”表示突然，一下子；“又双叒叕”表示再一次，又一次；“人从众”表示人山人海，尤其适用于法定节假日期间旅游景点的游客爆满的情形。它甚至可以是某一句词模式的类似变体，比如“甄嬛体”，“待我长发及腰体”，“那些年体”，“蒜你狠”系列如豆你玩、姜你军、油你涨、煤超疯、猪坚强，“** 代”如富二代、星二代、贫二代，“** 族”如月光族、蚁族、啃老族、潜水族、路怒族、抄号族，“** 婊”如绿茶婊、心机婊，“被 **”如被就业、被代表、被捐款、被增长、被满意，等等。形形色色的网络热词或其模仿体恰似公众记忆的文化索引，以一种特殊的方式见证着时世变迁。

就其来源结构看，有结合使用英文、中文、汉语拼音或阿拉伯数字的表达方法，比如用 ev8d 表示 everybody，hold 住，3Q，2B 青年等均属此类。有借用英语语法文化巧造文字的，如恋爱 ing、感动 ing、纠结 ing、学习 ing 等，表示某动作正在进行的状态；再如近来较受欢迎的综艺节目《奔跑吧兄弟》中的网红金句“We are 伐木累”“What are you 弄啥嘞”等中英合体的结构。网络热词也有如乐活族 LOHAS（Lifestyle of health and sustainability）、丁克族 DINK（Double income, no kids）等直接音译得来的外来词汇。有旧词新用的如“织围脖”（写微博），“OUT”（淘汰出局），“不约而同”（很久没有人约而变成了同性恋），“可爱”（可怜没人爱）。有谐音创词的如“驴友”（旅友），“鸭梨”（压力），还有利用数字谐音来表达意思的如 520= 我爱你、7456= 气死我了、678= 录取吧（即 6 月 7 号、8 号全国高考日）。有来自方言的如“方”（意为“慌”，用法如“一下子方了”）、“猴赛雷”（与广东话“好犀利”发音相似，引申为“好厉害”）。

除此之外，现在也有很多网友将一些广泛传用的流行语句缩减为三字经或者四字成语的形式，既简洁易记，形象生动，同时还不乏娱乐风趣的一面。被精简成三字经模式的例如：我伙呆（我和我的小伙伴们都惊呆了）、理都懂（你说的道理我都懂）、然并卵（然而并没有什么卵用）、人干事（这是人干的事吗）、城会玩（你们城里人真会玩）、乡话多（你们乡下人话真多）、睡起嗨（你还睡啥起来嗨）、醉不行（我也是醉得不行了，类似于我也是醉了、我晕）、秀分快（秀恩爱分得快）、图森破（图样图森破，Too young, too simple）等。被网友们凑成四字成语模样的比如：人艰不拆（人生已如此艰难，有些事就不要拆穿了）、累觉不爱（很累，感觉自己不会再爱了）、不明觉厉（虽然不明白对方在干什么，但还是觉得很厉害的样子）、十动然拒（十分感动然后拒绝）、说闹觉余（其他人有说有笑，有打有闹，感觉自己很多余）、细思恐极（仔细想想，觉得恐怖至极）、火钳刘明（“火前留名”，在这个帖子火之前，留下自己的名字）、普大喜奔（普天同庆、大快人心、喜闻乐见、奔走相告）等，诸如此类，不胜枚举。

总体来说，网络热词具有较强的时代性，娱乐性较为明显，语言的形式也多种多样，从表象上看，大多数的时兴词句都具有简洁凝练、易读易记、形象生动、幽默风趣等特点，娱乐属性和搞笑调侃的语气溢于言表。

四、语言商品化背景下网络热词的产品生命周期

在当今商品社会，语言与社会间的关系日趋紧密复杂，互为商品化趋势明显，语言是推进和促成商品交易的给力工具，而商务活动的过程也在将语言逐渐推向商品化。广告、媒体、通俗文化中象征性地使用潮词和方言来谋求利益，语言逐渐转向商品化并被用来出售，如脱口秀、小品、相声等语言类娱乐节目就把语言变成一种消费品，观众和听众变成了消费者，语言与消费者文化间的关系不断变化，语言已然被商品化了。

基于此，一些商家在对外推介自己的产品时，也会刻意加入网络热词，乘风搭船，进行产品宣传营销。近年来语言景观设计除了从城市规划的角度考虑，也开始将语言与周围建筑环境的对话、语言景观的象征功能等因素融入设计环节进行综合考虑，力求既能够集物理空间、意识形态空间和城市形象构建于一体，又能体现当代商品、服务氛围的象征价值，以达到较好的“美容”和宣传效果，这也是语言商品化运用的体现。除此之外，很多免费网页浏览器、免费APP、公众号、新闻标题党、电视或网络娱乐节目等都会抓住人们求新颖赶时尚等心理特征，巧妙地利用能够夺人眼球和抓住大众兴趣点的网络热词来获取网页浏览量、标题点击量、文章阅读量和节目收视率等从而谋得利润。比如“你今天……（吃药、低碳、清白、keep、悦跑、组团、无语、小说）了吗？”“……技术哪家强？”娱乐节目名称如《四大名助》《大学生了没》，等等。语言商品化被不断推进，一定程度上成了网络热词得以传播和发展的催化剂。

当语词以一种待消费产品的角色进入市场，必定与其他产品一样会经历产品生命周期，即产品从进入市场开始，直到最终退出市场为止所经历的市场生命循环过程。市场营销学将产品生命周期分为导入期、成长期、成熟期和衰退期，受科技更迭、市场环境和产品性能等诸多因素的影响，不同产品的生命周期在各阶段所经历的时长并不固定，有的可能成熟期很长，不会经历衰退期，有的则可能在短时间内火热过后就很快过渡到衰退期并逐渐被雪藏。

（一）导入期

网络热词作为互联网时代的新兴产物，其“产品”成形及市场引入均异于普通实物产品，故其“产品”生命周期的初始阶段若唤做“生成期”可能更为贴切、妥当。

语言随时代的变迁而变化，社会的变迁总会催生一些新的词汇，形成一些新的语言习惯（李伦，2007）。网络热词源于生活并最终归于生活，贴近社会，以大众智慧为源泉，以网络传播为载体，以民意表达为推力，有独特的生产模式，多样的宣传渠道，通俗的解释方法，鲜明的时代特征，是网络文化

的一种基本形式，拓展了汉语词汇学和语法学的视野，高度概括并有力阐释了其本身所代表的不同的文化认知方式和价值观念，拓展和创造性地延伸了语言文化，凝练地谱写着时代精神和文化特征，网络热词的“热度”体现了多元文化社会的包容性，是社会文化生活的缩影。

网络热词的风行是多元文化包容的结果和语言生态多样性的表征。施莱歇尔认为“语言有机体”与自然有机体有诸多相似点，语言发展的规律跟生物的进化进程是一样的，1863 年他发表了《达尔文理论与语言学》一文，公开承认他的语言理论符合进化论的观点，他还采用生物学对植物分类的方法来研究语言的历史亲属关系，画出了印欧语系的谱系树形图，揭示出了语言体系中的生态规律。正如大自然中生物的生殖与繁衍，网络热词的产生与传播和基因的遗传与变异有可类比之处，新生产物既依附于亲代，又独立于母体；新鲜得劲的网络热词的出现对于已有的表达而言好比生物圈中的外来物种入侵，既丰富了圈里又踏涉了圈外。一些有趣的网民、网络写手或段子手等首先充当生产者的角色，纷纷从各种社会热门事件中提取精华，挖掘出隐藏的含义，把娱乐精神镶嵌在潮语新词当中分享传达给广大民众，网络热词也得以走进人们的生活，在语言商品化助推下进入大众视野，经历或长或短的市场适应期后得到民众的青睐、传播和使用，成功打开市场。

（二）成长期

网络热词作为一种后现代文化符号，其所暗含的文化符合青年亚文化的新奇性特征，凭借群众的消费，循环吸取了更多的养分，衍生出更多的意义来，合成吸收的营养元素保证了符号的生命力延展，使它在更深远的空间传播，不断成长，其所确立和构建起来的符号体系成为了社会文化的象征体系，反映出新时代人们追潮求新、娱乐至上的精神诉求。

这些盛行起来的网络热词所蕴含的文化价值观首先要得到群众的认可和接纳，才能有市场，从而被运用来表达他们的观点态度和立场，逐渐被传用和普及开来，不仅成为青少年群体日常交际中的经常性消费品，在一些大型网购和实体商店的广告语中也频繁出现，在线上线下被 @ 到的概率慢慢攀升直至爬至增长峰值。比如在网络聊天室、贴吧、论坛、消息推送、公众号、朋友圈里常常可以见到这些词被高频使用，有些词还被套用或模仿，出现很多山寨版的类似表达，间接地为这些热词做了推广。除了线上的场合能见到之外，在日常聊天的场景中也逐渐地能听到人们在聊天交流时提及或加入这些网络热词，这从侧面向别人展示了他们是走在潮流前线正与时俱进的潮人，并未 OUT。网络热词在生活中的运用丰富了聊天内容的同时也使得交流的过程更有趣了。由于网络在人们生活中的普及，网络语言在新闻报道中使用的频率明显增高，《中央党报》亲民的面貌更加“潮”，让很多网友、读者大呼“给力”（李敏，2015），比较有影响力的热词还会被吸纳到较为权威严肃的文件资料当中，登上《南方周末》《人民日报》等官方媒体，或者被词典收编等。这些词汇通过广传活用逐渐“热起来”，享受着活跃向上的成长期。

（三）成熟期

网络热词在不断被热传热用的过程当中，逐渐被普及开来，迈向大众化的角色，相当于市场达到饱和甚至过饱和的状态，跨入成熟期。由于网络热词的产生与一定时期的宏观网络社会环境存在密切联系，网络成为其重要的传播渠道，随着网络的开放性和交互性的不断提高，网民对社会事件的关注度和参与度也逐渐增强，推动了网络热词的演变和发展，网络热词与社会事件或社会现象的关联越发紧密，这些社会事件或社会现象的话题性即是促成网络热词生成传播的重要因素，包括社会事件本身的话题性以及社会事件中当事人的话题性，有的词直接取自事件中当事人的关键言语，或对事件中当事人最具代表性的言语进行提炼、强化、解读，使网民能自然联系到热词背后的社会事件和具体语境，从而达到引起网民强烈共鸣的表达效果，有的则根据事件或者社会现象，就其所呈现的重点问题，运用仿拟、谐音、隐喻、双关、拆解组合、联想派生等方式润色发酵处理后合成自创新词，这些词在口口相传的过程中被生活化，通过口碑营销走进日常，加之网络热词本身带有凝练幽默、蕴意深广、生动形象等特性也深受网民推崇，得到广泛使用，随着岁月逐渐沉淀为众人皆知的语言，如果没有及时地进行再创新或转型调整，就很可能会在“速溶”之后很快进入“速冻”的状态，或者在经历了“慢热”之后渐渐“冷静”下来。

（四）衰退期

信息更新速度令人咋舌，随着科学技术的发展，新产品或新的代用品出现，将使顾客的消费习惯发生改变，转向其他产品，从而使原来产品的受欢迎程度明显下降，产品进入了衰退期。语言以一种新型商品出现，最终也难逃退居幕后的命运，把舞台让给“后起之秀”，通过一代一代的产品更新和传承，推进整个产业链的发展。人们在某一时段内关注的实事焦点和社会热点在不断更新，网络热词作为一种语言意义符号，通过改变语言本身的所指，对原有信息进行提取、借用、联想、类比或者谐音处理，回避敏感词汇，形成独树一帜的语言风格、传达有悖于原意的词汇去赞扬或者批评、讽刺某一时期的社会现象和热点话题，具有很强的黑色幽默、娱乐大众的性质，以便引起社会关注。这种饱含了互文性、多义性、陌生化的语言从个体层面迅速延伸至公众层面，在事件发生的短时间内形成比较强势的舆论空间，进而变身为流行文化的代表，甚至实现商业化的转型。但这些实事焦点势必会随着时间的推移变成过去式，必定会有新的事物进入公众的视野并代替这些“过去”成为新的焦点，原先的市场“大咖”顺势被推向边缘甚至谢幕退出舞台，迎来市场生命的衰退期。

网络热词编织出一种新型网络文化并成为这种文化的典型代表，标新立异的语言风格诠释着网络时代语言文字的快速更新，承载并传播着这种文化中最普遍最精华的核心文化精神，同时也丰富和促进了语言的使用和发展，挖掘出更多更具创新性的用法与表达，为人们的情感输出方式增添了不少的生动性和多样性，阐释了平等性与民主自由的网络文化特征，具有广泛的影响力和民众基础，能变身成为一种无形的推动社会变革与进步的强大力量。

五、网络热词 SWOT 分析

（一）优势（Strength）

网络热词是社会事件和社会现象背后的思想和价值观念的载体，也是一定社会伦理观念的重要体现，其所反映的内容涵盖社会生活的方方面面，以批判讽刺为主，兼有纯粹娱乐类型的。民众对于网络热词的理解早已超越了字面层次而进入意蕴层面，热词对词汇的全新赋形、赋意既表达了草根民众的意愿，更体现了多重意义与多元文化的可能性。在网络流行文化中，热词成为普通大众意见最时尚、最新颖、最快捷、最搞笑、最集中、最另类的表达方式，并集中代表了普众思想文化在传播方式与接受层面的特征，呈现出生动、亲民、写实、多元的特色，扛起了新生代前沿与创新的一面小旗。

（二）劣势（Weakness）

万事万物都有其两面性，网络热词的传播和使用也不例外，在对社会发展产生积极影响的同时也会带来一些负面的效应。语言具有不纯洁性，但同时也有自我调节性。网络话语在创新的过程中不可避免会伴随出现以暴力化、粗鄙化、庸俗化为表征的语言异化现象。话语即武器，语言是世界上最强大的力量，也是最暴力的存在，用好了就是能给人带来温暖和力量的源泉，使用不当甚至滥用则可能会变成一种暴恐的武器，网络暴力会对社会造成不可挽回的伤害。

（三）机会（Opportunity）

有网络就有可能，大数据时代下新型网络文化氛围是网络热词得以生产和传播的培养基，有了丰富的营养物质和原动力，加上人类敏锐的触须和创造力，网络热词的发展现状和前景都令人看好。网络热词的风行也离不开逐渐发展和进步的社会文化，一方面，文化是孕育语言的温床，语言的存在必然离不开背后的文化；另一方面，语言就像人们社会生活的一面镜子，反映了人们精神面貌、生活状态、语言表达习惯等变化，在社会环境中我们可以体会到语言使用的魅力，网络热词是语言系统对社会生活最为敏感的反应（李铁锤，2012），承载和传播着当前社会文化和民众心理。另外，基于翻译学科较为成熟的发展现状，我们可以借力让网络热词跨出国门，加入新世纪移民热潮，以软实力形象大使的姿态面世。

（四）威胁（Threat）

挑战与机遇并存，网络话语冲击了现实话语，调侃了正统语言，对传统伦理观念发出挑战，加之网络热词多以草根文化形象代表发声，来自外部权威的多方讨伐将会成为其市场开发的阻力军，无形中可能挑起一场激烈的话语权争夺大战，不利于其发展。然而，网络热词的趣味性和娱乐性更甚于使用性，其随意性和形象性给我们的语汇以喜感，我们大可以此为出发点，结合国家的有效监管、媒体积极理性的引导干预及网民的自觉自律等多方力量积极配合，必能使之维持正轨，运用好价值取向多元化与价值导向一元化间的张力关系，合理利用网络带来的多元化、复杂化和商品化便利，使这种新生力量和创新之风真正成为语言进化的推力和社会进步的福音。

六、结语

在商品化大军的驱使和网民热情参与带动下，大众不断接收、关注、接受新生事物，网络热词突破传统语言模式的局限，创制了新的形音义的结合体，依靠精练简短的符号表达丰富的思想情感及内涵，具有超强的经济性，符合商品化发展需求，从创生到热用一路如火如荼。

网络热词的热传活用确有许多便民之处，也能让人脑洞大开，激发创新灵感，是正能量供给源，但随之也伴生了“副作用”，一些难登大雅之堂的低俗语汇也随之流传。对此，广大网民应自觉提高责任意识，杜绝传用低俗文化词汇；各大网媒运营商专家应及时对当下时兴热词进行解读评析，引导合理使用；国家干预监管力图使网民在传用中讲秩序有原则。各方通力合作以扬利弃弊，延长正能量网络热词的产品生命周期，合力压减有危害效应“产品”的生命周期。

参考文献：

[1] 产品生命周期 [Z]. http://baike.so.com/doc/5380395-5616663.html，检索日期：2016-6-28.

[2] 傅毅飞 . 新闻标题中的网络热词 [J]. 传媒观察，2010（10）.

[3] 兰爱国 . 网络恶搞文化 [M]. 北京：中国文史出版社，2008：98.

[4] 李伦 . 网络传播伦理 [M]. 长沙：湖南师范大学出版社，2007：164.

[5] 李敏 . 新闻标题中使用网络语言的利弊 [J]. 新闻战线，2015（11）.

[6] 李铁锤 . 网络热词传播现象研究 [D] . 华中科技大学，2012.

[7] 李铁锤 . 网络热词：一种亚文化传播的民意表达 [J]. 新媒体，2015（03）：85-87.

[8] 网络热词 [Z]. http://baike.sogou.com/v29237694.html，检索日期：2016-6-25.

[9] 音坤，何宗源. 纸媒中网络热词使用状况探究 [J]. 北京：编辑之友，2013（06）：111-113.

[10] 语言生态学 [Z]. http:// baike.so.com/doc/7071356-7294266.html，检索日期：2016/6/29.

探究大学英语教师信念与课堂行为的个案研究

翟斯琪

【摘　要】本文利用观察和半结构式访谈探究大学英语教师的教学信念。此项研究由四个案例组成，将四位来自天津财经大学的英语教师作为研究对象，目的是研究教师在教学中其信念与课堂实践产生的冲突。学生的实际水平或学生的主动性、考试压力和学生现有的能力等都是产生冲突的原因。研究教师信念与实际课堂中产生的冲突有利于从质化的角度剖析教师的实际课堂。此文对语言教师的专业发展与英语教学改革有重要意义。

【关键词】大学英语教师；教师认知；课堂行为；冲突

【Abstract】This study draws on observation and semi-interview to explore teachers' teaching beliefs held by College English teachers and the extent to which these are conducive to teachers professional development. This paper has four case studies to analyze four English teachers who are from Tianjin University of Finance and Economics. The aim is to highlight several tensions between their teaching beliefs and their classroom practices which influenced by students' real level or their own initiative, the pressure of examination, students' existing ability, etc. Claims are also made here for the benefits of grounding the study of tensions between stated beliefs and classroom behaviors in the qualitative analyses of teachers' actual classroom practices. Some implications of this study for language teacher professional development and English teaching reform are also discussed.

【Key Words】English teacher; teachers' beliefs; classroom practices; tensions

对教师认知的研究可追溯到20世纪70年代，Freeman认为教师的所思所想已经涉及教育研究的范畴。这个复杂的概念逐渐开始引起许多学者的关注，他们认为有效的教学行为才能生成最有效的课堂教学行为。但是随着研究的深入，人们发现有效的教学行为并非一定能产生完美的课堂教学，还有教师认知这只“无形的手”在影响着课堂行为。人们开始思考教师认知究竟是什么，对学生的学习又有怎样的影响，只有了解教师内在的认知世界才能更加深入地了解教学的本质。因此，越来越多的学者开始投身于教师认知的研究中。

一、文献综述

（一）教师认知的定义

研究学者都对教师认知有自己的理解。Kagan把教师的认知视为教师的自我反省，是教师对教学和学生的信念和理解，是在课堂中的解决问题策略。Borg认为教师认知是一种外在无法观察到的、对教学的认知维度，即教师的所知、所想和所思。教师认知受到很多因素的影响，包括以往教育背景的影响、专业课程的影响、社会环境及学校环境的影响和课堂实践的影响。Richards 曾对五位正在培训的教师进行研究，并发现该五位教师的认知因五种因素的变化而变化，分别是在教室里充当的角色、专业课程的知识储备、课程的连贯性、对自我教学的评价以及教学方面出现的新问题。Amanda 主张教师认知是一个广义的概念，它是指在某种特定环境中，教师在教学实践中的认识、观念、看法和态度。

（二）教师信念与课堂行为的研究定义

教师认知是一个广义的概念，而教师信念仅是教师认知的一个范畴。教师信念是一种“认为”的概念、一种“相信”的概念。例如，Johnson 认为教师在课堂中应该考虑八种因素，分别是学生参与课堂度与学生学习动机、教师的课堂管理、课程的组成、学生的情感需求、上课内容、学生的理解程度、学生语言技巧与语言能力和合适的上课策略。Bailey 主张教师的上课决策应该不受课程计划影响，但也要遵守一些原则，比如说要满足大部分学生的要求、对课程有展开讲解、迎合学生的学习风格、让更多的学生参与进课堂以及能在课堂上传播更多的知识。在 Richards 的研究中，教师的思考分三种情景层面，这三种情景又是相互影响、相互制约的，分别是教师关于语言、教学和学生这三者的认识，对制度文化的思考，对某一教学活动的理解。Richards 认为，教师的课堂行为是基于一些准则与原则而产生的：第一，投入原则，找到学生们的兴趣，保持他们学习的热情；第二，计划原则，备课并在课堂上展现出来；第三，鼓励原则，寻找鼓励学生学习的方法；第四，顺序原则，上课按照备课的顺序授课并要求学生遵守纪律；第五，准确原则，给学生传递准确无误的信息；第六，效率原则，在有限的课堂时间里，保证高效率的课堂；第七，一致性原则，确保课堂按照规定的方法进行；第八，控制原则，保证课堂是在可控制范围之内。Gatbonton 在语言教学法方面有一定的研究，他认为教师应该具备丰富的语言学习知识储备，学生才能获益于教师；教师应该了解学生，知道学生的角色；明确教学主题与目的；熟悉教学技巧与教学步骤；建立良好的师生关系以及在课堂上就学生的表现给予反馈。在英语教师构建课堂时，Tsang 则主张十项原则，分别是给学生呈现最好的上课内容；激发并维持学生的兴趣；鼓励学生练习英语；保持上课的热情；关心学生；主动与学生进行沟通；为学生提供良性的学习环境；树立威信，保证课堂有序进行；平衡威信的树立与对学生的关心；通过给学生积极的反馈，鼓励学生建立自信。张培[11]曾对十位具有五年以上课堂教学经验的英语老师做了研究，这十位教师拥有不同的教学信念和教学原则，呈现的课堂行为也反差巨大，因此体现出英语教师自身的教学信念对课堂教学有重要的指导意义。

已有国外研究者都对教师信念与其课堂行为做了相应的研究，但国内学者对教师教学信念的研究却寥寥无几。真正走进教师课堂，探究教师教学信念，观察其课堂行为的研究更是屈指可数。因此，本研究旨在探究教授“大学英语课程”的教师信念，最终丰富大学英语教师对课程的教学观念，促进其改进大学英语的课堂教学。本文以天津财经大学的四位老师作为研究对象，主要为了解释下面三个问题。

（1）在四位研究对象的课堂行为中产生了何种教学信念？

（2）在课堂信念与课堂行为中是否存在冲突？什么导致了冲突的产生？

二、研究方法

（一）案例研究

本文采用案例研究方法，将四位教授“大学英语课程”的英语教师作为四个案例逐一分析。“研究”二字顾名思义是对世界的理解，对客观事物有一个更为客观的认识，而案例研究，更是在自然环境下，客观地对案例主角多样性的描述，探究和发现研究对象的各个特点。本项研究满足案例研究的四个特点：

（1）本项研究是发生在自然背景下，并没有事先安排，所有的教师也是按照平时的上课方式讲授并无特意安排；

（2）研究教师信念纯属是出于作者的个人兴趣，因此在研究过程中能敏感地捕捉到教师信念；

（3）受作者有限的时间与精力的影响，把案例控制在四个是可行的，同时也能真实呈现四位研究对象的特点；

（4）所有的数据包括课堂观察与访谈都是在研究对象的允许下进行并录音，供写作之用。

在作者看来，每一个案例犹如一则故事，每位教师都是故事的主角，案例研究能将故事展现得更直观、更丰富、更生动。

（二）研究对象

表 1 是这些老师的基本情况。选取该四位大学英语教师（均为化名）作为研究对象是因为以下三项原则：

（1）两位拥有少于 15 年教龄的年轻英语教师，而另两位教师的教龄超过 20 年；

（2）两位教师是针对将近 20 名学生的班级，而另两位所教班级学生数量超过了 50 人；

（3）四位研究对象都是教授“大学英语课程”的英语老师，该课程是天津财经大学要求所有非英语专业的学生在第一学年与第二学年都要学习的课程。

表 1 Profiles of the Four Participants

Name	Gender	Teaching years	Class size	Qualification
Zhang Tian	Male	31	Small	Professor
Liu Yan	Female	8	Big	Lecture
Li Yi	Male	23	Small	Associate Professor
Peng Qin	Female	11	Big	Lecture

（三）数据收集

本文的数据收集主要有两种方法，一是课堂观察，二是半结构式访谈。本次研究选取了天津财经大学的四位教授“大学英语课程”的教师作为研究对象，对他们的课堂进行了真实有效的课堂观察，并在课后对他们作了深度访谈。深度访谈采用了半结构式访谈，即在课程结束之后，当即对研究对象进行访谈，深度讨论课堂中的教学行为。所有的课堂观察过程以及访谈过程都进行了录音，这些录音是本次研究的重要数据。

1. 课堂观察

在对教师认知的研究过程中，课堂观察是一个采集数据的重要过程。不考察课堂实际的教师认知研究相当于只讲半部故事[8]。因此，作为参与观察者，研究者对每位研究对象的课堂进行观摩，但并不直接参与到研究对象的课堂，以确保观察到一个完整且客观的课堂。在观察中，作者了解到天津财经大学的所有学生必须通过大学英语六级考试才能获取毕业资格，因此学生对英语学习抱有一定的热情。

2. 半结构式访谈

在观摩完研究对象的课堂后，研究者对研究对象进行访谈，在访谈的过程中，谈及课堂发生过的实例，研究对象会受到一种刺激，被动回忆课堂上发生的内容并叙述出当下构建课堂的原因。对研究对象进行深度访谈时，并不是无目的的自由性访谈，而是根据课堂观察的内容对研究对象的教学认知进行深度挖掘。提问的方向和主题都是基于课堂上发生了什么。在访谈中，有一部分的问题是事先设定好的，另一部分问题是在交谈中当即产生的，边谈边形成问题，从而更好地刺激研究对象进行深入思考（见附录）。在课堂结束之后，每位研究对象都会与研究者进行30分钟的访谈，以确保记忆是清晰准确的，所获得的访谈内容是真实可靠的。

三、教师信念

（一）案例分析——张天

张天教的班级是大一新生，属于小班教学，他拥有31年的教龄。在课堂观察中，作者发现张天在课堂上有自己独到的教学方法。首先，他点某位同学起来阅读课文中某一段落，让学生自己概括该段大意；然后，让学生自己找出新单词；最后一步让学生自己用英文解释新单词。在访谈中，作者就这一教学方法，采访了张老师，他的回答如下：

"过去总是我一个人在课堂上讲，但是现在已经是后半学期了，我试着让学生们自己在课堂上讲课，让他们成为课堂的主角，这种学生中心的课堂对他们的英语能力的提高非常有效。虽然对大一的学生们有些难度，但他们也在适应。"

作者观察到当某位学生试着用英语解释单词定义时遇到了阻碍，便换成了中文表达，而张老师打断学生并鼓励学生继续用英文解释，学生思考片刻后，无言，张老师最后只好妥协。在张天看来，提高学生真正的英语水平十分重要，而学生中心的课堂完全是需要学生在课下做充分的准备，在课上老师提供让学生张口说英语用英语的机会。此外，在涉及四、六级考试的问题上，张天认为：

"我从来不在课堂上讲关于四、六级考试的内容，我考试只是一种检验的手段，学生如果在课下做了准备，课上跟上节奏，提高了英语能力，考试题目肯定能做对，但做大量的题，并不一定表示英语能力得到了提高，但是学生们却非常迫切地想要通过考试。"

通过访谈可知，教师注重的是学生实际英语能力的提高，希望学生们都能参与到课堂，但是由于学生们实际英语水平的影响而无法达到教师的要求。其次，学生们迫于考试的压力，只好多做题来提升考试成绩，这也是与张老师的教学信念相悖的。

（二）案例分析——刘艳

刘艳老师个性开朗大方，虽然是大班教学但课堂气氛也十分轻松活泼，其间穿插着课堂幽默，吸引学生们的注意力。在访谈中问道是如何对将近70名学生进行教学的，刘艳给了如下解释：

"我比较关心学生和老师之间的互动，这是产生好的教学效果的第一步。如果课堂气氛不好的话肯定会影响教学效果。第一是课堂气氛，第二是老师和学生的关系，第三是让学生们提高自己的英语能力而不是通过考试就够了。这三点都在我考虑的范围之内。"

在课堂观察中发现，她时常点同学起来回答问题，使学生们紧随自己的教学进度，学生参与度高。为了让学生们能真正吸收到教学内容，刘艳会在每节课开始之前对上一节课的内容采用提问的形式进行复习，引起学生们的注意。刘老师的课堂较为活泼，教学内容也被设计得轻松愉快。例如，当讲到双关语这个概念时，有的同学积极地给大家举出例子，老师表扬后接着问学生们：士兵与姑娘二者有什么不同？学生们思考片刻，教师给了答案——One powders the face, and the other faces the power. 学生们恍然大悟，笑着互相讨论，教师成功地调动了学生们的学习气氛，使学生真正理解双关语。在访谈中，作者回忆了这段课堂行为，刘老师给了如下的解释：

“作为老师，我是有一个初衷的，但不同的同学完成这个初衷的程度是不一样的。有的同学会完成得比较好，而有些同学可能完成得一般，有些同学可能一点儿也没有完成。这是因为学生的配合和理解的能力是有区别的，那这样的话，达到我的初衷也是有层次的。针对大班教学，很难去关注到每一位学生，当然我希望学生们都能参与进我的课堂中。比如说双关语的概念，有的同学在我还没讲的时候就能举出例子，有的同学可能要等我讲解了之后才理解，还有的同学可能课下还会来问我，所以每堂课我自己的课堂目标并不是唯一的。”

受限于学生已有水平的影响，并不是每位学生都能达到刘艳最高级的教学目标。如果刘艳设定的目标过高，大部分的学生可能都无法达到；如果目标过低，那学生们可能在课堂上学到的知识就少，学生实际水平与老师期望的目标之间是存在差距的。

（三）案例分析——李毅

拥有 23 年教龄的李毅是一名很受学生欢迎的老师，他的课堂属于小班教学，学生也是大一新生。他有着非常标准的英式发音，每每在课堂上，学生出现了发音错误，他都会进行纠正。针对这一行为，李老师给了以下解释：

“我认为发音是十分重要的。我每次都告诉学生，看到新单词，先别去查单词的意思，要先读准，只有读准了，之后听到这个词才会有反应。对于大一新生，听和说是最重要的，之后才是写作、翻译和运用。真正能用英语，才是掌握了英语。”

在课堂观察中，学生遇到较难的单词，李老师总会问学生其读法。例如，enforcement 这个词的重音在哪，怎么读 devastated 或是 catastrophic。当学生给出了正确的读音，李老师才会过渡到下一个知识点。在访谈中，当问及在课堂行为中，最关心的是什么时，李老师回答：

“我一直坚信——兴趣是最好的老师，教师的功能只是一个引导性的作用，英语学习的大部分时间都在课下，老师要能够调动起学生的兴趣，让学生在课下能够继续学习。对‘英语学习’这个宏观的概念来说，调动学生兴趣是十分重要的。因此，我很想在课堂中穿插一点照片、音频或视频，但是受到课堂本身的核心目的、课时以及教学大纲的重点、难点设置的限制，没有办法在课堂内设计太多的视频或音频，所以课堂上总有一些不完美的地方。”

从对李毅的访谈中可知，他认为学生英语能力的提高是要在课下付出大量的时间和精力的，在课上，老师的作用只是激起学生的学习兴趣，但是由于学校对课程的设置，李老师并不能完全自由地运用多媒体工具增加课堂的趣味性。

（四）案例分析——彭琴

彭老师是一名拥有 11 年教学经验的老师，班上的学生已是大学二年级，人数达到 62 名，属于大班教学。她的课堂比较侧重教师中心，但相对来说，课堂气氛比较和谐，有一部分学生会积极参与课堂。在被问到课堂中最关心的是什么时，彭琴解释道：

“我非常关心学生在我的课堂上到底吸收了多少，对于大班教学，面对这么多学生，我无法知道每个学生在离开教室时是否都有收获。有些学生就能给我积极的反应，但是有些学生就不行。我希望他们都能主动参与到我的课堂上来，我更希望我的课堂是以学生为中心的。”

在对彭琴的课堂进行观察时发现，彭琴就课文中出现的单词提问学生。例如，提问学生意思是“重要”这一概念的英文单词是什么，并让同学们按照座位顺序一个接着一个回答，每个同学必须回答出不一样的英文单词，有同学回答“critical”“vital”“-significant”“major”，等等。当学生说到课文中出现的“crucial”一词时便回归课文。在访谈中，就这一课堂现象，请彭老师进行阐述：

“他们已经是大二的学生，有些同学已经通过了四、六级考试，有些同学考得还特别高。对于非英语专业的学生来说，他们认为再上英语课已经没有什么特别大的用途了。通过了考试之后，他们在课上便对英语学习的热情有退却之势，参与课堂活动较为被动，所以我会采用一些不同的方法来调动他们的兴趣。我不认为是他们能力的问题，他们的能力都很好，问题出现在他们的态度上。”

从对彭老师的访谈中发现，彭老师希望学生不要只满足于四、六级考试，而更多的要提高英语的实际能力。在课堂上彭琴希望学生们能够积极地参与课堂，跟上老师的思维节奏，真正掌握每堂课的知识点。

四、跨案例分析

之前的章节已经呈现出每个教师各自所持的教学信念，每位教师的思想都是独一无二的，但对于英语教学上，教学信念可能会相似，表 2 更直观地呈现出四位研究对象的教学信念。

表 2　Summary of teachers’ beliefs

教学信念	Zhang Tian	Liu Yan	Li Yi	Peng Qin
提高学生实际英语能力	√	√	√	*
为通过考试而学习英语	×	×	×	×
给学生更多的机会在课上发言	√	√	√	√
鼓励学生学习并建立学生自信心	√	√	√	√
关心学生在课堂上是否吸收	*	√	*	√
学生应注重英语基础的学习	√	√	√	*
与学生保持良好的关系	*	√	√	√
学生应参与课堂	√	√	√	√
学生中心的课堂更利于培养学生的英语能力	√	*	√	√
动机和兴趣对英语的学习十分重要	√	√	√	√

附：√ 同意；× 不同意；* 未表明。

研究显示，教师信念无法完全贯穿于实际的课堂行为，因此教师信念与实际课堂之间就产生了某些冲突。表 3 阐述了作者观察到的课堂，与教师们自身所秉持的教学信念之间的冲突。

表 3　Teachers' teaching beliefs and their classroom observation

姓名	教学信念	课堂观察	冲突产生的原因
Zhang Tian	学生中心的教学方式	学生无法达到教师的要求	受学生实际水平和主观能动性的影响
	提高学生实际的英语能力	学生采用题海战术追求高分	考试的压力
Liu Yan	达到教学目标	部分学生无法达到教师设定的目标	受学生现有英语能力的影响
Li Yi	充分利用多媒体技术丰富课堂	受课时、教学大纲的重点、难点设置的限制	学校对课程的设置
Peng Qin	学生应参与课堂	在课堂中，学生并不是十分主动	受学生态度的影响

在教师的教学信念中，教师认为学生为中心的课堂有利于提高学生实际英语水平，但在实际课堂中，受到学生现有能力和其主观能动性不足的双方原因，教师可能无法成功地把课堂转化成学生中心的课堂；其次，迫于考试的压力，学生短期内把注意力放在了备考上，这也与提高学生实际能力的信念相悖；再次，教师认为能在课堂上充分利用多媒体工具能够成功地激起学生的学习兴趣，但是受到学校课程设置的影响，其教学信念无法完整实现于课堂。最后，对于某些已经通过大学英语四、六级考试的学生，要重新燃起他们的学习热情是需要教师不断思考的。

五、结论

本项个案研究主要是以四位教授大学英语课程的教师为研究对象，探讨了大学英语教师秉持着何种教学信念于课堂实践。在收集数据阶段采用了课堂观察法，且对研究对象进行了半结构式访谈。研究结果发现，每位研究对象都有其教学信念贯穿于课堂，但受到学生实际能力、学生主观能动性、考试的压力、学校的课程设置以及学生态度的影响，教师们的教学信念无法完整地成为课堂现实。这就要求教师们要积极认识到自己的教学原则，并能与其真实的课堂相联系，认识到教学信念与课堂行为之间的冲突。教师清楚地了解教学信念与课堂实践之间的冲突是上一堂好课的第一步，只有清楚地了解存在的冲突，才能知道学生真正的需求是什么，所秉持的教学信念并不是高高在上的，而是要建立在课堂实际的基础上。

本研究为提高教师对自我的认知以及专业发展具有重要意义。教师应该养成终身学习的观念，具体到课堂上，教师应有贯穿于课堂的教学信念，而这种教学信念并不是一成不变的，要基于真实的课堂实践，认识到教学信念与课堂实践中存在冲突并进行不断的调整。英语教学改革的关键人物是教师，而教师的关键就是其教学信念与具体的课堂实践。因此，教师应结合我国大学英语教学的具体情况，深入反思自己的教学信念与课堂行为，促进英语教学的改革。

参考文献：

[1] AMANDA BAKER. Exploring teachers' knowledge of secondLanguage pronunciation techniques: Teacher cognitions, observed classroom practices, and student perceptions[J].TESOL Quarterly, 2013（1）: 136-163.

[2] BAILEY K M. Voices from the language classroom [M]. Cambridge: Cambridge University Press, 1996.

[3] BORG S. Teacher cognition in language teaching:a review of research on what language teachers think, know, believe, and do [J]. Language Teaching,2003（2）: 81-109.

[4] FREEMAN D, RICHARDS J C. Starting all over again: From teaching adults to teaching beginners [M]. Cambridge: Cambridge University Press,1996.

[5] GATBONTON E. Investigating experienced ESL teachers' pedagogical knowledge [J]. Canadian Modern Language Review, 2000（6）: 585-626.

[6] JOHNSON K E. Learning to teach: Instructional actions and decisions of preservice ESL teachers [J]. TESOL Quarterly,1992（3）:507-535.

[7] KAGAN D M. Ways of evaluating teacher cognition: Inferences concerning the Goldilocks principle [J].Review of Educational Research, 1990（6）: 69-419.

[8] KANE R, SANDRETTO S, HEATH C. Telling half the story: A critical review of research on the teaching beliefs and practices of university academics [J]. Review of Educational Research, 2002（2）: 177-228.

[9] RICHARDS J C.Teachers' maxims in language teaching [J]. TESOL Quarterly, 1996（2）: 281-296.

[10] TSANG W K. Teachers' personal practical knowledge and interactive decisions [J]. Language Teaching Research, 2004（2）: 163-198.

[11] 张培 . 英语教师课堂教学建构：原则与意图 [M]. 天津：天津大学出版社，2009.

附录：访谈问题

1. 教师在课堂的角色是什么样的？
2. 教龄多少年？
3. 如何看待与学生的关系？
4. 在课堂上给学生很多机会发言，是出于什么考虑？
5. 提高学生实际英语水平最有效的策略是什么？
6. 在课堂上，采用“开火车”的形式让学生回答问题是出于怎样的考虑？
7. 对大学四、六级考试的看法？
8. 如何调动学生的学习兴趣？
9. 教学中您最关心的是什么？
10. 自己的学习经历是否会影响课堂的计划？
11. 请简述您是如何设计这堂课的？
12. 您的这堂课是否达到了您的教学目的？
13. 当遇到学生发音错误时，您出于什么目的而纠正学生的发音？
14. 当课堂上，如果您的教学模式呈现的是 X，但学生可能在 Y 方法的作用下吸收得更好，您会做出调整吗？

——如果会，是怎样的调整？

——如果不会，又是出于怎样的考虑？

从批评话语分析角度看《2015 年美国的人权纪录》[1]

张凯玲

【摘　要】本文选取国新办发表的《2015 年美国的人权纪录》，旨在运用批评话语分析方法观察其文本结构，及该文所透视出来的语言、意识形态和权利关系。该文不只是为了反驳美国所谓的《2015 年度国别人权报告》，更是为了维护中国形象及中国这几十年的人权成就。该文本从侧面反映出中美不同意识形态之争，话语权之争，更是透露出两股不同权力在世界舞台上正在“摩拳擦掌”。
【关键词】批评话语分析；《2015 年美国的人权纪录》；文本结构；意识形态

【Abstract】The paper endeavors to employ critical discourse analysis to observe the textual structure, and explores the language, ideology and power relations of *Human Rights Record of the United States in 2015*, issued by the State Council Information Office of the People's Republic of China, which is not only to refute the so-called *2015 Country Reports on Human Rights Practices by America*, but also to help assert the image of China and Chinese human rights achievements over the decades. This paper reflects the conflict of different ideologies and the fight for voice in the world between China and America. Besides, it even reflects that two different countries are exercising their “ power ” on the world stage.
【Key Words】critical discourse analysis; *Human Rights Record of the United States in 2015*; textual structure; ideology

国新办于 2016 年 4 月 14 日发表了《2015 年美国的人权纪录》，以回应美国政府在 13 日（前一日）发布的《2015 年度国别人权报告》。《2015 年美国的人权纪录》分 6 大部分介绍了美国人权的“漏洞”。本文通过对《2015 年美国的人权纪录》进行详细的文本分析，以从侧面揭露该文所体现的不同意识形态，权力关系在政治外交上的语言表征。该分析主要从两个层面入手，第一个层面是文本结构层面，主要分析文本词汇、段落、话语图式与叙述结构、新旧信息组织方式、引用与注释；第二个层面则是意识形态层面，主要分析权力与团结、立场与风格、读者与面子理论。

一、文本结构层面

从批评话语分析角度对文本进行分析，

1 **项目支持：**天津财经大学研究生院科研资助计划（2015TCS40）资助。

首先应当建立在对文本细节内容的详细分析上，从而客观地反映出文本或者话语的使用是如何实现文本作者的意图，如何透露出作者背后的意识形态。接下来笔者将从几个方面对文本内容进行详细阐述，以期对该文本有更进一步的认识。

（一）词汇

词汇的选择与使用可以反映作者的心理与态度，鉴于笔者所选文本由国新办发表，非一人之功，因此此处作者为国家机构。也就是说《2015年美国的人权纪录》特定词汇的挑选能反映出国家机构对美国人权的态度。在该文的目录中便使用了非常能够反映感情色彩的语言，而且目录的每一行都有副词修饰动词，此举更深刻地透露出作者反感的心理。比如肆意侵犯、无法得到应有保障、难以有效实现、变本加厉、堪忧、粗暴侵犯等。此外，在导言中，许多消极的字眼频繁出现，诸如威胁、失控、侵犯、虚伪、滥用、矛盾尖锐等。几乎每一段的开头都是这些带有评价性的词语，无论是形容词，或是副词加动词组合。这些词汇的使用可以体现作者对美国的人权持消极且批评的态度。

（二）段落

不只短语，句子有结构，段落也有结构。A.L.Becker认为段落主要有两种结构模式，一种是Topic–Restriction–Illustration模式，另一种则是Problem–Resolution模式（Johnstone, 2008）。《2015年美国的人权纪录》则贴合第一种模式。目录中的六项内容实际上便是此文谈论的6大“话题”，在导言中，除了第一段先来个引题，即对该文产生背景做个简单陈述。剩余的段落便是对目录中各个topic的restriction（重申话题）以及短小的illustration（例证），而且restriction总是出现在每个段落的第一句。在导言结束之后，开始了对目录中每一个大话题的详细阐述。六大话题分六个部分进行陈述，所有部分的段落结构趋于一致。第一段一定是重申话题，稍微解释每一个话题。例如公民权利遭到肆意侵犯，那么什么是公民权利，侵犯公民权利有何具体表现形式？于是该部分的第一段便说明了侵犯公民权利可以体现在枪支犯罪、警察暴力、监狱腐败、秘密监控等违法行为上，并在接下来的每一段落具体阐述以上行为是如何伤害到公民权利中的生命和财产安全、生命权、人权以及隐私权的。每个段落的第一句一定是再次重申话题，接在其后的便是许多的统计数据和例证。比如上面已经提到第一段中出现了“警察暴力”字眼，接下来一定有单独一段重申并详细例证警察如何暴力。于是我们可以看到有一段的开头是个restriction，即“警察暴力执法严重侵犯人权”，其后尾随的便是例子。在汉语的议论文中，我们经常会提到论点与论据。笔者认为topic以及restriction便是作者的论点，而例子便是能支撑论点的论据。其后的每一部分的结构都一致，简单明了，不会使读者难以理解，对整篇的把握也非常容易，不会增加理解成本。

（三）语篇图示与叙述结构

语篇图式反映的是作者或者读者对于某篇文章的认知图式，是一系列有关该文结构与内容的预期（同上）。换句话说，就是经过总结国家机构撰写的所有美国人权纪录的文本结构与内容特点，从而对以后国家机构再次发表同类文本时对未来文本的结构与内容有个预判。我国自1999年开始发表美国人权记录以来，已过了18年。纵观每一年的美国人权纪录，在结构上基本都逃不开目录、导言以及5~6大独立陈述部分。而在独立陈述部分中每一个段落都是一句陈述句（或是话题或是话题重申）外加众多的例子。并且所有的美国人权纪录的语篇总体结构都是总—分—总模式，在6大部分里则为总—分模式。而在内容上，都逃不开公民权利、政治权利、经济和社会权利、种族歧视、妇女和儿童权利、侵犯他国人权等内容。如此使得逻辑非常清晰明了。因此如果读者有读过此前国新办发表的美国人权纪录，那么他们就很容易预期下一年的美国人权纪录的结构与内容，因为每一年的人权纪录基本没变，变的只是例子的“与时俱进”，而这也构成了读者对此类文本的语篇图示。

对于例子的介绍，一部分是简要通过统计数字陈述，比如“2014 年美国共发生暴力犯罪 1165383 起，平均每十万居民中发生 365.5 起，其中谋杀案件 14249 起，强奸案件 84041 起，抢劫案件 325802 起，严重暴力伤害案件 741291 起”。还有一部分是介绍具体个例，在此介绍中便涉及了叙述结构的问题。英语与汉语的叙述结构有其特性，也有共同点。中文里边记叙文会涉及 6 要素，即时间、地点、人物、事情起因、经过、结果；英语里边叙述模式也有 6 要素，包括摘要（abstract），背景（orientation），高潮（complicating action），结果（the result），评价（evaluation），结尾句（coda）。两种语言在叙述模式上最大的不同是英语故事中常带有评价性词语，而中文则往往努力避免由此带来的“主观性”。在文本的所有具体案例中都缺失了“起因”，而更着重刻画过程。笔者认为这种写作选择存在四种原因，要么是篇幅所限不能面面俱到，一一细讲，比如因为是发表在网上，所以篇幅有所限制；要么便是这些例子本身就没有起因，比如囚犯马吉德·可汗的遭遇；要么这些原因已经成为共识，只需意会。比如警察经常伤害非洲裔学生而非白人学生就来自种族歧视，这些原因不需言明，许多读者便能意会；要么便是有选择地忽略掉起因。通常这些起因都不甚重要，而其过程更能引发读者的共鸣，因此作者便把重点放在过程上，比如贾马尔·克拉克被警察杀害事件。除了第二种原因，其他三种都是作者有目的或下意识的选择，这些选择有助于在一定程度上实现文本的目的，即有利于让读者看到尽管美国自诩为“民主”国家，但其境内也经常会发生这种危险或暴力事件，有些甚至是没有原因的暴力事件，然而美国不反思，反而对中国的人权指手画脚，就更能看出“民主”下的虚伪。另外，在忽略原因之外，此文的案例叙述中还出现英语叙述中常用的评价语言。当然，为了“避嫌”，这些评价都不是国新办直接作出的，反而都是来自于美国国内的不同声音。这也从另一方面保证了人权记录的客观性。

（四）句子中新旧信息组织方式

句子只是言语交际中最小的单位，语句具有聚句成篇的功能。不同的语篇组织方式传达着不同的意义。英语是主语与谓语类型的语言，而汉语则是话题（topic）与述题（comment）类型的语言（吕俊，侯向群，2012）。汉语里句子的组织方式有许多种。而不同的组织方式受两种因素影响。第一种是意识形态，这是一种在本民族经受长期的语言文化熏陶而形成的价值、信仰、观念等。意识形态有意识或无意识地在影响我们组织句子的方式，同处于一种文化下的人往往会选择近似的表达方式。第二种便是句子的形式与功能之间的关系，意即对句子组织方式的选择能否实现作者的意图等。在本文本中，明显作者总是抛出一个话题，比如暴力犯罪威胁公民生命和财产，然后后面跟着述题，即解释暴力犯罪如何威胁公民生命和财产安全。而且话题通常都是旧的，也许在上文出现，也许在以前的人权记录中出现；而述题通常是新的，总有新的解释或例子或报道来说明最新的暴力犯罪。尤其是如果读者有阅读过之前相关的美国人权纪录，那么把旧的信息置于新信息之前更方便读者的认知处理过程。

（五）引用与注释

《2015 年美国的人权纪录》还有一个非常明显的文本特征。那就是在每一段的第一句之后接续的例子都是来自外国知名报刊或网站的数据抑或具体事例，或者引用的是外国名人对于相关问题的态度。比如在谈及“女性面临职场歧视”时，既引用了来自美国人口普查局的即时数据，又引用了《洛杉矶时报》的相关报道。在说到“金钱政治暴露民主虚伪性”时还提到了美国前总统吉米·卡特对此的态度和观点。而且该文本还对数据的来源、数据网址、数据具体时间都做了充分注释。从注释中我们可以清晰地看到这些例子有四大数据来源。其中大多来源于美国本土，比如《华盛顿邮报》《今日美国》《华尔街日报》、美联社网站等权威报刊与通讯社；还有一部分来自美国的友好伙伴，比如英国的《经济学人》《卫报》和《独立报》，法国的法新社，印度的《印度快报》；当然还有一部分来自于与美国的关系并不那么友好的国家，比如伊朗 PRESS TV 网站，还有俄罗斯电视台网站；最后的来源是相对中立的国际组织报告，比如联合国网站以及联合国人权高专办网站。唯独没有引用来自我国报刊或网站的数据。笔者认为之所以避开了采用中国数据来源大概是因为国新办想要“避嫌”，避免读者认为此文本“主观”的印象。并且通过不同数据间的互相比对，可以强调该证据的“确定性”及该文本的“准确性”与“客观性”。通过上述四大来源，其实已经足够清晰反映美国的人权形势，美国本土如此报道，和它关系友好不友好的都对其人权存在批评趋势，更遑论联合国这个权威的国际组织对其人权缺陷的介绍等，都足以透露出美国的人权问题是严峻的。

另外，这里的引用与注释还形成了一种“互文性”。互文性指的是一个确定的文本与它所引用、改写、吸收、扩展或在总体上加以改造的其他文本之间的关系，并且依据这种关系才能理解这个文本（杰拉德·普林斯，2011）。与《2015 年美国的人权纪录》有互文关系的语篇有三种，第一种也是最明显的一种便是上文提到的四大消息来源的语篇；第二种是美国在前一天发表的“国别人权报告”，彼此形成一种特殊的回应模式；第三种则是之前每年都发表的美国人权纪录，它们共同形成一种“人权记录”文类，彼此的文本结构与组织模式都基本一致。比如都有目录和导言，涉及的人权部分基本上都是公民权利、政治权利、经济社会权利、种族歧视和妇女儿童权利等。这种互文使得读者对于未来的美国人权纪录写作模式有了一个预期，这也是互文的影响。

接下来笔者要提及互文的一个表现形式，即引语方式。Kristeva（1986）认为“任何语篇都是由引语拼凑而成的，任何语篇都是对另一语篇的吸收和转化”。因此接下来我们将分析互文性的表现形式之一“转述话语”（reported discourse）。辛斌（2006）认为转述话语作为新闻语篇中重要的组成部分，不但可以增强报道的真实感，显示报道的客观性，也可使读者确信报道者并未掺杂个人观点。对于转述的消息来源上文已经作出说明，四大类消息来源确确实实说明美国的确存在人权问题，中国发表的美国人权记录并非无中生有，无的放矢。另外在转述这些报道时，人权记录采用了较多的间接引语与较少的直接引语。Fairclough 指出间接引语有助于“官方的观点转化为大众语言”。以便这些观点能被公众广泛而自然地理解和接受（同上）。而使用直接引语可以使得报道更客观公正，起强调作用，吸引读者注意，增加生动性等。

在该文本中直接引语的使用情况分为两种。第一种是在间接引语之后跟随单独的直接引语。比如：

（1）美国前总统吉米·卡特就此指出，无限额的政治贿赂成为提名总统候选人或当选总统的主要影响因素，“美国的政治体系已被颠覆为向主要政治捐助者提供回报的工具”。

（2）美国总统在 2016 年国情咨文中承认，现有划分国会选区做法的结果是“政客选择选民，而不是选民选择政客”，“党派间的积怨和猜疑未见减弱，反而变得更深”。

（3）美国州政府 6 个月内第二次动用国民警卫队维护秩序。《纽约时报》4 月 28 日评论称，“格雷成为这个国家警察暴行的最新象征”。

（4）农村地区的婴儿很难享受到诸如联邦和州为妇女儿童提供的特殊营养项目，陷于贫困的可能性更大，“这些孩子一出生就输在了人生的起跑线上”。

这些尾随间接引语其后的直接引语可以同时起到上述的许多作用。第二种则是在间接引语中把个别词或短语加上引号。比如：

（1）对此，美国前总统吉米·卡特发出“美国已经不再是民主国家了”的感慨。

（2）有民主党参选人指责共和党参选人“系统和故意地”阻止数以万计的美国人投票，以达到其竞选获胜的目的。

Bell（1991）认为这也是直接引语的一种，说明报道者想要同引语保持距离，并暗含不赞成、怀疑或反对的态度，引号的作用相当于“所谓的”（so-called）。笔者则持不同意见。在《2015 年美国的人权纪录》中，第二种直接引语与第一种的作用都是一致的，而且对于双引号里的直接引语，国新办都是持赞同态度，而非怀疑或反对。其实直接引语与间接引语的结合既是为了抛开距离感，让受众更好地接受新闻，又是为了强调新闻的客观性，毕竟客观是新闻的一个标准。当然，意识形态从另个侧面也能解释为一种世界观。该文本不只表现了其主流意识形态，也体现了国家机构对于预期读者世界观的把握，比如新闻应该是怎样的？因为国内读者大多对新闻有个客观公正的要求，即其观念是新闻就应当是客观的。因此在使用数据、例子时作者会尽量避免使用来自国内的信息。

以上是对《2015 年美国的人权纪录》文本特征的一个基本描写，这些文本特征对于美国人权记录这类新闻甚至外交话语都是一样的。由此我们可以形成此类语篇的一个总体印象，同时这些特征又有助于我们深入挖掘此类文本。接下来笔者将对此文本所反映的意识形态、权利关系与文本的交织进行介绍。

二、意识形态层面

从批评话语分析角度去阐释、解释文本，便要考虑到一个重要概念，那就是意识形态。文本背后的意识形态也在该国、该地区、该民族的经济、政治、文化的交织影响下形成。从语言中，我们可以发现它突出强调些什么，反映怎样的社会现实与作者的观点、态度等。笔者将结合语篇内容，从以下几个方面解释其所反映的意识形态。

（一）权力关系与团结

首先从《2015 年美国的人权纪录》的发表作者是国家机构—国务院新闻办公室可以看出，这一文本代表的就是中国的主流意识形态，具有权威性。但是在导言中，该文已强调美国人权纪录是为了“回应”美国的“国别人权报告”。从时间上来看，美国的“国别报告” 发表在 4 月 13 日，中国的“美国人权记录”则在 4 月 14 日，仅差一天。纵观这么多年两国发表的人权报告，都是美国前中国后。这相应的两个文本反映的是两个不同的国家在意识形态、国际话语权力上的摩擦、冲突甚至是争斗。对于两国这种“特别”的外交话语的理解要从一个较大的语境出发，毕竟批评话语分析在挖掘文本背后的意识形态时不仅要关注该文本本身的语言特征，还要关注其生成的社会背景，因此在分析中我们还要联系中美在人权问题上的外交交集等。“权力”是一个政治和社会学领域中的概念，指的是一个人对他人产生一种自己想要的、已经预见的效果的能力（李桔元，李鸿雁，2014）。《2015年美国的人权纪录》在导言部分从侧面上一定程度地透露了美国的意识形态，即喜欢对别的国家的人权问题指指点点，而且涉华部分都是在指责中国的人权问题如何之不足，并未从一个历史的角度描述中国人权的发展进程。这又在一定程度上反映了美国如何运用自己的权力，以权威的态度，希望威胁或“劝服”他国照着自己认同的模式发展，因为其经济、政治在国际上处于“一超”地位，所以其非常“理所当然”地认为自己可以充当“世界人权裁判”，带有一种傲慢的霸权态度。而中国随之发表《2015年美国的人权纪录》，从一个方面说明，如果美国杜绝胡乱指责中国人权，中国也不会紧跟着发表美国的人权纪录。从另一个方面也说明中国以一种独特的角度回应涉华部分，即我们以美国的人权恶迹说明美国都不会照照镜子。其实这篇人权纪录反映的我国国家观点是：人权问题应当历史地看，人权没有最好，只有更好。反对任何国家（尤其美国）以人权问题干涉本国内政，同时希望美国改变做法。

其实在笔者看来，因为这种纪录或报告都是一种新闻话语甚至上升为外交话语，那么在权力之争上就应当置于国际背景中，为了让更多人看到中国的态度与反击，笔者认为应该附之以英文版。如此更多的人，尤其是不懂汉语的人可以看到这个中国国家机构发表的美国人权纪录，有时权力之争、意识形态之争不一定会马上得出结果，国家争的更多是话语权，是你的声音能否被世界听到，否则别人会认为这个国家在以沉默的方式承认自己的人权问题。而笔者认为英文版更能让更多人明白中国的态度、中国的决心等。

《2015年美国的人权纪录》还有另外一个影响，该文本在行文过程中语气坚决，毫不迟疑。让中国的读者对于美国的人权问题也有了大概的印象。在其发表之后，国家还有针对性的新闻播报和新闻发布会，使得其受众更广。而这种传播的方式使得中国读者激起一股团结的心理，从而进一步地认同和强化国家主流意识形态，当然其中也不乏一小部分国内非主流意识形态的声音。但不可否认，这些纪录和媒体传播使得许多中国读者看到了中国的态度，看到了中国不愿被指手画脚，不愿保持沉默的作风。

（二）立场与风格

从语篇的开头至结束，文章清清楚楚表达了对美国人权的不认可或不赞同。但其中最重要的立场是希望美国停止对中国人权乃至内政的干涉行为。在开头文本就直言“2015年的美国人权，不仅旧的问题未得到解决，而且新的问题不断滋生”，在结尾，又再次强调美国的人权现状，那就是“时至今日，美国仍不批准《经济、社会和文化权利国际公约》《消除对妇女一切形式歧视公约》《儿童权利公约》《残疾人权利公约》等联合国核心人权公约”同时“美国是当今世界‘唯一’没有批准《儿童权利公约》的国家”，全篇措辞及语气都是一致的，都是表达对美国人权的“担忧”，就如同美国对中国“人权”一般。同时立场的表达可以通过两部分进行，也就是“证据 + 评价”（evidence and evaluation）。从每一段落的第一句话可以看出该作者是如何看待美国各种人权问题的，而证据的选择更好地印证了作者的立场。尽管证据来源不同，但所表达的情况都是相同的。因此，《2015年美国的人权纪录》非常旗帜鲜明地表达了自己的立场。

在风格上，语篇的选词简单、直白，避免模糊性词汇，而且词汇的色彩都为贬义色彩；语气上直接、坚决、毫不迟疑，正式严肃，严肃中又带有嘲讽，比如“照照镜子”、“唯一没有”等词的使用，很好地表达了国家机构的感受与态度，也很好地为语篇的意图服务。

（三）读者与面子理论

《2015 年美国的人权纪录》目的是为了回应美国的“国别人权报告”，那么它的一部分读者就是面向美国人，或者说撰写和阅读该“国别人权报告”的人；同时，它又以中文写作且在国内大众媒体上传播，因此它的目标读者也包括国内读者。此时我们看到该语篇的读者有两类。那么在语篇的写作中，作者也将其目标读者考虑在内，此举有助于设计出容易为读者接受同时又实现写作意图的文本。

另外，国家机构回应美国的“国别人权报告”还涉及 Penelope Brown 与 Stephen Levinson 提出的“面子理论”。他们将面子分为“积极面子”（positive face）和“消极面子”（negative face）。Brown 将积极面子解释为人们希望得到他人的喜爱、认可，涉及人的自尊；而消极面子则是指人们不希望别人对自己的行为进行干涉或阻碍，希望有行动的自由（Brown and Levinson, 1987）。而“国别人权报告”中涉华部分既不认可中国人权这么多年的发展取得的成就，同时还想进一步地给中国“提标准”，进而干涉中国的内政，所以既是威胁中国“积极面子”，又是威胁“消极面子”的行为，而且这种面子威胁行为是从语言出发的。那么国新办发表的《2015 年美国的人权纪录》又是怎样的一种语言行为呢？接下来笔者将对该文如何对美国开展“面子威胁行为”进行详细阐述。

1. 消极面子威胁行为

当行动的自由受到干涉或阻碍，消极面子就会受到威胁。消极面子威胁行为的具体表现如下。

（1）给对方施加压力使其进行某种行为或终止某种行为。比如威胁、警告、建议、命令等。在该语篇中，警告的语言体现在导言部分。如“既然美国政府不肯拿起镜子照照自己，那么也只好由别人来帮助完成了”。即希望美国能在对他人人权妄议之前能反省自己的人权，这就是一种干涉他人行为，威胁他人消极面子的表现之一。

（2）说话人表达对听话人的情感。比如愤怒、憎恶、不信任等。具体表现在语言中就是贬义词汇的使用。例如“警察杀害非洲裔美国人的案件屡屡发生”“美国口口声声标榜‘人权’，以‘人权卫士自居’”。“自居”与“人权卫士”联系在一起，本身就表达了说话人对该行为的一种态度，一种反对乃至愤怒的态度。通过这种表达，实际上还是希望美国改变做法，不只是要改善自身人权，也不要总妄议他国人权。

其实消极面子威胁行为不只对听话人有伤害，对说话人也是如此。因为之前的“国别人权报告”就撕开了“恭维语”这层“调和伤面子行为”的“包装纸”（李月娥，范宏雅，2007），赤裸裸地开始了面子伤害行为。而《2015 年美国的人权纪录》则是一种不得不进行的回应“面子伤害行为”的行为，从时间上看，也可知该语篇是我国对美国干涉行为所作出的“反干涉”。

2. 积极面子伤害行为

当说话人或听话人不关心彼此的感受、需求或不想要对方所需时，积极面子就会受到威胁。积极面子威胁行为的具体表现是：

（1）说话人对听话人的积极面子进行消极评价。评价方式有两种，其一是说话人直接或间接地表明不赞同听话人某方面的想法；其二是说话人明示或暗示听话人某些做法是错误的。比如指控、抱怨、反对等态度。在文本中则表现为如下例句。

“美国国务院于当地时间4月13日发布《2015年国别人权报告》，再一次对世界各国人权状况妄加置评，而对自身存在的严重人权问题却三缄其口，毫无反思之意。”

“暴力犯罪威胁公民生命和财产安全。”

“对于联合国人权理事会特别机制以及联合国人权事务高级专员等对美国人权状况提出的批评，美国政府经常予以拖延或置若罔闻。”

以上例句很好地明示或暗示出说话人对听话人做法的反对甚至指控的态度。

（2）说话人提起敏感的社会话题从而增加了面子威胁行为发生的可能性。比如政治、宗教、种族话题等。《2015年美国的人权纪录》的题目已经明显地说明这个语篇即将谈论国家的敏感话题，而在语篇中，则非常详细地介绍了涉及人权的政治、经济、宗教、种族等事例。比如第二部分介绍政治权利，第四部分介绍种族歧视等。

《2015年美国的人权纪录》的发表实际上是一种对美国进行“打脸”的行为，当然这种行为的重要前提是美国先对中国进行了“打脸”。在这种“反打脸”过程中，中国通过这个语篇的发表以及随之的大众媒体介绍等都是为了在某种程度上间接地挽回自己的“面子”，从一种对比中树立中国形象并重申自己的观点，即中国人权与内政无需他国干涉。

三、结语

语篇不是来自于真空，它的诞生肯定有其意图。这种意图在新闻语篇、政治语篇、外交语篇中表现尤为明显。而《2015年美国的人权纪录》基本上都有这三种语篇的某种特质。对它进行分析能够很好地说明语言、权力关系、意识形态是如何体现在其中的，而这就需要对语言进行详细分析，尽量运用“细读法”，在对文本特征进行分析同时，还要联系语篇的产生背景，因为意识形态与权力关系有了比较才能更为清晰可见。表面上《2015年美国的人权纪录》只是反映了中国主流意识形态与中国国家权力，实际上它也反映了中美两国一直在进行话语权上的竞争，意识形态上的较量。毕竟距它第一次发表已经过了18年，这种竞争与较量目前看来仍会持续下去。从批评话语分析角度出发去看待语篇，我们发现该文本不只是对现状的描述，不能停留在过去一年美国人权的详细介绍上，批评话语分析的主要目标还是让世界变好，而对中国主流意识形态而言，“世界变好”便是让美国停止一年一度对中国人权完全消极评估的做法。这才是我们所要看到的重点。批评话语分析有利于对语篇作出有别于纯文本分析的阐述，而且这种不同的阐述有利于研究的深入，更能促使我们从不同的角度去认识和理解这个世界。

参考文献：

[1] BELL A. The Language of news media [M]. Oxford : OUP , 1991.

[2] BROWN P, LEVINSON S. Politeness: Some universals in language usage [M]. Cambridge: Cambridge University Press, 1987.

[3] JOHNSTONE B. Discourse analysis [M]. 2nd ed. Blackwell Publishing, 2008:83.

[4] KRISTEVA J. The kristeva reader [M]. Oxford：Blackwell,1986.

[5] 李桔元，李鸿雁．批评话语分析研究最新进展及相关问题再思考[J]. 外国语，2014(4)：91.

[6] 李月娥，范宏雅．话语分析[M]．上海外语教育出版社，2007：184.

[7] 吕俊，侯向群．翻译学导论[M]. 上海：上海外语教育出版社，2012：110.

[8] 辛斌．《中国日报》和《纽约时报》中转述

方式和消息来源的比较分析 [J]. 外语与外语教学，2006（3）：1-4.
[9] 杰拉德·普林斯 . 叙事学词典 [M] . 乔国强，李孝弟，译，上海译文出版社，2011.
[10] 中华人民共和国国务院新闻办公室 . 2015 年美国的人权记录 [Z]. http://www.scio.gov.cn/zxbd/wz/Document/1474442/1474442.htm, 检索日期：2016/6/8.

翻译

功能目的论视角下技术说明书英译——以橡胶密炼机的产品说明书翻译实践为例

李凤杰 张靖

【摘 要】本文基于橡胶密炼机生产企业的设备说明书的翻译。笔者就翻译过程中团队遇到的各类问题进行深入的分析，并且结合具体的翻译实例剖析，详细总结了技术说明书的特点。以功能目的论为指导，论述了技术说明书英译过程中出现的常见问题，并对典型病例进行分析，提供改译版本。在此基础上，笔者从功能目的论的视角出发提出了技术说明书英译的具体策略，结合翻译任务中的实例详细论证了以上策略。
【关键词】功能目的论；技术说明书；翻译策略

【Abstract】The thesis is based on a task of translating the instructions to the Rubber Internal Mixer. There is an elaborate analysis on the problems facing the translators in the process of C-E translation of those texts via some typical examples given. Meanwhile, from the perspective of Skopostheorie, the revised versions of those examples have also been provided and the reasons why those examples can be revised in this way have been explained clearly. Finally, with the guidance of Skopostheorie, specific translation principles and strategies in the process of C-E translation of that kind of texts have also been offered and by listing specific examples, those principles have been illustrated in a proper manner.
【Key Words】Skopostheorie; Instructions to technology products; Translation strategies

一、功能目的论简述

汉斯·弗米尔认为翻译是一种跨文化交流过程，而这种跨文化交流活动获得成功与否，是否能够达到预期目的，不仅取决于语言本身，还取决于其他条件，例如译文的读者——翻译的接受者（Nord, 2001）。不同的译文读者来自不同的文化背景和教育背景，其对翻译的预期和交流需求也有所不同。每一种类型的翻译都有其特定的受众。弗米尔认为源语文本对于译文读者而言是提供部分或全部信息的唯一渠道，因此翻译是为了特定目的和为译文读者服务的目的语语境下的话语创造过程（Nord, 2001）。在功能目的论视角下，源语的地位明显低于其在对等理论中的位置。

通常来说，功能派翻译理论的发展经历了四个阶段。第一阶段是凯瑟琳娜·莱斯提出翻译标准的功能翻译说。Katharina Reiss（1971，2004）在著作《翻译批评的可能性和限制》中首次提出功能类型，并在翻译理论中开始阐述“功能类型”这一概念。第二阶段是弗米尔提出的三原则（Hans Vermeer, 1986)：翻译必须遵循原则，而目的论是翻译需要遵循的首要原则。换言之，翻译的目的决定翻译的过程。除此之外，翻译还须同时遵循语内连贯原则和语际连贯原则。语内连贯原则是指目标语文本必须被译文受众所理解。译者应当充分考虑译文受众所生活的文化背景和社会环境。语际连贯是指目标语文本必须与源语文本相对应。第三阶段，另一位德国翻译理论家贾斯塔·霍茨–曼塔里在弗米尔的翻译目的论的基础上进一步发展了功能派翻译理论，于1984年提出了翻译行为理论。根据翻译行为理论，翻译被视为一种跨文化交流的互动过程。翻译行为理论与功能目的论之间有很多相同之处：两种理论都是以翻译的目的和结果为导向的。贾斯塔·霍茨–曼塔里强调翻译过程这一行为。第四阶段，克里斯汀娜·诺德进一步发展了功能目的论。这是克里斯汀娜·诺德首次用英语总结了功能翻译派的全部学术思想。Nord（1988）出版了《翻译的文本分析模式：理论、方法及教学应用》，在该书中诺德提出了“功能加忠诚”原则，作为对功能目的论的补充和完善。译者必须既考虑源语文本又考虑目的语文本，既要对源语作者负责，又要对目标语读者/译文读者负责。

二、技术说明书分析

在探讨技术说明书的英译前，必须对技术说明书的概念进行清晰的界定——“技术说明书是指从产品的技术角度出发撰写的文档，一般是供产品的维护人员使用的，内容是产品的技术参数、安装、调试、维护等”（《中华人民共和国工业产品使用说明书总则》，中国标准出版社，2015）。如笔者在翻译项目中完成的橡胶密炼机说明书就是典型的技术说明书，除此之外还包括推土机等重型机械的维修保养说明书、高分子材料技术专利证书等。

本文是用功能目的理论指导技术说明书的英译。从上一章对目的论的概述来看，功能目的论始终强调“翻译的过程取决于翻译的目的”，而文本的功能与目的是紧密相关的。因此，明确技术说明书的功能具有极大的必要性。技术说明书作为一种特殊的实用文本，其功能主要有二：一方面是要向读者全面介绍产品的结构、性能、使用方法、运行原理、维修保养渠道等；另一方面，还起到一定的广告功能，用来激发读者购买的欲望。尤其是笔者此次承担的翻译项目——英译橡胶密炼机说明书，更是中国的生产厂商和国外买家的直接沟通交流，是介绍推广国内技术产品直观有效的方法。

技术说明书的特征对于其英译至关重要，要想将该类文本转换为英文表述出来，第一步工作就是透彻地理解原文。因此，对于译者来说，明确技术说明书所具备的特征并且进行一定的归纳总结对于该类文本的英译起着很大的推动作用。笔者将从技术说明书的文体特征和语域特征两个大的层面进行分析。

（一）技术说明书的文体特征

技术说明书的应用面极广，一般用来指导说明设备的操作和运用，包括设备的介绍、安装、功能、维护以及故障修理。一般来说，在说明和解释设备的部件和附件时，必须附上各个部件和附件的图片，图文并茂，才能在解剖设备部件和结构时达到一目了然、生动清晰的效果。

名词化是技术说明书的显著文体特征。较之其他文体，技术说明书中的名词化通常是动态名词和动名词。

例一：

The closed automatic weighing of carbon black/powder, polymers, oils under the control of upstream machine system avoided the environmental pollution, increased operation efficiency, relieved the labor intensity, and guaranteed the product quality, which is the necessary equipment system for large-scale production of rubber product industry.(上辅机系统自动完成炭黑/粉料、胶料、油料的封闭式自动称量，避免了环境污染，提高了工作效率，减轻了劳动强度，保证了产品质量，是橡胶制品工业规模化生产的必备设备。)

例二：

The mouth is mounted with feed hopper, which is suitable for space bag placing and unpacking.(投料口安装有接料斗，适合于太空包蹾放解包。)

例三：

The rubber weighing and feeding sub-system is composed by rubber belt scale, rubber weighing parameter display, etc.(胶料称量及投料子系统由胶料皮带秤、胶料称量参数显示器等组成。)

技术说明书的目的是指导和告诉读者应该做什么、如何去做，因此动词在技术说明书写作中的重要性很高。

一般来说，动词按照词汇意义分为静态动词和动态动词两种，静态动词表达所有关系或者一种静止的状态。可以进一步分为四种类型：表达“拥有”或者“存在”的静态动词，例如“be”动词或者“have”；表达感官的静态动词，例如“look”“feel”“taste”“sound”等；表达心理状态的静态动词，例如“think”“understand”等；表达度量的静态动词，例如“weigh”“cost”等。在技术说明书中，静态动词通常用来说明设备组件和部件正常运行的环境要求。

例四：

Keep all equipment installed indoor.(所有设备必须在室内安装使用。)

例五：

The electric sources contains a low voltage integrated circuit.(电源包括一个低压集成电路。)

例六：

The warranty period does not cover the duration for storing in the purchaser factory.(质保期不包括产品在买方工厂的存放期。)

动态动词可以使用现在进行时，表示动作未完成。动态动词包括三类：一是表示动作持续的动态动词，例如“write”“fly”、“cook”“read”等；二是短暂性动词，例如“kick”“hit”“pat”“slap”等；三是表示移动和变化的动态动词，例如“reach”“die”“change”“go”等。而在技术说明书中使用最为广泛的动词即动态动词，通常用来描述和解释设备的安装和拆卸过程。

而在句子层面，技术说明书中运用了较多的简单句，尤其对设备进行概述和介绍时，而“S+V+O”（主语+谓语+宾语）这一形式的简单句使用频率很高。

例七：

The upstream machine system provides the following functions.（该上辅机系统具有以下功能。）

例八：

The Users should provide clean, dry, and oil-free compressed air.（用户需提供清洁、干燥、无油的压缩空气。）

除了简单句，大量使用复杂句也是技术说明书的重要特征之一。在技术说明书中的复杂句包括定语从句、宾语从句、状语从句等，其中定语从句的使用频率高。

例九：

The upstream machine system totally has 6 bin roof pulse bag filters with the filtering area of 6 respectively, which are fixed by flanges on the top of the bin.(除尘器为炭黑储仓内的空

气向外流动提供通道，阻止炭黑颗粒和料尘飞出仓外污染环境。本上辅机系统共有 6 个过滤面积为 6 的仓顶脉冲布袋除尘器，由法兰固定在储仓上方。）

祈使句是汉语技术说明书中使用频率较高的另一种句型，因为祈使句带有命令的语气，能够直接发出指令。祈使句通常出现在技术说明书中有关设备使用方法的部分。句首是明确含义的动态动词是其显著特征之一，且均使用主动语态。在技术说明书中，祈使句使用的动词通常为动态动词，例如“close”“install”“replace”“open”“repair”等。而且该类文本中的祈使句均直截了当，这是因为技术说明书中的表述必须清楚、简洁、无歧义。例如：

例十：

Install three vibrating cylinders.（安装三个抖动气缸。）

例十一：

Close the rubber lining pneumatic butterfly valve after the gas emission.（排出气体后关闭衬胶气动蝶阀。）

例十二：

Attention: Replace the weighing sensor with a new one immediately once it goes wrong.（称重传感器一旦出故障，立刻换新传感器。）

例十三：

Click ‘Setup’ on the main interface.（点击主界面上的“Setup”。）

（二）技术说明书的语域特征

根据语域理论，意义可能会随着语境的不同而发生改变，从而也会影响文体。因此，原文的语域特征应该在译文中得到体现。原文所处的情景语境也应该在译文中得到恰当的表达。就技术说明书而言，语域的层次有诸多不同。“语场”主要表现为对概念意义的不同选择。虽然语篇内容和题材对语篇的语场起到了一定的限制，但“语旨”也在很大程度上影响了技术说明类语篇，针对专业人士和非专业人士，即便主题相同，也必须严格区分开来，其表现形式必然千差万别，不过有几点是共同的，即规范流畅的行文、精确恰当的用词、缜密严谨的句式、严密有条理的逻辑。

三、技术说明书英译中的常见问题

笔者在接受此次翻译任务前，阅读了大量技术说明书的英译版。阅读的过程中，笔者发现技术说明书英译本中存在诸多问题，例如语法、修辞、逻辑等方面的问题。而橡胶密炼机说明书的译文初稿中同样存在这些问题。在翻译密炼机说明书的过程中，团队采取了分工合作的方法：第一步，由笔者和几位 MTI 研究生（分别为 A 同学、B 同学、C 同学，下同）独立翻译密炼机说明书的几个部分；第二步，交换各自翻译的部分进行审阅并且提出修改意见；第三步，由原译者反复斟酌修改意见并且批判性地吸收，对自己的译文进行一定的修改；第四步，团队合作讨论，确定一个版本的译文；第五步，给专业译审提交译文，通过邮件等方式与专家翻译沟通交流并且就某些翻译中遇到的疑难问题与专家详细探讨最终达成一致协定；第六步，团队再次集中性地对译文进行反复修改，然后通读译文多遍，最终确定终稿。团队紧密的合作、严谨的工作态度、精益求精的翻译精神逐步消除了译文中存在的这些问题。这些问题在一定程度上妨碍了内容的表达，也对出版物的语言文字质量产生了不好的影响。

病例剖析如下。

例一：

原文：上述各部分组成了以 CARTER 160L 橡胶密炼机为核心的橡胶混炼自动化生产系统。该系统可以根据用户的配方，自动完成橡胶的混炼生产，并将生产过程数据自动存储和汇总分析。

原译：Components mentioned above constituted the automatic rubber mixing system of which the most crucial part was the CARTER 160L. The system could automatically complete the process of rubber mixing according to the technological formula provided by the users, and can automatically save and analyze the data of the process.

本例中，原译由A同学提供，很明显原译文违反了一致性原则。译文中所用的“constituted”“was”以及“could”都是不正确的。技术说明书中，大部分都是对一般事实的描述，使用一般现在时态即可。本例中的译文却使用了一般过去时态。另外，译文的第二句是由两个并列句构成的，在使用情态动词上前后不一致，“could”和“can”应当统一使用“can”。在项目翻译的第二步时，B同学发现了这个错误，并向A同学提出修改建议，团队达成一致建议，认同B同学的修改建议，决定改译为：

改译：Components mentioned above constitute the automatic rubber mixing system of which the most crucial part is the CARTER 160L. The system can automatically complete the process of rubber mixing according to the technological formula provided by the users, and can automatically save and analyze the data of the process.

由于技术说明书中专业词汇使用频率高，译者在不熟悉背景知识的情况下极易犯用词不当的错误。比如，“plane”的基本含义为“飞机”，但在计算机统计分析领域通常表示“坐标平面”的含义；再如，“earth”的基本含义为“土地”“地球”，但在精仪机械领域的英语中通常表示包括“接地”的含义。诸如此类的词语，如果译者没有在背景知识和专业用词上下足功夫，就很有可能在翻译的过程中犯用词不当的错误。用词不当包括两种形式，一是语法功能层面的用词错误，二是语义层面的措辞不当，常见的有关联词使用错误、动词使用不当、介词使用不当、形容词和副词使用不当、名词和代词使用不当等。

例二：

原文：除尘器上帽盖有前后两个除尘管道接口，可以视现场情况选择使用。不用的除尘器管道接口，用法兰封闭。除尘管道通过除尘总管与除尘风机相连。启动除尘风机，可在炭黑储仓内建立负压。过滤后的气体，直接排入大气，排放气体所含微尘符合国家排放标准的规定。

原译：The cap of the dust remover has two pipeline interfaces in the front and the back of it respectively. Which one would be chosen relies on specific conditions. Once the decision to use one interface is made, the other will have to be closed with flange. The pipeline connects the dust removing blower via header pipe. By starting the dust removing blower, negative pressure can be established in the carbon black bin. After the filtration, the gas will be emitted to the atmosphere. Supplement: the number of the particulates contained in the filtered gas complies with the Comprehensive Emission Standard of Air Pollutants.

本例中，原译文由C同学提供，出现了多处用词不当现象。第一句中的“interface”一般是指计算机或电子设备的接口，也可以表示软件的用户界面。原文中的接口是指两根管道之间的接口，“joint”这个词有“接缝”“接合处”“接头”的意思。笔者通过查阅各类机械和精仪的英文说明书发现“joint”这个词在表示“接口”这个含义时的使用频率非常高。所以此处用“joint”替换“interface”更加合适。第三句中的“closed”在该语境下不够精确，原文中所说的“用法兰封闭”是指用法兰密封管道，用“seal”或“seal off”更加精确，也更突显专业性。第五句中的“established”措辞不当。原文中的“建立负压”是指启动除尘风机可以在仓内形成、产生负压。“establish”在词典中的含义众多，除表示“建立”这一含义外，还可以表示“确定、确实”“安置”“使（植物）定植”“使开业、使营业”等含义。用“establish the negative pressure”来表达“形成负压”这一含义是不恰当的。但是，“set up”作为“establish”的近义词，除了可以表示“建立”这一基本含义外，还可以表示“产生（激波、冲击波、水压等）”这一含义，例如：“The researchers managed to set up a shock wave finally.”因此，用“set up”替换“establish”能够准确表达原文含义。最后一句中的“number”同样使用不当。原文的意思是指排放气体中的微尘数量符合国家排放标准。这里的“数量”实际上是指排放气体中微尘的水平或浓度，用“number”明显不正确。笔者通过查阅 $PM_{2.5}$ 相关英文文献以及《大气污染物综合排放标准》英文版，微尘的数量通常可以用“the level / concentration of the particulates”来表示。鉴于原译文中存在多处用词不当现象，团队中某一人很难彻底地发现所有的用词错误，更难以深入分析用词失当的原因并且提出修改建议。以上全部分析和修改建议都是团队查阅文献、多次探讨的结果，并非团队中某一人的功劳。

改译：The cap of the dust remover has two pipeline joints in the front and the back of it respectively. Which one would be chosen relies on specific conditions. Once the decision to use one joint is made, the other will have to be sealed with flange. The pipeline connects the dust removing blower via header pipe. By starting the dust removing blower, negative pressure can be set up in the carbon black bin. After the filtration, the gas will be emitted to the atmosphere. Supplement: the level / concentration of the particulates contained in the filtered gas complies with the Comprehensive Emission Standard of Air Pollutants.

例三：

原文：泄污口位于储油罐罐底中心位置，泄污管将泄污口引出，并由手动阀门节制排污。储油罐底板呈锅底状，即中心低、四周高。油料中长期沉淀的油渣等污物可自动流向泄污口排出。

原译：The drain outlet is on the central position of the bottom of the oil tank, a drainage pipe leads out the drain outlet, and manual valve is used to control the drainage. The scale board of the oil tank is shaped like a wok, i.e. the low center and high four sides. Impurities precipitated over a long time can escape through the drain outlet.

本例中，原译由 B 同学提供，A 同学在审阅中发现原译中存在问题，鉴于改译的难度较大，A 同学将此例标记为疑难病例，在团队讨论会上提出。笔者和 A，B，C 三位同学对初始译文进行了如下分析：原译的第一句是由三个并列简单句构成的，主语分别为泄污口“drain outlet”，泄污管“drainage pipe”和手动阀门“manual valve”。相对于汉语这门重意合的语言，英语在很大程度上注重形合，讲究句子结构严谨，主从关系分明。原译中第一句就频繁地更换主语，将原文的三个短句处理成并列关系，句子层次混乱，属于典型的中式英文。另外，原文中“储油罐底板呈锅底状，即中心低、四周高”和“油料中长期沉淀的油渣等污物可自动流向泄污口排出”这两个句子之间的逻辑关系属因果。

因为储油罐底板的形状是中心低、四周高，所以在重力的作用下油渣能够自动流向排污口排出。而原译处理成两个并列的英语句子与原文想要传递的信息不一致。还有，原文中“中心低、四周高”是对“锅底状”的一种解释说明，并非举例。原译的处理方式欠妥，笔者和团队建议用同位语的方式进行处理，达成一致的改译方案如下。

改译一：Placed on the central position of the bottom of the oil tank, the drain outlet is connected by a drainage pipe that can be controlled by a manual valve. The scale board of the oil tank is shaped like a wok, a large pan with a concave bottom used for cooking Chinese food so that impurities precipitated over a long time can escape through the drain outlet.

在团队向专家译审提交译文后，专家译审对团队的改译方案表示认同，同时提出可以把译文中的 wok 以解释说明的方式在全段最后添加，这样的处理方式不仅可以突出原文所要强调的凹型底板，还可以让英语读者了解中国的烹饪文化，有一举两得的效果，笔者及团队采纳了专家译审的意见，修改如下。

改译二：Placed on the central position of the bottom of the oil tank, the drain outlet is connected by a drainage pipe that can be controlled by a manual valve. The scale board of the oil tank is shaped like a wok so that impurities precipitated over a long time can escape through the drain outlet. (A wok refers to a kind of pan with a concave bottom used for cooking Chinese food.)

本章从语法、修辞、逻辑等角度系统地分析了技术说明书英译过程中常出现的问题，通过列举、分析笔者和团队在翻译项目中遇到的病例，提出了详细的修改意见，以供读者参考。

四、功能目的论指导下技术说明书的翻译

功能目的论给技术说明书的英译提供了理论基础，同时能够提供具体的翻译策略。但是翻译的策略必须根据具体的翻译目的而定，并非一成不变。尤其对于技术说明书的英译来说，达到沟通的目的关系到整个翻译活动的成败。因此，译者在英译技术说明书时必须始终抓住“翻译目的”这根主线，灵活地选取翻译策略。目的论视角下技术说明书的英译策略有四种，分别是直译、意译、增译和减译。

技术说明书中有很大的篇幅是介绍产品或设备的使用方法，主要目的是告诉消费者如何正确地使用产品。同时还包括少量的注释部分，主要是为了提示消费者产品使用中可能出现的问题和危险。在处理这两个部分的英译时，可以采取直译的策略，但前提是译文内容和形式与原文一致时，译文仍然能够完整清晰地传递原文内容，不会影响译文读者的理解。例如：

例一：

原文：用户需将电源引至设备安装地点。电源电压：415V ± 10%，50Hz ± 2Hz；三相五线电源。

译文：Users should lead the power source to the equipment installation site. Power voltage：415V ± 10%，50Hz ± 2Hz；three-phase five-wire power supply.

例二：

原文：用户需提供清洁、干燥、无油的压缩空气，压力0.8MPa，引至设备安装地点。

译文：Users should provide clean，dry，and oil-free compressed air with the pressure of 0.8MPa, and lead it to the equipment installation site.

例三：

原文：依据车间现场的具体情况，需要制作工作平台时，供方将负责提出工作平台的设计要求，由买方负责工作平台的设计及现场制作并承担费用。

译文：According to the specific situations of the workshop site, the supplier is responsible for presenting the design scheme of the operation platform if an operation platform is needed, and the buyer is responsible for the site fabrication of the operating platform and assumes the expenses.

例四：

原文：单击主界面上的【监控】按钮，弹出实时监控界面的用户提示框。选择正确的用户名后点击“OK”进入实时监控界面。

译文：Click the button of 【Monitor】 on the main interface, pop up the user prompt box on the real-time monitoring interface. Select correct user name and click “OK” to access the real-time monitoring interface.

技术说明书一般都包含简介部分，该部分是对产品的综述，包含产品的构成、特征、材质以及产品的优点。通常简介部分在技术说明书开头，对宣传产品起到一定的作用。由于英文读者的阅读习惯和文化背景不同，因此，在翻译的过程中必须做出一定的调整来适应译文读者的阅读习惯、满足译文读者的需求。同时，这也是符合功能目的论视角下的目的原则的。

例五：

原文：上辅机系统是橡胶密炼生产过程中多种原料的输送、贮存、称重配料、投料以及密炼机混炼运行的自动化系统。它广泛应用了现代信息及自动化技术，集成了密炼生产线的过程控制与生产管理，构成了橡胶混炼自动化生产系统。选择我们的产品，可以保证整个橡胶生产过程一帆风顺、有如虹之势，同时绝无安全隐患，无后顾之忧。

译文：Upstream machine system is an automation system for conveying, storing, weighing, feeding, and mixing operation of multiple raw materials during the rubber mixing production process. By using modern information technology and automation and integrating the process control of the mixing production line and its management, the upstream machine system provides the automatic manufacturing system for rubber mixing.The system can make the whole production process work very well and free you from worrying potential risks.

本例中，原文中最后一句提及了本产品的优点，主要目的在于推销产品。“一帆风顺”“有如虹之势”“无后顾之忧”这些词语如果被直译为英文，译文读者很有可能无法理解。因此，根据目的原则，此处应当采取意译的策略。

增译是英译技术说明书时另一种常用的翻译策略。通过在译文中增加单词、短语或句子，来保证译文精确完整地传达原文的信息，防止原文信息因为翻译而出现丢失的现象。技术说明书中一般包括技术参数部分，这一部分主要是由数据、符号等简单的词语组成的。如果在翻译技术参数部分时采用直译的策略，那么很有可能给译文读者造成理解障碍。反之，在原文基础上增加一些解释或者对原文进行一定的补充，译文读者则能够更好地理解原文的信息。这种翻译策略同样是在目的论视角下采用的，因为增译的目的同样是为了让译文读者更好地理解产品的功能和使用方法，激发产品潜在购买者——译文读者购买产品的欲望。

例六：

原文：1 台炭黑电子秤，主要技术参数如下：

最大量程：50kg

静态精度：±0.1%（F.S.）

动态精度：±0.3%（F.S.）

称量时间：<120s

译文：A carbon black electronic scale has the main technical parameters as follows:

Full scale: 50kg

Static accuracy: ±0.1%（F.S.）

Dynamic accuracy: ±0.3%（F.S.）

Weighing duration: <120s

（Supplement: carbon black with the temperature over 290 ℃ must not measured by electronic scale)

技术说明书中“材料特征”部分通常包含在对产品的简介中，有时也会单独出现。这一部分主要是介绍产品是由什么材料制成、使用材料的优点和特征等，汉语原文通常会使用大量的修饰词，在这一点上不符合英语的表达习惯。根据功能目的论，翻译目的决定整个翻译过程。翻译这一部分的目的就是为了激发译文读者购买产品的欲望，因此适应译文读者的阅读习惯很重要。这意味着汉语原文中大量华丽的修饰词、句在英译时可以删除或者在原文的基础上做出一些变化，减译的策略在“材料特征”部分的英译中可行性强。

例七：

原文：阀板轴是以高密度合金为基体，承载力很高，耐磨性很好，润滑性能优异。

译文：Based on the high density alloy, the shaft of the valve plate has excellent bearing capacity, wear resistance and lubricating performance.

原文中，“很高”“很好”“优异”都是在强调材料的优点，可以进行整合，在译文中用一个形容词“excellent”来表达。不仅迎合了译文读者的阅读习惯，而且也使译文更加简洁明了，使得译文读者能够迅速抓住主要信息。

总之，本节中上述提及的翻译策略是技术说明书英译过程中采用频率很高的。凡事无绝对，在英译技术说明书时一定还会有其他的翻译策略可供译者使用。笔者期待在未来的研究中，会有新的翻译策略提出，更加高效地指导技术说明书的英译过程。

五、总结

此次翻译项目使笔者及团队获益良多，总结如下。

第一，通过完成此次翻译项目，笔者深刻理解到翻译理论对于翻译实践的重要性，翻译理论在翻译实践中所起的指导作用是不可替代的。在理论介绍部分，笔者通过总结前人研究成果对功能目的论进行了一定的概述：目的论学派认为，翻译行为（translation action）与翻译（translation）是两个不同的概念。翻译行为具有目的性，是为实现 信息跨文化、跨语言转换而设计的复杂行为，而翻译只是以源语文本为基础的一种翻译行为。

第二，分工合作的重要性。由于项目翻译在时间上的紧迫性，译者必须在限定时间内完成任务、提交译文。这种情况下仅凭借一个译员的努力几乎无法及时完成任务，必须采取分工翻译的方式。而多人分工翻译则会因为不同译者的翻译风格不同造成前后术语不一致、语言风格出现很大差异等问题。此时，团队交换审阅、集体讨论、达成共识是必不可少的步骤。

第三，通读全篇译文的重要性。由于项目翻译的任务量很大，即便最终拟定译文，译稿中出现很多细节问题还是在所难免。此时，团队对译稿进行最后一轮的通读至关重要，能够及时发现译稿中的细节问题，最大程度上对客户负责。

第四，项目团队中专业人士的作用和责

献不可低估。笔者及团队在此次翻译项目中，咨询了几位研究方向为机械自动化的硕士研究生。几位专业人士的背景知识和专业素养对笔者及团队正确理解原文起到了极其关键的作用。技术说明书的翻译不同于文学翻译，其涉及的专业领域知识晦涩难懂，如果团队中没有专业背景人士的协助，译员很难高质量地完成翻译。

由于笔者时间、精力有限，本文还有很多的局限和不足之处。全文使用有限量的例证，采取定性的分析方法，剖析了技术说明书翻译中出现的一些问题，只分析了汉译英的过程，而未能花费笔墨分析该类文本英译汉的过程。尽管本文给技术说明书的英译提供了灵活的理论框架，但是文中所提出的翻译原则和具体翻译策略未必能够应付技术说明书英译中出现的一切情况，对技术说明书的英译过程还需进一步的研究和探索。具体说来，对技术说明书英译的研究应该更加深入、更加全面，既需要采取定性的研究方法，又需要引入定量的研究方法。总之，进一步研究技术说明书英译的目的在于提高译者在翻译该类文本时的实践能力，提高技术说明书英译本的质量。

参考文献：

[1] CHRISTIANE NORD. Translating as a purposeful activity: functionalist approaches explained [M] Shanghai: Shanghai Foreign Language Education Press, 2001.

[2] HANS J VERMEER. Pre-suppositions for a theory of translation, Heidelberg, 1986.

[3] KATHARINA REISS. Possibilities and limitations in translation criticism [M]. Manchester: St Jerome Pub., 1971.

[4] KATHARINA REISS. Translation criticism: potential and limitation [M]. Shanghai: Shanghai Foreign Language Education Press, 2004.

[5] PETER NEWMARK. A textbook of translation [M]. Shanghai: Shanghai Foreign Language Education Press, 2001.

[6] PETER NEWMARK. Approaches to dranslation [M]. Shanghai: Shanghai Foreign Language Education Press, 2001.

[7] CHRISTIANE NORD. 译有所为 [M]. 北京：外语教学与研究出版社，2005.

《游园惊梦》英译文中叙事构建策略的应用

李昕亚

【摘　要】《游园惊梦》是台湾作家白先勇短篇小说的代表作之一，以钱夫人蓝田玉的游园宴会为线索，演绎了今昔对比的主题。小说利用不同的叙事角度，将传统戏曲《牡丹亭》的情节、戏文与蓝田玉的思绪相结合，个性化的人物对白、暗示性的人物姓名以及和蓝田玉情绪起伏相辅相成的曲牌、唱词都是小说英译中的重点。本文拟采用蒙娜·贝克（Mona Baker）翻译研究的叙事理论对其英译文进行评析，重点关注译者在译文中叙事构建策略的运用。

【关键词】框架构建；叙事策略；翻译意图

【Abstract】*Wandering in the Garden*, *Waking from a Dream*, one of the masterpiece of Taiwanese writer Pai Hsien-yung's short stories, captures Ms. Qian's intense mentality changes experienced in the party as the glimpse of the sharp contrast of the past and present. Adopting different narrative points of view, the story integrates the plot of a traditional Chinese opera *The Peony Pavilion*, lines of this opera and Ms. Qian's thoughts artfully. The personalized dialogue, suggestive name of characters and Ms. Qian's emotional ups and downs and lyrics are among the priorities of this translation activity. This paper,under the theoretical framework outlined by Mona Baker, approaches this translated piece from the perspective of narrative framing, focusing on applications of narrative framing strategies.

【Key Words】frame construction; narrative framing strategies; intention of the translator

一、引言

台湾作家白先勇自台湾大学外文系毕业后入美国爱荷华创作班学习，获文学创作硕士。他从20世纪50年代末期开始从事文学创作活动，发表了第一篇短篇小说《金大奶奶》。至1979年发表《夜曲》，他前后共发表30多篇短篇小说。1971年《台北人》集白先勇60年代创作的数篇短篇小说，获得了成功①。本文选取了广西师范大学出版的汉英对照版本《台北人》中最具有代表意义的作品《游园惊梦》作为研究对象，拟采用蒙娜·贝克的翻译研究的叙事理论对其英译文进行评析，重点关注译者在译文中使用的叙事构建策略及其对译者翻译意图的影响。

①关于《台北人》的介绍，详见 http://baike.baidu.com/link?url=tdyFQh0yPno42Kh2UOLe65nmW8-K5BKfzuButWobeX9_CNbOmxDUXnwoeUfPU-C5KwHgV4CzYlUAWMetkKxMba。

二、《台北人》的英译研究

1982 年，美国印第安纳大学出版了《台北人》英文版，由白先勇与叶佩霞翻译，著名翻译家乔志高编辑校对，历时五载，使《台北人》中的故事渡过了两种文字播迁的风险，以“世界性的语言”呈现，以英文固有的音调、色彩和辞藻，表现出了汉语原文的艺术（转引自白先勇，2013：3–33）。在这“人心的自我挣扎”的历史中，《游园惊梦》在许多方面都代表着白先勇的创作风格和艺术力量。这篇小说既借鉴了西方创作手法，又以传统的中国生活与文化为依托，语言“多样、富有象征、意象和典故”（转引自白先勇，2013：13、23）。

由于作者白先勇本人也参与了《台北人》的英译活动，学界对其英译本的研究多集中在自译范畴，如许钧（2001）在《文字转换与文化的播迁》中介绍了《台北人》译者和编者对该英译活动的思考和总结。吴波（2004）在《从自译看译者任务的研究》中指出译者应亲自介入翻译并在一定程度上对原作进行重构，使原作的生命得以延续、促成原文和译文、源语文化和译语文化之间的对话。朱婧（2012）在《文学自译与翻译伦理研究》中提出译者—读者之间的伦理关系，为了赢得更多读者，自译者首先会遵循基于规范的伦理。刘晓峰、马会娟（2016）在《译者惯习对译文构建的研究》中印证了该翻译文本是白先勇的文学惯习和翻译惯习协同《台北人》译者群体惯习的“结构化”等。探查《台北人》翻译活动中叙事构建策略的使用的讨论还是空白。

三、翻译研究的叙事学视角

近年来，翻译活动的跨学科研究成为新的研究热点，研究者从社会学、跨文化交流、社会语言学和心理语言学等多学科视角探讨翻译行为。其中以叙事学理论为研究工具的尝试为翻译研究提供了新的视角。

郑敏宇（2001）在《小说翻译研究的叙事学视角》中指出叙事类型的对等转换是小说翻译成功与否的关键，译者应把握原文作者的叙事技巧，即小说的叙述结构安排。黄海军（2008）在《叙事视角下的翻译研究》中指出蒙娜·贝克通过框架设定理论把叙事与翻译联系起来。翻译本身可以被视为一种“框架设定”，译者通过叙事和话语，影响政治、权力、和平与冲突之间的关系，作者以鸦片战争后和五四运动前的西方政治思想作品与文学翻译为例，总结了译者通过翻译参与传播和影响叙事的四个主要策略，从而改变源语叙事中读者、事件和参与者的关系。黄海军、高路（2011）在《翻译研究的叙事学视角—— 以林语堂译本为例》中分析了林语堂采用“时空框架设定”的手法，采用时空转换的大框架来选择和翻译中国传奇的大手笔和叙事策略。王心洁、陈曦（2011）在《“限知视角”与小说的翻译创作——以〈草原日出〉和〈喜福会〉的翻译为例》中指出小说翻译会对小说的叙事进行操控性的重写。由于不同的视角会传达出不同的美学信息或主题意图，引发不同的情感反应，因此译者需要充分重视原小说中易于混淆的“限知视角”，尽量减少翻译过程中的视角偏差。

综上可知，研究者从叙事类型、叙事视角和译者影响叙事的策略三个方面进行探讨，前两者借助的是文学理论叙事学的微观方法和研究工具，后者将翻译活动嵌入更广的社会活动中去，但研究多缺乏明确的文本分析的支持，表述过于泛化。

本文主要以蒙娜·贝克提出的译者用于调节原文文本叙述的四种策略：时空建构（temporal and spatial framing）、文本素材的选择性采用（selective appropriation of textual material）、标示式建构（framing by labeling）及人物事件的再定位（repositioning of participants）为出发点，探讨译者在《游园惊梦》的翻译过程中是否采用了上述策略及其在重构空间、时间，叙述中的人物关系、读者和叙述者的关系、读者和译者的关系等方面的作用。

四、译者影响《游园惊梦》英译文的四种策略

小说《游园惊梦》将“人生如梦”作为最终主题，以钱夫人蓝田玉到窦夫人家游园为主线，呈现了《牡丹亭》之梦和境遇今非昔比，最终传达对过去生活的怀恋与追忆，对故国心理情感的眷念和对故旧文化传统的依恋（转引自白先勇，2013:13）。

贝克认为“建构”是一种人们有意识用以构建现实的积极的策略（贝克，2006：106）。同一事件可以以不同的方式建构，从而产生“建构的模糊性”。在翻译中，这一模糊性往往被消解或掩盖（ibid: 108）。在着重阐述叙述的八个核心特征，即时空性、关联性、情节性、选择性、个别性、类属性、规范性和累积性（张美芳、钱宏，2007: 317）的基础上，贝克提出译者往往通过以下四种策略建构叙事与出版社、编辑和其他机构强调、削弱或修改原文叙事中的某些方面（贝克，2006：105）。

（一）时空建构

译者在一定的建构空间内的活动是可接受的，但一旦超越其构建空间，其行为就认为是不可接受的。孔慧怡（2000：101）就指出译序中的种种说明是在文本以外干预读者反应的一种翻译现象。译者往往可以通过在译者序中表述翻译过程中的难点、处理办法及原因进行积极叙事，“表示自身的翻译活动仍有意留在规约的框架空间内”（ibid：110）。

谈及《台北人》翻译过程中对语言的追求，白先勇回忆到“叶佩霞有个理论，汤显祖和莎士比亚是同时代人，要用类似莎士比亚的句法来译我在《游园惊梦》中涉及‘牡丹亭’的内容”（许钧，2001：59）。在《台北人》这本短篇小说集中，编者乔志高就指出，“巧于用典”和“故事中生动鲜活”的语言是英译过程中的两大难点。对此，他们采取的办法不是“努力两边配对”，因为那样“可能已经减损了读者读的是一个中国故事的感觉”（转引自白先勇，2013：17）。合译者叶佩霞也明确表明，“把这本书的中文原文尽量搬到英文这边来”（ibid：29）。就《台北人》英译文的整体翻译行为，乔志高指出，“译者采取了既大胆又具弹性的译法来设法重现故事中生动鲜活的语言。他们尽可能保留中文里的惯用法，同时也采用美国口语，甚至俚语来传达原文的精神”（ibid：17）。此外，就译本的读者群，香港中文大学出版社《台北人》汉英对照版的序言中写道“一本汉英对照的书可供三种不同的读者阅读：一种是只懂汉文的；还有一种是只懂英文的；第三种，无疑是最大的一群，就是汉英文都通的读者。他们不但要读小说，而且要看看这些故事是怎样渡过两种文字播迁的风险的”（ibid：5）。

以上表述勾勒出译者在翻译过程中面对两种文字播迁的风险做出的思考和选择，是译者和编者翻译意图的集中体现。虽然这是对《台北人》全书英译做出的思考和选择，但也同样适用于对其代表作《游园惊梦》的翻译活动。我们不难看出，著者白先勇、编辑乔志高和合译者叶佩霞选择现代美语作为再叙事的语言，试采用莎士比亚时代的语言再现汤显祖《牡丹亭》的意蕴。译者正是选择了特定的叙事文本，将其置于一种与原文

本叙事完全不同的时空框架内，对叙事加以强调，跨越时空的流转、社会的变迁，以期叙述源文本中那些正在远去的中国人的生活方式，能与我们当代的英语读者有关的叙事产生某种联系，形成译者与读者对话的基础，正如乔志高所言“如果我们要以英文作为这些角色的表达媒介，自然得让他们自由自在地使用英文里的惯用语和独特的表达方式”（ibid：17）。

（二）文本素材的选择性采用

贝克认为“文本素材的选择性采用体现在省略和增加上，以期强调或详述嵌入在原文中叙事或原文所属的更大的叙事的某些方面（贝克，2006：114）。做出的删减或增加会对目标语读者的个人叙事以及译语环境下的公共叙事产生影响。“写实的笔调、古典的意境和地道的民族语言”是余秋雨对白先勇作品的概括（余秋雨，1991）。《游园惊梦》中对桂枝香宴会的陈设做了细致入微的描述，透出传统的气韵。

例 1. 右半边八张紫檀椅子团团围着一张嵌纹石桌面的八仙桌……中间缺口处却高高竖了一档乌木架流云蝙蝠镶云母片的屏风。

To the right, surrounded by eight sandalwood chairs, was an Eight-Immortals table... In the alcove stood a towering ebony screen with an inlaid-mica design of bats and drifting clouds.（白先勇，2013: 446-447）

这是钱夫人蓝田玉对窦公馆陈设的描述。其中的“八仙桌”和“流云蝙蝠”都有其特定的文化内涵。“流云百福”以蝙蝠与云纹为伍，“云”意“绵延不断”，形似“如意”，象征幸福如意[①]。但在这里，译者选择将字面意义表述出来，并没有采用其他手段补充上述信息。翻看《游园惊梦》英译文文末，不难发现译者花了大量的篇幅对昆曲、昆曲《牡丹亭》及文中提及的部分戏曲人物和乐器进行了注解，几乎没有其他文化信息类注释。

这一选择性注释行为将读者的注意力集中到昆曲及《牡丹亭》剧情和曲牌的叙事上，引领读者进一步理解昆曲以及昆曲在小说中的象征意义，强化了关于昆曲的叙事。这与白先勇本人对昆曲的喜爱和因昆曲式微而创作《游园惊梦》的初衷不无关系，因为“昆曲使白先勇深切感受到：中国人的音乐韵律、舞蹈精髓、文学诗性和心灵境界，尽在昆曲之中。昆曲在某种意义上，成了白先勇文化精神和美学理想的艺术寄托”（赏心：序）。

（三）标示式建构

贝克认为“标示”即“使用他性物品、词汇或词组指示叙事中一个人、地方、群体、事件或其他重要元素”（贝克，2006:122）。这种阐释性的框架建构，引领或限制译语读者对叙事文本的反应。

例 2. 难怪桂枝香老叹息说：是亲妹子才专拣自己的姐姐往脚下踹呢！

No wonder every now and then Cassia would sign: It’s always your own younger sister, your flesh and blood, who’ll do you in！（白先勇，2013：451-453）

这里译者明显增译了 your flesh and blood，进一步强化了亲妹妹不端行为的叙事，也是向译语叙事表述方式靠近的一个体现。

小说中多次涉及对昆曲艺人的褒奖，如：

例 3. 这位徐经理太太也是个昆曲行家呢！

Mrs. Hsu here is a Queen of K’unshan opera.（ibid: 454-455）

例 4. 她的做工还是在的，到底不愧是“青衣祭酒”，把个宓妃和曹子建两个人那段情

①关于“流云蝙蝠”的解释，详见 http://www.92to.com/wenhua/2016/04-21/3545781.html。

意，演得细腻到了十分。

She's still got her acting. No wonder they called her 'Peerless in the ch'ing-i roles.(ibid: 460-461)

青衣，指青衣旦。传统戏曲角色行当。主要扮演性格刚烈、举止端庄的青年或中年女性。表演上着重唱功。因所扮人物大都穿青素褶子而得名。古礼，祭祀宴飨时，由最年长者举酒以祭于地，故祭酒为尊称。后以此泛指文坛、艺坛首脑人物。青衣祭酒，喻指青衣行当之成就最高者①。

参看文末注解就会发现，译者对青衣进行了注释，略去了"祭酒"的文化意义，将其明晰化、简单化。

例 5. 钱夫人可是戏里的通天教主，我看你趁早别在这儿班门弄斧了。

Madame Ch'ien is the All-Knowing First Lady of opera. If I were you, I'd stop sounding off in front of a real pro. （ibid，2013: 460-461 ）

梨园界的"通天教主"指的是京剧老前辈王瑶卿 。这里作者采用了戏曲界的褒称，显示了钱夫人蓝田玉的地位。

例 6. 昆曲台柱来给我们唱《游园》了，回头再请另外一位昆曲皇后梅派正宗传人——钱夫人来接唱《惊梦》。

The Queen of K'unshan opera will now sing 'Wandering in the Garden' for us; then we'll ask Madame Ch'ien, the Goddess of K'unshan opera, to follow with 'Waking from a Dream.' （ ibid :480-481 ）

这里的译文与前文有重叠之处，译者在翻译"昆曲皇后"时并没有采用字面对应的译法，反而是为了避免重复使用了较为西式的表达 the Goddess of K'unshan opera，同时还省略了"梅派正宗传人"这一称呼。

综上，译者对原作者对昆曲艺人褒奖称呼，几乎放弃了原文的叙事方式，做了简明化处理。

此外本篇英译文中人名的翻译手法也值得注意。"蓝田之玉是中国神话中最美最贵的玉石，李商隐就有一句诗曰：蓝田日暖玉生烟。其他月月红、天辣椒等艺名，亦有暗示性：月月红即月季花，每月开，贱花也。天辣椒，影射蒋碧月之泼辣性格"（欧阳子，2014）。在谈及人物姓名、重要地名的翻译时，乔志高提出 "在全书中我们对人名、地名有时仅采音译，有时力求其生动和表达含义"（ibid：19）。其中在对主要人物蓝田玉、桂枝香、月月红和天辣椒名字的处理上就力求传递原叙事中的意义，分别译为 Blue Jade，Fragrant Cassia，Red Red Rose 和 the Heavenly Pepper。这样的处理使译文的叙事更中国故事化。

（四）人物事件的再定位

翻译中译者可以通过"对时间、空间、指示、方言、语域、使用称谓和其他身份手段的语言控制"重新调整读者与作者、读者与译者的关系（贝克，2006：132-133）。"白先勇的小说，几乎全以人物为中心，故事也总跟着人物跑"（欧阳子，2000:175）。他的文学语言是"对中国古典文学语言和现实生活中语言的汲取和提炼，洋溢着中国气派"（清明，1982:340）。

例 7. 现在窦瑞生的官大了，桂枝香也扶了正，难为她熬了这些年，到底给她熬出了头了。

He's big in the government now, of course, and Fragrant Cassia has risen to be the official Madame Tou. You had to give her credit: she had sweated out all those years; now, at last, she could hold her head high.（ 白先勇，2013:

①关于"青衣祭酒"和"通天教主"的解释，详见百度百科青衣旦、祭酒、通天教主条目。

442–443）

例 8. 锣鼓笙箫都是全的，他们还巴望着你上去显两手呢。

And they all expect you to get up there and show your stuff.（ibid：444–445）

例 9. 她明白她的身份，她也珍惜她的身份。跟了钱鹏志那十几年，筵前酒后，哪次她不是捏着一把冷汗，任是多大的场面，总是应付得妥妥帖帖的？

She understood her position, and she guarded it jealously. In dozen or so years she was Ch'ien P'eng - chih's helpmate, she always handled banquets and such as if she were walking on eggs, smoothly, perfectly, no matter how great the occasion.（ibid：464–466）

例 10. 难道她还能怨钱鹏志吗？是她自己心甘情愿的。

After all, how could she possibly lay the blame on him? She had entered the thing with her eyes open.（ibid :466–467）

例 11. 逞够了强，捡够了便宜，还要赶着说风凉话。

She's practically stolen the whole show, made off with all the prizes, and here she's handling me the sweet talk.（ibid :472–475）

例 12. "我看我们碧月今晚真的醉了！"

I think our Pi–yueh is as high as a kite tonight.（ibid :480–481）

从以上几个例子我们不难看出，译者使用了美语中的俚语来试图传递这些名伶的语言特点，虽然也传递了原文的意蕴，但从语域上来看，与原文的语域特征还是有一定的出入。值得注意的是，例 8～例 11 中英译文几乎完全抛弃了原文的叙事形式，自成一体。其中"她也珍惜她的身份"译为"she guarded it jealously"是译者的一种阐释，增译 jealously 一词表达了译者的叙事态度。

此外译者在译文的排版处理上，有意将蓝田玉的思绪独白做斜体处理，以区分故事情节发展本身，提示译语读者这是西方读者并不陌生的"意识流"写法，调整了原作者与读者的关系，强化了这一叙事手法。

五、结语

翻译是一种借助各种框架设定，采取不同的翻译策略来达到一定的翻译目的的活动。在翻译及叙事的理论框架下，译者在翻译过程中的参与性和能动性得到了最大的体现。从以上对译者的四种叙述构建策略的分析中，我们不难发现，较之面面俱到地解释中国文化意象，译者更看重译文的可读性。他们对文本进行了选择性地注释，突出了《游园惊梦》以戏点题的叙事特征，再现了作者对昆曲式微、传统文化衰落的关切的叙事态度。

参考文献：

[1] BAKER MONA. Translation and conflict: A narrative account [M]. United Kingdom: Routledge, 2006.

[2] 白先勇 . 台北人 [M]. 桂林：广西师范大学出版社，2013.

[3] 黄海军 . 叙事视角下的翻译研究 [J]. 外语教学与研究，2008（7）：56-59.

[4] 黄海军、高路 . 翻译研究的叙事学视角 —— 以林语堂译本为例 [J]. 西安外国语大学学报，2011（4）：90-94.

[5] 黄忠廉 . 小说全译的宏观探索 ——《叙事类型视角下的小说翻译研究》读后 [J]. 西安外国语大学学报，2007（4）：96-97.

[6] 孔慧怡 . 还以背景、还以公道 // 王宏志 . 翻译与创作 —— 中国近代翻译小说论 [C]. 北京：北京大学出版社，2000.

[7] 刘晓峰、马会娟 . 论白先勇惯习的形成及其对《台北人》英译的建构 [J]. 语言与翻译，2016（1）：60-66.

[8] 欧阳子 .《谪仙记》序 // 白先勇 . 台北人 [M]. 北京：作家出版社，2000：174-179.

[9] 欧阳子 .《游园惊梦》的写作技巧和引申含义 http://www.kanunu8.com/book3/8271/183366.html

[10] 清明 . 白先勇的小说技巧 // 白先勇 . 白先勇短篇小说选 [M]. 福建：福建人民出版社，1982:334-341.

[11] 赏心 .《白先勇说昆曲》序 [Z]. http://www.kanunu8.com/book3/7338/154113.html

[12] 王心洁、陈曦 . “限知视角”与小说的翻译创作 —— 以《草原日出》和《喜福会》的翻译为例 [J]. 华南师范大学学报， 2011（6）：148-152.

[13] 朱婧 . “跳戴镣铐的舞” —— 以《台北人》为例看文学自译与翻译伦理[J]. 作家杂志，2012（12）：177-178.

[14] 吴波 . 从自译看译者的任务 —— 以《台北人》的翻译为个案 [J]. 山东外语教学，2004（6）：65-68.

[15] 许钧 . 文字的转换与文化的播迁 —— 白先勇等谈《台北人》的英译 [J]. 中国翻译，2001（6）：58-60.

[16] 张美芳、钱宏 .《翻译与冲突 —— 叙述性阐释》评介 [J]. 外语教学与研究，2007(4)：317-320.

[17] 余秋雨 . 世纪性的文化乡愁《台北人》出版二十年重新评 . https://www.amazon.cn/ 台北人 - 白先勇 /dp/B00QWWC8P0/ref=sr_1_1?ie=UTF8&qid=1472988627&sr=8-1&keywords=%E5%8F%B0%E5%8C%97%E4%BA%BA

[18] 郑敏宇 . 小说翻译研究的叙事学视角 [J]. 外语研究，2001（3）：65-72.

从中法意识形态差异看法语商务翻译

王馨颐

【摘 要】随着中国经济的快速增长，法国企业与我国的商务往来日趋频繁，两国国家元首的互访使中法两国的经贸合作又展现出了新的前景。本文从“意识形态”视角，试图深入挖掘中法两个民族差异表象下的历史、社会根源，旨在分析法语翻译人员在商务翻译活动中的角色与定位，进而认识差异客观性，消除交际障碍，促进双方互相理解、互相沟通，保证商务活动顺利进行，实现互惠互利。

【关键词】意识形态；差异；商务翻译；法语；经贸合作

【Abstract】With the rapid development of China's economy, business interactions between Chinese and French companies have become more and more frequent. President Hollande's and President Xi Jinping's visits have created splendid outlook and prospects between China and France cooperation of economy and trade. From the perspective of "ideology", this paper is with the intention to explore the historical and social origins under the surface of difference of both Chinese and French nations, by analyzing the roles and orientation of French interpreters during Sino-French business activities. Furthermore, in this paper, the objectivity of difference is acknowledged, as a result of which communication barrier will thus be broken and mutual understanding and mutual communication will be promoted, so that the smoothness of business activities is guaranteed and the reciprocal and mutual benefit is realized.

【Key Words】ideology; difference; business interpretation; French; cooperation of economy and trade

一、意识形态差异

意识形态，即社会意识形态，也称观念形态，指在一定的经济基础上形成的对于世界和社会的系统的看法和见解，包括政治、法律、艺术、宗教、哲学、道德等思想观点。杰里米·芒迪所著的《翻译学导论——理论与实践》一书，将意识形态表述为“一种具有形式和规范的格架，支配着我们行为和信仰的格架”。翻译这门学科发展到今天，已经跳出了两种语言间“字对字”等值转换的这一局限，更多地考虑到语境、文化、历史、传统等因素的影响。随着中国经济的快速增长和经济全球化的迅猛发展，我国和世界各国的商务交流和合作日趋频繁。法国是最早与中国建立外交关系的国家，尤其近些年来，越来越多的法资企业看好在华投资、建厂的前景，纷纷开展了与中国的商务往来，如：落户天津滨海新区的空客 A320 总装线。因此，法语译员的需求与日俱增，而且，准确无误地传达双方的意图，成为保证商务活动顺利进行的重中之重。正确把握作为语言最基本载体的语法和词汇，这仅是对商务翻译工作最简单的要求，捕捉双方表达风格、行为习惯的差异，并适当有效地处理再输出，才是翻译活动中不容忽视的任务。中法两国商务人员所表现出的差异性，归根结底是中法两个民族意识形态的差异。

笔者试从以下三个主要方面来分析存在于中法这两个民族之间的意识形态差异。

（一）社会制度

中国的历史决定了必须把马克思主义基本原理和中国具体实际结合起来走社会主义道路。社会主义主要是在公有制的基础上发展生产的。而法国属于西方资本主义国家，影响力波及整个欧洲的法国大革命摧毁了法国的封建统治，为法国的资本主义发展扫清了障碍。这种以资本为主体的制度是尊重资本和财产为私人所有，私有制是资本主义最主要的内容。不同的社会体制就有不同的分配关系，长期以来，中国人更讲求“集体”观念，求“和”、求“同”成为人们思想中默认的处世之道，也是核心价值观。“个体”的特质被法兰西民族所推崇，他们更强调个人观点的阐释和自我意识的体现。“自由”、“平等”“博爱”这三个词语经常被用来形容法国，并且现在已经作为法国精神的代表，“自由”一词被置于首位，可见，在法国人民的心目中它何其重要。法国大革命纲领性文件《人权宣言》将它定义为——自由即有权做一切无害于他人的任何事情，界定了“我”与“他人”之间的关系，同时在一定范围之内，给予了“我”很大程度上的认可和肯定。

在商务谈判的过程中，这种“集体”与“个人”的差别，在决策权上，就特别鲜明地显现出来。中国的商务代表团极少集中赋予一个人独立的重大问题决策权力，一般需要共同讨论，再向上级领导汇报，严格遵守上级下达的指示。虽然此种方式有不够灵活，反馈时间长、速度慢等缺点，但大大降低了个人承担的责任风险。法国实行个人负责制，相信个人角色和力量。由于政府和社会都比较重视教育质量和文化素养，法国人大多知识丰富，而且个性突出，在自己的岗位上独当一面，关键时刻，咄咄逼人，不轻易让步。中法人员称谓次序的差别是法国个人主义另一个极好的佐证。通常，介绍双方代表团成员的身份、职位是必不可少的环节。中方习惯先冠以头衔职务，再报出姓名；而法方却恰好相反，先名字，后职务。例如，“让我给您介绍一下，这位是我们公司的经理罗先生。”一句的正确的译法应该是：Permettez-moi de vous présenter Monsieur Luo, directeur de notre société . 作为翻译，应该特别注意到像这样的细节，加以调整，尽量使双方感到合理、自然、不生硬、不突兀，以不影响谈判的效果，协助合作顺利达成。

（二）宗教信仰

在这里，宗教作为一个意识形态的重要方面被提出，是因为它在全世界拥有大量信徒，而且成为吸引或制约信徒的生活准则和伦理道德。儒教、印度教、佛教、基督教、伊斯兰教是五大世界性宗教。儒教在中国被认为是一种哲学思想，它的创始人是大名鼎鼎的“孔夫子”。虽然，佛教才是中国人信奉的第一宗教，儒教仅仅是一种“道”和“理”，是凡人的道理和规范，不需要像佛教那样对“佛”“菩萨”代表的神仙顶礼膜拜，但是，它是针对上层建筑的规则，关乎政治制度和社会礼仪，对中国人的思想导向具有普遍性。做人处事恭敬虔诚，彬彬有礼，言行恰到好处，讲孝道，都是儒教的美德标准。法国的宗教面临多样化的现状，遵从政教分离原则，但法国人大部分信仰天主教，相信天主三位一体：圣父在天，至高无上，主宰一切；圣子耶稣基督，降临人间，拯救世人的苦难；圣神启迪人类智慧，让人弃恶从善。法国启蒙思想家孟德斯鸠青年时代也曾在教会学校读书，当时法国社会受到罗马教廷的掌控，法国大革命的爆发震撼了整个天主教世界。现在，法国人仍然非常忌讳“13”这个数字和“星期五”，害怕由此引发灾祸。

一贯把儒家思想看作行动准则的中国人，说话方式委婉，不够直接。比如我们爱说“您辛苦了”，以表示对对方的感谢、慰问或者鼓励，但决不能译成“Vous êtes fatigué.”，而要根据不同的场合和情景，找出恰当的译法，否则，法国人根本无法理解其中的含义。再比如中国人常说“小小礼物，不成敬意”，也是一种过谦的表达方式，如果翻译不当，也可能埋没了礼物的真正价值，更糟的情况是让法方觉得没有得到应有的尊敬，引起双方的不悦。所以，这个句子，我们可以考虑忽略“不成敬意”，将其译为：C’est un cadeau pour vous. 法国是带薪假期最多的国家，其中有6个宗教节日：复活节、耶稣升天节、圣灵降临节、圣母升天节、万圣节、圣诞节。另外还有“过桥日”，就是说当假期在周二或周四时，周一或周五也不需要工作，这一天的作用是“faire le pont（过桥）”，和周末连接在一起，构成一个小长假。东南亚国家对额外的工作时间——加班习以为常，法国与之不同，决不在工作以外的休息时间谈论任何涉及工作上的事情，否则，会大大地影响情绪。

（三）文化习俗

中国五千年的历史，文化源远流长，四大文明古国，只有中国文化作为文化主体保留至今。文字、绘画、雕刻、建筑等艺术形式多样，且技艺精湛，享誉世界。中国延续了过传统节日的习俗，春节、元宵节、清明节、端午节、中秋节…… 每一个节日都有各自特有的庆祝活动并伴有代表性的食物。众所周知，法国是个浪漫的国家，法国人十分重视生活的质量，周末和假期的休闲活动丰富多彩，咖啡馆、电影院、剧院、音乐厅和阅览室都是他们经常出入的场所，外出旅行更是绝大多数法国人偏爱的度假方式，夏天在海边日光浴，冬天到山里滑雪，春秋去乡下远足。经济条件比较宽裕的家庭都会在市郊购置第二套住宅。法国人喜好读书，在地铁或公车上，捧书阅读的人比比皆是。能和法国厨艺相提并论的恐怕只有中国烹调，和中国菜一样，法国大餐享誉世界，中式菜肴色、香、味俱全，法式菜品营养丰富，精美雅致。法国人巧妙地将时尚产业推向了国际市场，巴黎被冠以“时尚之都”的美称，奢侈品品牌早已被概念化，成为经济的重要支柱。

邀请来家里共进晚餐是法国招待贵客的方式，一般由女主人亲自下厨。中国人到别人家里做客比约定的时间要提早一些到达，以显示出对主人的尊敬和重视；而法国的礼仪却不是这样，法国人通常会迟一些，因为考虑到没到约定时刻，主人可能还没有做好准备，而且更多是为了给女主人留出充裕的化妆和换衣时间。但是，法国人也确实是出了名的爱迟到，如果遇到商务会谈等场合，对方姗姗来迟，中方不用大惊小怪，或者质疑对方的诚意，爱迟到已经成为法兰西民族的一个特性。法国人喜欢葡萄酒和香槟。中文里凡是含有酒精的饮料，都称作“酒”，但译成法语时不能一律译作“vin”，按照法语叫法，酒大致分三类：vin（经发酵制成的葡萄酒）、eau-de-vie 或称 alcool（经蒸馏制成的烧酒）、liqueur（烧酒加糖、香料制成的利口酒）。伊迪斯·华顿曾说过：“到底什么是法国品味？当然，每个人都深谙其道！它就在法国女人的举手投足间，就在装潢商精心设计的窗帘褶皱里。”法国人追求生活情调和细节，精美的餐具、优雅的环境、时尚的服饰，这一切早已渗透在法国人的血液里。与法国人交往，无论公事上还是私下里，要特别注意仪表整洁。法国人很健谈，大至社会现象，小到日常琐事，再加上法语语速十分之快，总是给人留下侃侃而谈的印象。而且他们还颇具幽默感，所以不喜欢死板、沉默的人。好的译员不仅是语言翻译，也是商务代表团的“助理”，有责任在双方接洽之初，讲解一些对方的文化习惯，以便做到知己知彼。

二、商务翻译

“翻译”一词所指代的意义，既可以是一种语言活动，也可以是实施这种语言活动的人员角色。要想消除由意识形态差异所产生的交流障碍，商务翻译工作者应该训练自身过硬的语言功底，培养良好的文化素养，掌握适当的交际尺度。

（一）过硬的语言功底

商务法语作为“专门用途法语”的分支，和“通用法语”相比，有着独特的语言特征，专业词汇和有关领域的业务知识是其不可或缺的要素。一切与商业活动有关的法语都是商务法语的使用范畴，如金融、外贸、经济、管理、银行、法律等。过硬的语言功底，是译员必须具备的基本条件，商务翻译对译员专业素质的要求上升到一个更高的层次。因此，在日常生活中对语言的勤奋操练不容忽视，除此之外，译员还要及时不断补充商务方面的知识和练习，清楚地辨析某些单词和短语衍生出的不同含义，如bilan总结、小结，但在财会术语中的意思是资产负债表。熟能生巧，翻译是一个考验心理素质的行业，只有基础扎实，才能做到心中有数，不会现场紧张慌乱。

（二）良好的文化素养

意识形态差异的把握，具体到实践中，是两国文化差异和人民性格差异的把握。中法商务往来其实也是一种跨文化交际，之所以得到很多学者的关注，是因为它对两国经济的发展起着重要作用。翻译人员从某种角度来说，必须是一个博学的人，语言是一切人类文明与文化的载体，仅就商务法语译员来讲，应该是一位研究法国的专家。当今是信息爆炸的时代，报纸、电视、互联网等媒体使我们非常方便地可以搜索到想得到的素材，是我们了解法国文化的窗口。旅行作为首选的度假方式被越来越多的国人所接受，国外进修机会增多，为法语从业人员和学习者到法国去接触地道的、原汁原味的法语和体会当地的风土人情提供了优越的条件。提高自身的文化素养，是商务翻译责无旁贷的义务。不闹笑话，不出错，是商务翻译职责所在，因为即使一些细小的错误，也可能导致经济上的损失。

（三）适当的交际尺度

译员的角色相当于是“中间人”，或者说是一个“媒介”，虽然位置十分重要，但毕竟不是商务活动的主体。实际上，他是为双方提供工作上的服务，万万不可喧宾夺主，协调好双方文化和价值观差异，建立融洽的氛围，口齿清楚，发音准确，使用适度的肢体语言，都是一个好的翻译人员理应达到的标准。有些情况，译员还要对讲话人所讲的内容进行增补和删减，比如：中国人善用一系列客套之词作为开场白，一句“Je vous souhaite la bienvenue.（欢迎您）”，就已经符合法国的礼仪了；但是，如果邀请法国代表团成员品尝一种中国特色传统食品，译员除了翻译食品的名称之外，最好再详细解释一下用料、做法和它背后的故事，让外宾吃得放心，同时了解了中国的民俗。总之，译员就是架在两国商务人士之间的一座桥梁，保证他们之间顺畅的沟通和愉快的合作。

三、结语

目前，从“跨文化”角度对商务翻译进行探讨所做的研究比较多，本文采用“意识形态”视角，试图更深入地挖掘中法两国差异表象下的历史、社会根源。

对意识形态差异的认知，是为了增强自信心，克服交流中的恐惧，理性地认识差异存在的客观性。两国国家元首的互访使中法两国的经贸合作展现出新的前景。法语商务翻译在促进彼此互相理解、互相沟通，实现利益双赢的过程中扮演着举足轻重的角色。商务法语译员应看准时代机遇，凭借坚实的语言基础和娴熟的业务技能，高标准、严要求，令双方满意地完成涉外工作。

参考文献：

[1] 杰里米·芒迪．翻译学导论——理论与实践[M]. 李德凤，等，译．北京：商务印书馆，2007.

[2] 马克思·韦伯．儒教与道教[M]. 悦文，译．西安：陕西师范大学出版总社有限公司，2010.

[3] 钱林森．光自东方来[M]. 银川：宁夏人民出版社，2004.

[4] 斯科特·海涅．优雅法国[M]. 洪娜，译．长春：长春出版社，2012.

[5] 王福祥，汪昌宁．商务法语[M]. 上海：上海科学技术文献出版社，2010.

[6] 吴瑕．从释义理论翻译程序看法语商务口译中译者角色[J]. 铜仁学院学报，2010，12(5).

中医古籍英译事业助力中国梦

魏颖

【摘　要】中医药文化是中国传统文化的重要组成部分。基于中医古籍的中医药文化对外传播可以让世界通过中医药深入了解中华文化，展示中华文化的博大精深；同时有助于增强民族文化认同、振奋民族精神。从这一角度而言，中医古籍英译事业的顺利开展将必将有利于中华民族的伟大复兴，助力中华民族对世界做出贡献之“中国梦”。

【关键词】中国梦；中医古籍；英译

【Abstract】The culture of Traditional Chinese Medicine is an essential part of traditional Chinese culture. The cross-cultural communications of TCM culture based on TCM classics provides the world with an insight into Chinese culture and displays the profundity of Chinese culture. Meanwhile, it contributes to enhance the sense of national identity and inspire the national spirit. In this sense, the cause of translating TCM classics into English helps to promote the great rejuvenation of the Chinese nation and the “Chinese Dream” of Chinese culture contributing to the world.

【Key Words】Chinese Dream；TCM classics；translation into English

以“国家富强、民族复兴、人民幸福、社会和谐”为基本内涵的中国梦已成为举国上下热议的话题。“中国梦”既体现了国家强盛与民族振兴的美好愿景，也关乎每一个中国人的现实生活和未来理想。

习近平总书记指出：“中华民族具有五千多年连绵不断的文明历史，创造了博大精深的中华文化，为人类文明进步做出了不可磨灭的贡献。”中华文化的复兴既是中国梦的重要目标与内容，又是实现中国梦的必要条件。一个民族的生存发展既有赖于其政治、经济、军事实力，又有赖于其文化活力。文化活力是综合国力的重要因素之一，它与民族兴亡息息相关。弘扬中国传统文化，增强中华民族凝聚力，推进文化强国建设，是实现中国梦的必由之路。换言之，只有实现了中华民族的文化复兴，才可称得上真正实现了中华民族的伟大复兴。

中医药文化是中国优秀传统文化的重要组成部分，是我国文化软实力的重要体现。让中医药走向世界是我国政府发展和振兴中医的既定方针。中医药文化的精髓承载于浩如烟海的中医古籍之中，基于中医古籍的中医药文化对外传播，可以让世界通过中医药了解中华文化，展示中华文化的博大精深，加快中华文化走向世界的步伐。而中医药走向世界，为海外人士所了解、认识和接受，必须通过翻译这座桥梁。系统、准确地将中华民族的文化经典翻译成英文，不但是中国文化对外传播的需要，也是中华民族走向世界、完成其伟大复兴的需要。

一、中国文化对外传播的意义及现状

全球化的背景下，世界各国史无前例地交织融会在一起，各种文化都在经受着冲击与考验。文化作为民族的血脉与灵魂，与国家发展、民族振兴息息相关。任何一个民族的文化，都凝聚着这个民族对世界和生命的历史认知与现实感受，积淀着这个民族最深层的精神追求和行为准则。各国、各民族文化在相互尊重的基础上开展交流，增进彼此之间的理解，谋求共同发展，从而推动了人类文明千百年来生生不息、世代延续。

目前普遍接受的文化活力量化方法是看某种文化中被翻译为外文的文化产品（著述）数量在其文化产品总量中所占的比例（卓振英，2002：23-26）。从中西方文化影响力的对比来看，西方文化对中国文化的影响远远大于中国文化对西方文化的影响。统计数据表明：在20世纪，中国翻译西方文、史、哲、政、经、法、数、理、化等书籍近100万种，但西方翻译中国的书籍种类还不到500种（汪榕培，王宏，2009：2）。这种文化交流不对称的局面与中国文化大国的地位是极不相称的。

绵延不断的五千年文明史，中华民族在经济、政治、文化等领域对人类文明的贡献曾经领先于世界上的其他文明。中华民族的伟大复兴不是对历史上汉唐盛世的简单呈现，而是在经济、政治、文化、生态等领域的全面振兴，体现出传承与创新的大国复兴模式。其中，繁荣中国优秀传统文化是民族复兴、构筑精神家园的基础性工作。

二、基于中医古籍的中医药文化对外传播的现实意义

中医药文化是中国传统文化的重要组成部分。中医学是关于人体生理、病理、疾病的诊断与防治及摄生康复，具有独特理论体系的一门传统医学科学，它不仅对中华民族的繁衍昌盛起了巨大的作用，同时蕴含着中国传统文化的丰富内涵，深刻地影响了中国传统文化的构建与发展，时至今日仍在有效地指导临床医学实践。

中医学是中国古代多学科知识综合运用的体现，历经几千年的发展，积累了浩如烟海的古籍，除全面记录养生、防病、治病等医学知识外，还蕴含着哲学、天文、气象、生态等丰富的文化信息。可以说，中医古籍既是关注生命的高深医学著作，又是荟萃我国古代百科知识的文化宝库。这些经典著作中所体现出的生命认知智慧不仅具有现代性，而且对构建后现代科学，特别是未来生命科学、未来医学科学，都有着重要的科学意义。

（一）中医古籍英译事业对中医学发展的促进作用

中医古籍英译对中医学发展的促进作用体现于英译过程的顺利开展要以古籍的深入研究为前提。

首先，鉴于中医古籍流传的年代久远，亡佚、错、衍在所难免，为研究工作带来了巨大的困难。中医学者的任务之一是要力争还原中医古籍的原貌，这要求学者具备训诂学、音韵学、校勘学等多项技能，以此才能厘清古籍中医学理论的脉络，为后续的英译工作提供可靠的原本。英译若要作为权威版本来要求，首先就应该力求成为校释方面的集大成者，切不可率尔为之。考辨是典籍英译的重要环节。只有通过考辨才能做到有所鉴别有所发现，为英译提供坚实可靠的基础

（卓振英，杨秋菊，2005：66–70）。

其次，古籍英译在进行语际转换之前要经过语内转换环节，即将古汉语转换为现代汉语，这直接关乎英译本的质量。目前中医重要古籍多有校释本公开出版，但就语言表述而言，可供英译直接使用的却寥寥无几（在此无意指摘这些校释本的出版质量），这是由中医语言的自身特点及其英译过程特殊性导致的结果。中医语言突出的特征是明确的特定词汇往往表示不确定的、多变的概念（刘时觉，1992：7–10）。而在英译过程中则必须将这些不确定、多变的概念准确传递，这就要求把中医古籍语言中那些“只可意会，不可言说”的内容转换为“既可意会，又能言说”的表述，例如“心与小肠相表里”“有表无里”这类抽象表述必须经具象化才可译为英语，可具象化之后似乎又不再是中医语言原本要传递的内涵，这对中医古籍的今译研究提出了更高要求。

此外，中医学历经几千年的发展，积累了浩如烟海的典籍。丹波元简编著的《医籍考》收录了中国古代医书 2880 余种；郭霭春主编的《中国分省医籍考》收录医籍 8000 余种；薛清录等主编的《全国中医图书联合目录》收录中医图书 12124 种；裘沛然主编的《中国医籍大辞典》收录上自先秦，下迄 20 世纪末的中医药书目 23000 余种（赵铮，2012：2387–2388）。对于这样数量庞大的医籍，以个人之力终其一生也不可能读完，遑论英译。解决这一矛盾关键在于择其“经典”而读之、译之。正如徐灵胎在《慎疾刍言》宗传所说：“一切道术，必有本源。未有目不睹汉唐以前之书，徒记时尚之药数种，而可为医者。今将学医必读之书并读法开列于下，果能专心体察，则胸有定见。然后将后世之书遍观博览，自能辨其是非，取其长而去其短矣。”他开列的“学医必读之书”有《灵枢经》《素问》《伤寒论》《金匮》《神农本草》《外台秘要》《千金方》等（刘洋，1999：368–369）。同样，中医古籍英译应当是一个循序渐进的系统工程，需要在众多医籍中择取经典，将重要著作分门别类，并按照一定的标准制定出英译的时间表，有计划、有目标地开展英译工作。这有赖于中医学者对中医学四部经典的透彻领悟，对历代医学家结合临证经验对经典进行阐发的著作有所甄别，确保基于中医古籍的中医药文化对外传播得以持续、有序地开展。

总之，中医治学当溯本求源，这一源头就在于中医古籍。同样，脱离中医古籍的所谓中医药文化传播就如同无本之木、无源之水，无益于西方世界对于中医学的正确认知。

（二）中医古籍英译事业增强民族自信心

优秀的中国传统文化是民族复兴的根基。在中国传统文化的丰厚养料中，中华民族自信地屹立于世界民族之林，尽情地展示着古老与文明大国特有的魅力，这是我们血液中流淌的文化自信（黄正平，2014：18–22 转 47）。

通过深入挖掘、整理和创新独具民族特色的中国传统医药文化，展示我国哲学、社会科学等方面的成就以及崇高的民族精神、人文精神，同时可提供一种应对当下“中医危机”，增强民族文化认同，振奋民族精神的有效途径。自从西医传入中国以来，中医在与西医的交流与融合过程中，其育人模式、诊断方法、医理研究等方面越来越多地带上了现代医学的色彩。德国慕尼黑大学的波克特教授就曾指出：“中医药在中国至今没有受到文化上的虔诚对待，没有为确定其科学传统地位而进行认识论的研究和合理的科学探讨，没有从对全人类的福利出发给予人道主义的关注，所受到的是教条式的轻视和文化摧残。这样做的不是外人，而是中国的医务人员。他们不承认在中国本土上的宝藏，

为了追求时髦，用西方的术语胡乱消灭和模糊中医的信息。”（诸国本，1998：93）

采用何种策略既能让非中医从业者理解中医诊断、用药、治疗的原理，体验一种独特的健康与疾病观，又能让中医专业人士重温中医药经典的深刻内涵、智慧的探索方式和极具远见的思维模式，从而更加坚定对于中医学的信念，这一直是中医界为之探索的难题。“对中医来说，这个目标的实现，一方面需要中医工作者坚定不移地在医疗实践中运用真正的中医理论治病，让更多的人能体会到中医带来的真实疗效；另一方面就是要逐步培养公众对中医的信任，只有公众的信任，才能使中医真正得到施展才能的机会。而要解决这个信任问题，最好的办法就是让更多的人了解中医到底是如何治病的、中医能治什么样的病、中医为什么能治疗这些病，只有这样中医才能为公众所接受和信任。而了解中医的途径，就是要彻底打碎中医头上‘玄’的帽子，将中医的本质明明白白地呈现在大家面前，让大家看清楚中医的庐山真面目，这才是科学的态度。”（唐云，2004：8-9）这一目标的实现除了依靠正确的舆论宣传，更为稳妥可靠的途径则是让更多的人了解、认同基于中医古籍的真正的中医药文化。

（三）中医古籍英译事业在传播学中的意义

经济全球化必然引发文化全球化，有识之士在享受其所带来的新奇与便利的同时，更应该感受到潜在的危机。因为当今的全球化是以西方文化为主导，东方文化明显处于弱势的一方。西方人看待东方始终难以摆脱偏见与傲慢，如赛义德在《东方主义》中说道：东方是西方人的一种文化构想物，是西方为了确证“自我”而构建起来的“他者”，具有异质性、落后性、柔弱性、懒怠性，是对东方的一种扭曲、误解（孙会军，2005：120-132）。而事实是作为东方文化的典型代表，中华文化有着五千年的文明，厚重的文化底蕴就积淀在浩如烟海的古籍之中。我们的思想文化精髓理应为全世界正确客观地了解、认知。这正是弘扬中国传统文化，对外传播传统文化之原因所在。

从传播学角度看，文化传播实质是观念和价值的传播，体现在对于文化认同或接受的过程中，它虽受多种因素的制约与影响，但只有当一种外来的观念与价值能够引起传播受众的共鸣，才能获得真正的融入与接纳。拿破仑曾说：“世间有两种武器：精神和剑。从长远看，精神必将打败利剑。”如果说此处的利剑可被视为诸如武力等硬实力（hard power）的代表的话，精神则可被视为软实力（soft power）的重要代表，其具体表现是话语权（power of discourse），实现方式之一就是对外传播（赵冰冰，2013：44-46）。

中国五千年悠久璀璨的历史文化不仅属于中国，也属于世界，理应为世界文明的和谐发展做出自己的贡献。但目前中国文化对外传播的能力及其对世界的影响力，与中国文化自身的内涵与厚度相比，相去甚远。从跨文化交际的角度而言，中国文化能否走出去、能走多远、能走出多少，在很大程度上取决于翻译工作的质量。因此，通过翻译实践加强中国文化的传播力就成为当今中国译者不可推卸的使命。著名翻译家王宁指出：目前的翻译重点应该转向向国外介绍中国的文化和文学上，让世界更多地了解中国，只有这样才有助于中国文化在全球化时代保持固有的文化身份和特性，这对于实现中外深层文化心理和文化情感的交流，加强国际友好关系的发展都是意义重大的（李琴，2005：177）。

三、结语

源远流长、博大精深的中华优秀传统文化，积淀着中华民族最深层的精神追求，包含着中华民族最根本的精神基因，是社会主义核心价值观的深厚源泉。

早在20世纪初，我国著名医史研究者王吉民从振兴中医、惠及世界医学的角度，高屋建瓴地指出中医古籍英译的必要性，“考吾国经史子各书，大都已有译作。独关人类消长之医书，尚不多见，同志中有欲振兴中医，发扬国粹者，盍秉生花之笔，选重要之书，亟为移译，以供西方学者之研究，而促世界医学之进步，是亦吾辈应负之责任”（王吉民，1928：105）。

中医古籍英译事业涉及多学科知识、技能的综合运用，只有通过多个领域的学者共同努力，更多的研究者（译者）辛勤实践，进而提高译本的质量，才能促进中医学有效地交流与传播，使中医药不因其古老而沉默，不因其博大精深而为世人所远，真正有效地发挥中医学认知生命、维护健康、战胜疾病的价值。

中医古籍浩如烟海，如果能有更多的中医古籍被顺利英译出版，可以更加全面地向世界展示中国灿烂悠久的文化传统，必将为中国文化在世界的影响力增添浓墨重彩的一笔。更为重要的是，此举可促进世界医学的进步，从中华文化的视角审视人类生命的奥秘。全面、自信地向世界展示中国灿烂悠久的文化传统，助力中国文化贡献于世界的中国梦。

参考文献：

[1] 黄正平．从自信、自觉到自强——中华民族伟大复兴中国梦的文化视野[J]. 艺术百家，2014，2：18-22转47.

[2] 李琴．全球化时代中国文化翻译的使命[J]. 甘肃科技纵横，2005，34（6）：177.

[3] 刘时觉．中医研究的基本语言学问题[J]. 中医研究，1992，5（2）：7-10.

[4] 刘洋．徐灵胎医学全书[M]. 北京：中国中医药出版社，1999：368-369.

[5] 孙会军．普遍与差异——后殖民视域下的翻译研究[M]. 上海：上海译文出版社，2005：120-132.

[6] 唐云．走近中医——对生命和疾病的全新探索[M]. 广西：广西师范大学出版社，2004：8-9.

[7] 汪榕培，王宏．中国典籍英译[M]. 上海：上海外语教育出版社，2009：2.

[8] 王吉民．西译中医典籍考[J]. 中华医学杂志，1928，14（2）：105.

[9] 赵冰冰．中国梦、中国精神与对外传播[J]. 对外传播，2013，11：44-46.

[10] 赵铮．熟读中医经典的重要作用及需要注意的问题[J]. 辽宁中医杂志，2012，39（12）：2387-2388.

[11] 诸国本．医道与文采[M]. 香港：亚洲医药出版社，1998：93.

[12] 卓振英．典籍英译：问题与对策[J]. 汕头大学学报：人文社会科学版，2002，18（3）：23-26.

[13] 卓振英，杨秋菊．典籍英译中的疑难考辨——以《楚辞》为例[J]. 中国翻译，2005，26（4）：66-70.

从功能派目的论视角看 2008 年《政府工作报告》的英译

杨建

【摘 要】本文主要从德国功能派翻译理论中的目的论角度，探讨和分析一篇典型的政治文献——2008 年《政府工作报告》的英译。本文首先介绍了目的论的主要观点及其三大法则，而后通过具体的典型例子，分别从词汇层面、句法层面和修辞层面进行了分析。本文最终得出结论，使用功能派的目的论来指导《政府工作报告》的英译是十分有效的。
【关键词】目的论；政府工作报告；政论

【Abstract】This paper mainly discusses the English translation of a typical piece of political literature — 2008 "Report on the Work of the Government" and analyzes it from the theoretical perspective of Skopos Theory of German functionalist. By proposing the main idea of Skopos Theory and its three rules, the translation of the Report is discussed from lexical level, syntactic level and rhetorical level through representative examples. Thus such conclusion is drawn that Skopos Theory is highly effective in instructing the Chinese to English translation of the Report.
【Key Words】Skopos Theory; Report on the Work of Government; political commentary

一、引言

政府工作报告是我国政府的一种公文形式，在每年召开的人民代表大会会议和政治协商会议（俗称"两会"）上，国务院总理都会向大会作《国务院政府工作报告》，也就是本文所提到的《政府工作报告》。一方面，它是我国人民群众了解政府政策与举措的重要途径；另一方面，其英译本也是外国人了解中国政治、中国政府、中国政策的重要窗口。国家《政府工作报告》的英译本通常由中央编译局翻译室完成，因此具有极高的权威性，是业界的标杆。

对于译者来说，《政府工作报告》的翻译具有很大难度，极具挑战性。这不但由于其政治性和政策性极强，对译文准确性要求极高。哪怕是极其微小的翻译错误都有可能对国际政治和我国的经济利益、国际声誉、甚至国际关系造成影响。并且，由于不少具有中国特色的新说法、新概念不断出现，在英文中几乎找不到完全对应的译语。除此之外，有学者指出，《政府工作报告》的行文结构和用词极具中国特色，也给翻译工作带来困难（王弄笙，2004）。本文选取 2008 年《政府工作报告》的英译本作为研究对象，应用目的论的翻译文本分析模式对其译文进行分析来探讨目的论的翻译理论对政治文献翻译的指导性。

二、功能派翻译理论和目的论

德国功能派翻译理论崛起于20世纪70年代，这一派别的学者们试图将翻译从传统的语言学的“对等”概念中解放出来。这一理论的洞悉之处在于，学者们认为，翻译的本质是一种具有目的的行为活动，而这个本质可以用于任何翻译项目之中。功能派代表人物汉斯·威密尔提出了翻译的目的论（Skopos Theory）。他认为翻译时，译者需根据具体要求，结合翻译的目的和译文读者的特殊情况，从原文所提供的多源信息中进行选择性翻译（仲伟合，1999）。

功能派翻译理论倡导，译文的输出应决定翻译方法，而且强调翻译的“目的”必须贯穿于整个翻译过程。从文体学的角度来看，《政府工作报告》属于政论性问题，同时带有口语和书面语的特点。《政府工作报告》的语言风格也兼具极强的逻辑性和超高的准确性。从语言学的角度来看，有大量的无主句和中国特色的词语出现。为了达到被英语读者接受和对外宣传的目的，《政府工作报告》的翻译必须在确保准确的基础上采用灵活多变的翻译方法，从而使译文符合译入语读者的表达习惯。这就是功能派翻译理论的核心内容——翻译方法由翻译目的所决定。

目的论由汉斯·威密尔20世纪70年代引入翻译界，该理论而后被曼塔莉和诺德两位学者进行发展。克里斯蒂安·诺德是第二代功能派翻译理论家的代表，并且有她独到的翻译理论。目的论认为，翻译是一种有目的的行为活动。而且，决定翻译目的的最重要因素是目的语读者（王惠玲，2006)。在目的论的理论框架里，翻译的过程应以译文在译入语中实现预期功能为标准（平洪，2002）。目的论的中心思想是“目的决定着翻译策略”，主要包含三个法则：

（1）目的法则，即翻译所要达到的目的决定翻译的整个过程；

（2）连贯法则，即译文必须符合语内连贯的准则；

（3）忠实法则，即通常所说的忠实于原文。

在这三大法则中，目的法则是最重要的，它指出翻译的目的绝对不是原文本和目标文本的完美对等。在目的法则的指导下，决定译文质量的基础就是其是否达到既定的成果，评价译文是否成功关键在于其是否达到了预期目的。政论性文章的翻译目的显然是对外宣传，而达到这一目标的关键因素则是外国读者。因此，《政府工作报告》的翻译质量的标准就是，是否或者说从多大程度上使外国读者能够正确理解我国政府的外交言论和政策。与此同时，由于英语和汉语的区别，《政府工作报告》的翻译的另一项任务就是它承载着许多中国文化的词汇和短语，这些也是对外的有效宣传。

三、2008年《政府工作报告》的英译分析

本文将从目的论角度，从三个层次分析2008年《政府工作报告》的英译情况。

（一）富有中国特色的词和短语的翻译——词汇层面

翻译时，有的词语可直接从英语字面译，但译文读来啰唆又拗口，汉语文化中，有一些词语是富有中国特色的（李红霞，2010)。为了保证目的语读者能够完全理解这些词，词组和搭配的含义，译者必须正确地理解并翻译它们的内涵，而不是仅仅采用直译。

原文：大幅度增加对农业农村投入，中央财政用于“三农”的支出五年累计1.6万亿元……

译文：Central government allocations for agriculture, rural areas and farmers reached 1.6

trillion yuan over the past five years…

"三农"这个词在中国政治文件中经常出现，这个词本身是"农业、农村、农民"三个词的简略说法。但是在如此正式的译文中，这个词的清晰意思和所指，务必补全以后才能明确表达其含义，减轻目的语读者的理解困难，因为目的语读者缺乏对中国政策的背景知识。

原文：……坚持区别对待、有保有压，不搞一刀切，不搞急刹车……

译文：We must continue to deal with each situation on its own merits, encourage growth in some sectors and discourage it in others as the situation requires, and refrain from taking a uniform approach to different situations or putting on the brakes without good reason.

在这则例子中，几个词组和搭配非常形象生动，在语言上也比较口语化。在翻译"有保有压"这个词的时候，译者添加了"in some sectors…（在一些领域）in others as the situation requires（在另一些领域伴随着情况的需求）"这些内容目的是补充读者的理解空白区域，因为中文原文的内容从字面意思来讲，并不完整。而且，"一刀切"这个词是一个典型的中文词组，字面意思是：用刀子一下子切下去。但是在译文中，采用了这个词的引申含义，"刀子"的形象并没有出现，目的也是考虑到读者的接受程度；否则的话，读者会觉得一头雾水不知所云。"急刹车"通常在中国人的头脑中能够引起非常生动的图景，这种感觉在某种程度上一样符合外国人的联想，因此，译文这里使用的是直译的方法。

原文：九要坚持实行"米袋子"省长负责制和"菜篮子"市长负责制。

译 文：Ninth, we will continue to implement the system of provincial governors assuming responsibility for the "rice bag"（grain supply）program and city mayors for the "vegetable basket"（non-staple food supply）program.

在这个例子中，"米袋子"和"菜篮子"对于中国普通百姓来说，是再形象不过的比喻了，但是如果没有译者的进一步解释，译入语读者恐怕会深感疑惑。这两个词代表了中国政治的独特的特点。在后面的两个括号中，译者将这两个词的含义——粮食供应和非粮食类食物供应，进行了补充，从而使外国读者能够理解这一政策。

原文：四是做好"三河三湖"……等重点流域污染防治工作……

译文：Fourth, we will prevent and control pollution in key river valleys and regions, including the Huai, Hai, Liao and Songhua rivers, Tai, Chao and Dianchi lakes...

在这个例子中，"三河三湖"对于译入语读者来说，没有任何意义。为了解释这个词，译者将它的意思清晰化，从而达到了宣传的目的。

原文：规范文化市场，坚持开展"扫黄打非"。

译文：We will ensure order in the cultural market and continue to combat pornography and illegal publications.

"扫黄打非"这个搭配事实上是中国文化市场管理中的一个术语。它是两个活动的结合。"扫黄"指的是打击卖淫嫖娼，清理并消除黄色书刊等活动。"打非"指的是打击盗版等非法出版物。这一词组的英文翻译非常简洁准确，因而目的语读者能很有效地理解其含义。

（二）无主句的翻译——句法层面

英语语言的特点是注重形合，主语和谓语的结构非常完整，因而逻辑清晰。但是，汉语的特点则是意合，即，句子与句子之间的连接依靠的是词和句子内部含义的逻辑链接。除此之外，中文的句子从不注重形式，因此，在《政府工作报告》中出现了大量的无主句，这些句子都符合汉语的语法规范。因《报告》是正式严肃的政论文体，不宜添加太多主观色彩，所以常省略主语，采用无主句式，常用陈述句和祈使句，以单句为主，少用复句。无主句虽省略主语，但结合具体语境，不致产生歧义（楼志新，2005）。因此，为了能被译入语读者所接受，合适的主语被添加到了这些无主句的翻译中，或者，使用被动语态进行翻译，反而能加强命令语气，庄重正式，客观性强。

原文：坚持从我国人多地少的基本国情出发，建立科学、合理的住房建设和消费模式。

译 文：Taking into consideration the fact that China has a large population and relatively little land available for building housing, we need to foster a scientific and rational model for housing development and home ownership.

上文的例子体现了政府计划在短期达成目标的决心和意愿。在中文原文中，主语被省略，这类句型非常典型。但在其英文版中，主语"我们"进行补位，使译入语读者能够毫无疑惑地理解这句话的含义。

原文：今年要采取四项措施。

译文：The following four measures will be adopted this year.

除了添加主语这个方法之外，在翻译过程中，将主动语态变为被动语态，也是一个普遍做法。在这一例子中，原文中的宾语（四项措施）被放在译文的主语位置，因此省略的主语不需要在译文中出现，却又不会妨碍外国读者的理解。

原文：加强社会主义民主法制建设，促进社会公平正义。

译文：Stepping up development of socialist democracy and the socialist legal system and promoting social fairness and justice.

这则例子取自2008年《政府工作报告》的副标题。原文是使用祈使句的语气，意为呼吁人们采取行动。这一副标题的翻译采用了动词加"ing"的形式，使动词转换为名词。这一转换符合英语读者的习惯，因为在通常情况下，英语标题和副标题都是名词词组，而非动词词组。

（三）平行结构的翻译——修辞层面

平行结构的特点是在句子或一个集中的语言小组中，使用相同或近似的词、词组、搭配或句子，目的是达到对称整齐或加强语气的效果和作用。在《政府工作报告》中，平行结构频繁出现，原因在于，政治文章的核心特点就是使用强有力的语言来达到说服民众，使大众确信的目的。依据诺德的"功能加忠诚"的理论，这些平行结构的翻译应使译文有意，且有效，从而能够传达原文的这种味道。

原文：……严厉打击了制假售假、非法传销、商业欺诈、盗版侵权等违法犯罪活动。

译文：...we severely cracked down on violations of the law such as the production and sale of counterfeit goods, pyramid schemes, commercial fraud, piracy and infringement on others' rights.

原文中，四个汉语的"四字词"形成了一个平行结构，其中提到了一些违法犯罪行为。然而，在其英文版中，不可能找到对等的结构来翻译，因为准确，或者是诺德说的"忠诚"是最重要的。然而译者的确尽力使用几组名词词组进行翻译，也是保持形式的有益尝试。

原文：坚持独立自主的和平外交政策，坚持和平发展的道路，坚持互利共赢的开放战略，推动建设持久和平、共同繁荣的和谐世界。

译文：In the coming year , we must continue to hold high the banner of peace, development and cooperation, follow an independent foreign policy of peace and a path of peaceful development, and adhere to the win-win strategy of opening up to promote the building of a harmonious world with durable peace and common prosperity.

本则例子在中文演讲的修辞中极为具有代表性，如，为了体现中央政府的决心和坚定的语气，在同一个句子中出现了三个“坚持”。在翻译中，使用了三个动词来保持近似的结构——hold, follow 和 adhere，这三个词也有力地体现了修辞的效果。

原文：中国政府和人民愿同各国人民一道，共同分享发展机遇，共同应对风险挑战，共同推进人类和平与发展的崇高事业。

译文：The Chinese government and people are ready to share development opportunities with people of all other countries and to work with them to address risks and challenges and advance the noble cause of the peace and development of humanity.

本例子中，原文使用了相同的副词“共同”这一平行结构三次，但是在译文中，为了使读者能够清晰地理解，译者将前两个短语通过“风险”和“机遇”进行了结合。尽管目的语读者不能体会原文的平行结构，但是他们仍然可以通过阅读“address”和“advance”这两个押头韵的词来获得修辞的享受。这也体现出了译者为了弥补丢失的平行结构所做的努力。

四、结论

2008 年《政府工作报告》的英译本从多个角度体现了目的论的应用，从很大程度上说明目的论能够很好地指导此类政论性文体的翻译。例如，对富有文化特色词和短语的翻译，修辞手法的表达，避免歧义等。在此理论的指导下，《政府工作报告》的翻译不仅传达了原文的原始含义，并且使译文更易于被目的语读者所接受，在这一过程中，对外宣传和沟通的目的就达成了。目的论为政论性文体的翻译提供了一个广阔的视角和有效的方法。

由于政治文章的严格性和影响性，《政府工作报告》译文的每一个词都经过了严格的推敲。其中，富有中国特色的词和短语的翻译既是文本自身的亮点，也是翻译的难点。无主句和具有平行结构的句子也是《政府工作报告》的典型特征。这些翻译的特点和亮点，既提高了对中国政府政策的宣传力度，又丰富了中国英语的语料宝库，扩大了中国英语的影响力。大胆且合理的创新式翻译为语言的发展注入了活力。2008 年《政府工作报告》的英译本为广大翻译工作者提供了良好的范例。它对中国英语的存在意义和必要性做出了肯定，同时也为中国翻译学者们提供了研究的“实验室”。

参考文献：

[1] 李红霞．目的论视域下的政论文英译策略研究 [J]. 外国语文，2010，26（5）：85-88.

[2] 楼志新．解读温家宝总理《政府工作报告》的语言特色 [J]. 浙江海洋学院学报，2005，22（3）：15-19.

[3] 平洪．文本功能与翻译策略 [J]. 中国翻译，2002（5）：23.

[4] 王惠玲，张碧航．目的论在电影名翻译中的运用 [J]. 西北大学学报：哲学社会科学版，2006（5）：158.

[5] 王弄笙，十六大报告汉英翻译的几点思考 [J]. 中国翻译，2004（1）：56-59.

[6] 仲伟合，钟钰．德国的功能派翻译理论 [J]. 中国翻译，1999（3）：47-49.

翻译硕士 MTI 课程设置现状与思考
—— 基于天津高校的研究与思考

仇逸轩

【摘　要】近年来，由于国家层面对外交流的活动日益增多，中国的国际地位有所提高，翻译市场的需求十分旺盛，国家也亟须大批翻译人才。以此为背景，MTI 翻译硕士专业学位比以前受到了更多关注，也有越来越多的学生报考 MTI 专业。因此对 MTI 专业学位的培养方式、课程设置、整体方案的研究意义十分重大。本文在现有研究的基础上，分析天津市六所高校的 MTI 课程设置现状，进行研究并思考，以求对未来的 MTI 专业学位改革能做出应有的贡献。

【关键词】MTI 专业学位；课程设置；课程设置改革

【Abstract】In recent years, with the increase of foreign exchange activities, the raise of China's international position and the boom of demand in market,there has urgently demand for relevant talents to come out. For that reason, MTI has been received more concern and more students to choose. Therefore, it is of great significance to study the training methods, training program, and curricula of MTI. This thesis bases on other scholar's research, take six Tianjin's universities MTI curricula into account, analyze and try to figure out some reform suggestions in the end. The author sincerely hopes can make a contribution to the better development of MTI.

【Key Words】MTI; Curricula; Curricula reform

翻译硕士专业学位 MTI（Master of Translating and Interpreting）是经国务院学位办和教育部批准设立的专业学位，目标是培养出一批德、智、体全面发展、适应国内翻译市场需求及国际对外交流需要的高层次、应用型、专业性人才。MTI 专业学位应具备较强的语言应用能力、熟练的翻译技能和宽广的知识面，能够胜任不同领域所需的高级翻译工作（王晋瑞，2010）。MTI 专业学位试点工作始于 2007 年，经过了几年的发展，截至 2016 年，我国 MTI 专业学位的招生培养单位已分四批，总数达到 162 所。MTI 专业学位与传统意义上的翻译理论与实践方向的学术型研究生（在外国语言学与应用语言学或英语语言文学点下设置的翻译方向的研究生）有着很大的不同：前者具有高度的实践性，而后者更具有学术性，侧重翻译理论方面的研究。因此，MTI 专业学位课程的特点主要体现在：培养方向上分为口译与笔译两大方向；毕业论文形式上可以是翻译实习报告或实践报告，也可以是对翻译方面进行研究的论文；培养模式上是实践与课程应当紧密结合。鉴于 MTI 专业学位是新兴的应用型学位，与学术型学位的差异性较大（涂赟，2012），本文将对天津市六所具备 MTI 招生培养资质的高等院校的相关课程设置进行分析，并结合自身学习经历（笔者是六所高校之一的天津财经大学 MTI 在读研究生），进一步对 MTI 总体培养方面提出思考，以期对本专业能够有所贡献。

一、六大高校 MTI 课程设置分析及体会

根据国务院学位办下发的《翻译硕士专业学位研究生指导性培养方案》，在课程设置方面，MTI 专业学位课程包括必修课与选修课。其中，必修课包括公共必修课、专业必修课和方向必修课。其中公共必修课包括政治理论和中国语言文化两门课程；专业必修课包括翻译概论、基础口译和基础笔译三门课程；方向必修课中的口译方向包括交替传译与同声传译；笔译方向则是文学翻译与非文学翻译。选修课程共有 19 门，其中包含一门限定选修课（第二外国语）。在课程设置的最后一部分特别强调了“实习”，由此可见 MTI 专业学位具有极强的实践性（国务院学位办公室，2007）。具体到天津市六大高校的课程设置现状，可以看出在必修课的设置上，除了天津外国语大学专业特色较为突出以外，其他五大高校大体上相同，选修课方面则是五花八门、丰富多彩、各有特色，文章后续会有详尽分析。

本文选取的六大高校分别为南开大学，天津大学，天津财经大学，天津外国语大学，天津师范大学，天津理工大学。这六所学校是天津地区具备 MTI 招生培养资质的高校，其中南开大学和天津大学是 985,211 重点高校，南开大学更是 2007 年首批 15 所经国务院学位委员会批准的 MTI 试点教学单位之一；天津外国语大学则是外语类专业院校，在外语教学及 MTI 培养方面颇具发言权；而天津财经大学、天津师范大学、天津理工大学这三大高校则是各具办学特色。可以看出，这六大高校不论是从学校层次上、专业特色上、MTI 获准办学批次上都颇具代表性。对以上六大高校的 MTI 课程设置状况进行总结及比较分析，十分具有现实意义。

从资料获取方面来说，六大高校的培养方案基本都可以在本校网站上方便查询。在此要特别说明的是，天津师范大学的 MTI 翻译硕士的培养方案在研究生院网站上没有相关资料，而在天津师范大学外国语学院的网站上也仅有全日制学术型硕士和在职教育硕士以及同等学力硕士的选项，未找到 MTI 翻译硕士的相关课程资料，所以只能使用英语语言文学下面的翻译方向的学术型研究生的课表，不得不说是个遗憾。此外，为了分析简便，在天津理工大学的 MTI 课表上只选取了笔译方向的课程，口译方向的课程没有纳入分析。上述六大高校的 MTI 课程设置情况分别如下。

南开大学：公共必修课：二外（日法）、马克思主义理论；专业必修课：翻译概论、基础口译、基础笔译；方向必修课：文学翻译、非文学翻译、笔译翻译实践、中国语言文化；专业选修课：翻译研究方法论、跨文化交际、国际政治与经济、经贸翻译、计算机辅助翻译、本地化翻译技术与实践、翻译项目管理、技术写作、国际政治翻译、法律翻译、中外翻译简史、中国典籍外译、笔译工作坊、中外语言比较、术语学翻译应用。

天津大学：核心课与必修环节：中国特色社会主义理论与实践研究、翻译概论、基础笔译、基础口译、计算机辅助翻译、交替传译、二外（俄德日）、名篇翻译赏析、同声传译、翻译实践、学术报告、翻译研究方法；选修课：自然辩证法概论与马克思主义

与社会科学方法论（二选一，必选）、视译、笔译工作坊（合同翻译）、笔译工作坊（电影字幕翻译）、商务英语口译、语用与翻译、翻译行业与翻译管理、笔译工作坊（经贸翻译）、口译工作坊、专题口译、模拟会议传译、笔译工作坊（科技翻译）、笔译工作坊（新闻翻译）、跨文化交际、中国语言文化。

天津财经大学：公共必修课：中国语言文化、二外（日法）；专业必修课：翻译概论、基础口译、基础笔译；方向必修课：文学翻译、非文学翻译、笔译翻译实践、交替传译、同声传译、口译翻译实践、交替口译、高级英语听说；选修课：翻译研究方法论、计算机辅助翻译、中西翻译简史、跨文化交际、国际政治与经济、笔译工作坊、专题口译、演讲技巧与实践、高级写作、经济学原理（英）。

天津外国语大学：公共必修课：二外（日德法西俄）、中文写作与欣赏；专业必修课：语言学通论、英语水平提升、理论语言学基础、中国翻译理论、现代西方翻译理论、口语、汉译英：理论与实践；方向必修课：《红楼梦》翻译研究、语义学、西方思想文化、中西文学翻译、语言学翻译研究；选修课：文献检索、文学研究方法、批评话语分析方法与流派、功能语言学、信息传播理论与实践、英语语言史、新闻翻译、翻译批评、美国新经济史、电影理论与电影文学。

天津师范大学（英语语言文学翻译方向）：必修课：政治理论、二外（日法）、语篇翻译论、文化研究导论、语言学导论、英语写作理论与技巧、语言学方法论、英国文学、美国文学、翻译理论选读、翻译实践与批评、翻译研究综论；选修课：口译、同声传译。

天津理工大学（仅笔译方向）：公共必修课：科学社会主义理论与实践、自然辩证法；专业必修课：翻译概论、基础口译、基础笔译；方向必修课：英汉笔译、汉英笔译、工程笔译实践；选修课：二外（日德法）、互联网辅助翻译、工程笔译案例研究、计算机辅助翻译、语篇分析与翻译、翻译批评与欣赏、语言学概论、跨文化交际学、外宣翻译、中国语言文化、高级英语阅读、高级英语写作、英语演讲。

对六大高校的 MTI 课程设置进行比较分析，可以得出以下几点体会。

第一，必修课方面大致相近，选修课方面各具特色，但是特色并不明显。在基础课程方面，比如政治相关课程、基础口笔译、翻译概论、同传交传、二外等课程大致相近。需要注意的是天津外国语大学在必修课方面相较于其他高校增加了语言学和语义学类课程的学习，充分体现出其外语类专业院校的办学特色。另外《红楼梦》翻译研究这门课程也值得一提，授课的赵彦春教授在中华传统文化的对外交流方面做出了很大贡献。而天津大学则将计算机辅助翻译、学术报告、翻译实践方法等课程列入必修课程，体现出工科重点院校的特点，应用实践特色突出。天津师范大学方面，由于本文选取的是英语语言文学方向的学术型硕士，所以在必修课程里出现英美文学的相关课程不足为奇，不做过多讨论。其他四所高校在必修课程方面大致相近。选修课方面，南开大学和天津大学这两所高校相比较其他四所普通高校而言，内容丰富，涉及面广，形式多样，不论是经贸翻译、模拟传译、电影字幕翻译这类实践性课程，还是术语学研究、项目管理这些学术性课程，都充分体现出综合性大学的特质。而天津外国语大学则增添了其他五所高校所没有涉及的文学批评、经济史、传播学理论的选修课程，也是独树一帜。天津财经大学对 2016 级 MTI 研究生的培养方案进行了修订，在课程设置中添加了演讲技巧、经济学原理、高级写作的选修课程，其中经济学原理这门课更是英文授课，体现出了财经类院校的培养特色。天津理工大学在特色课程方面添加了工程笔译案例研究这门课程。综上所述，六大高校在课程设置方面虽然各具特色，但是各自的学科特色并不明显，甚至有些只是浅尝辄止的试点性课程。

第二，翻译实践类课程相对较少，偏重于翻译理论的学习。其实翻译理论对于翻译实践的指导作用究竟有多大，理论的学习在翻译硕士 MTI 的教学体系应该占到多大的比重，这一争论一直都在持续，各学者都有自己的看法，有的认为现在的高校 MTI 教学过分强调了理论的学习，而忽视了实践，违背了 MTI 人才培养目标的本质，导致培养出来的学生并不能满足翻译市场的实际需求，仍旧是陷入论文怪圈的学术型人才；有的却认为，翻译理论对翻译实践具有极大的指导作用，对翻译理论的学习十分必要，掌握了理论才能更好地去指导实践。而具体到笔者自身的学习经验而言，翻译理论的学习当然是必要的，不过实践类课程应该占到整个课程体系的最大比重，毕竟 MTI 本身是一个实践性极强的学科。在具体的课程设置方面，六大高校的必修课中翻译理论、研究方法的学习，都处在重要地位，其实理论类课程的地位还可以进一步淡化，而实践类课程比重应进一步加大（苗菊，王少爽，2010）。毕竟在现如今的翻译市场，竞争日趋激烈，更多需要的是语言转换能力、语言组织技能、语言间转换的熟练程度。

第三，针对现代化翻译技术的课程相对仍然较少。由于研读 MTI 的学生目前大部分还是英语专业背景，以文科生居多，在计算机应用技术方面还是稍显不足。而现今的翻译市场，对翻译工具的使用要求越来越高，使用场合也越来越多。用好翻译工具，就能事半功倍，带来高收入（冷冰冰，2012）。在这一点上，学生们是有激励有动力，但是苦于自身能力有限，若仅靠自己埋头苦学，取得的实际成效不大。在六大高校中，南开大学在现代化翻译技术方面的课程设置相对较为完善，其他五所高校中有四所仅开设了“计算机辅助翻译”这一课程，而天津外国语大学则并未开设相关翻译技术类课程，作为外语类专业院校，在 MTI 人才培养和市场反馈方面应该具有丰富的经验，但在课程设置上却没有涉及关于现代化翻译技术的学习，让笔者有些难以理解。

二、关于 MTI 课程设置改革的思考

结合上述体会，分析并提出思考。

第一，各高校应根据自身办学特点、学校特色，更具有针对性地开设特色专业性课程。比如天津财经大学可以更多开设金融类、经济类翻译课程，如果再细分一点，可以增设会计类的翻译课；天津师范大学可以增设教育类笔译课，天津理工大学可以将工程笔译课细化，具体到各行业，如细分出石油、化工、机械等领域。这样能够将各学校的师资力量更有优势地发挥出来，也更便于学生对专业领域的学习。未来的翻译市场必定是一个专业人才划分细致，对专业知识的要求逐渐提高的市场状况。没有任何一个翻译能做到各方面各领域都十分熟练，总会有自己相对擅长或不擅长的领域，做精做专将是任何领域的未来大趋势，这就要求在学校受教育期间，就能够明确自己的未来方向，至少在选修课方面，可以选择自己有兴趣或者擅长的领域，而老师们也可以发挥自身的专业优势，给学生做好相关领域基础知识的普及工作，双剑合璧，以求在未来取得更好的发展。

第二，在招生和教学方面，应根据国务院学位办下发的《培养方案》进行适当调整。如在导师方面，应更多聘用具有丰富翻译实践经验的导师，突出 MTI 专业硕士的实践

性（张微微，2016）。以笔者就读的天津财经大学为例，授课老师大部分相对偏重于翻译理论研究、语言学、语义学等方面，本身学术性过强，涉及参加的翻译活动、翻译实践经验方面，也仅是参加过少数会议、讲座类型的活动，与身经百战的资深译员还是有所差距，在翻译界具有具体实践经验的老师相对较少，难以满足学生的实践需求。另外还可以考虑聘请翻译公司的相关部门负责人员，深入高校进行经验分享和案例分析，能够给学生一种身临其境的职场体验。在学生招收方面，应更多体现 MTI 专业的综合性，招生时不仅限于本科是英语专业、英语教育之类专业的同学，鼓励并招收多学科背景的学生。众所周知，英语专业的同学在英语学习方面并不一定比非英语专业的同学强，更不用说翻译这一职业具有跨领域大、专业性强的特点。翻译不应是英语专业学生的“独角戏”，有许多非英语专业的学生，他们不仅具备丰富的专业领域知识，在英语学习方面，也不输于英语专业的同学。结合翻译这一职业的特点和未来市场需求，应该给予非英语专业人士更多的机会。

第三，提高实践类及翻译技术类课程的比重（文军，穆雷，2009）。正如前文所说，在当今的互联网高速发展时代，如果不能掌握一门现代化翻译工具或相关翻译技术，在未来的翻译市场将寸步难行，在翻译这一行业更无法持久生存。这就要求相关高校在未来修订培养方案的时候将 CAT 类、翻译技术类课程的比重进一步加大，而学生也要积极主动地进行相关课程的学习，充分利用网络资源，多利用翻译工具进行实践，提高自身的生存技能水平，加强对英语基础知识的学习（穆雷，2011）。将在本科阶段就应该打好的基础，在 MTI 研究生阶段进一步巩固并提高，展现出作为一个研究生应有的学术水平、学习能力、学习态度，展现出作为一个未来将要踏入工作岗位，走入社会的“社会人”应有的基本能力和素质。不犯低级错误，对自己的未来负责。

第四，对翻译类资格证书应当重视起来。各大高校的翻译类课程的评价体系目前相对尚未完善，在当前形势下，翻译专业资格（水平）考试（CATTI），这一经过教育部权威认证，与 MTI 翻译硕士学位教育实现接轨的考试，能够科学、公正、客观、公正地评价翻译专业人才水平和能力，也是目前最具权威的、全国范围认可的翻译专业资格认证，值得我们去重视（曹进，靳琰，2016）。针对各个学校的具体情况，可适当地将取得一些资格证书，作为能否毕业的硬性条件之一，这样可以更好地激励学生进行这方面的学习与实践。俗话说得好“不破不立，不策不行”，唯有在学校受教育阶段对学生严格要求，加之学生自身的重视与努力，方能在未来提高翻译从业人员的整体素质，为翻译市场提供更高质量的服务。

三、结论

在当今世界，国际经济政治逐渐一体化，各国之间交流愈加频繁，加之我国在近几年提出的“一带一路”、亚投行等规划的逐步实施，中国的国际地位越来越高，在国际舞台上也将发挥越来越重要的作用。相应地，翻译人才尤其是高端翻译人才这方面的市场需求旺盛。但是回归到现实，高端人才却是凤毛麟角，大部分的 MTI 研究生都还是陷入参加各类外语考试的刷分怪圈，对市场所真正需求的翻译领域的实践却严重不足，难以满足翻译市场的高要求。而各大中小翻译公司也是良莠不齐，奇葩尽现，甚至还存在不少骗子公司，而且克扣并拖欠翻译人员应得薪酬的现象更是层出不穷，故目前我国的翻译市场还没有实现健康发展与可持续发展（朱振武，綦亮，2011）。这就要求国家能够从教育体系入手，在本科 BTI 和研究生 MTI 阶段，做好人才的选拔和培养工作，为祖国未来更好的发展提供大量合格乃至优秀的人才。要做好这一工作，MTI 专业硕士的课程设置、培养模式、师资队伍建设等方面仍需要进一步完善，这一过程任重而道远。

参考文献：

[1] 国务院学位办公室 . 翻译硕士专业学位研究生指导性培养方案 [R]. 学位办（2007）78 号 .

[2] 曹进，靳琰 . 市场驱动下的翻译硕士培养模式 —— 以西北师范大学为例 [J]. 中国翻译 . 2016（2）：50-55.

[3] 苗菊，王少爽 . 翻译行业的职业趋向对翻译硕士专业（MTI）教育的启示 [J]. 外语与外语教学，2010（3）：63-67.

[4] 冷冰冰 . 谈 MTI 培养体系中的本地化课程设置 [J]. 上海翻译，2012（1）：53-56.

[5] 穆雷，王巍巍 . 翻译硕士专业学位教育的特色培养模式 [J]. 中国翻译，2011（2）：29-30.

[6] 涂赟 . 关于翻译硕士专业学位课程设置的几点思考——以国内六高校翻译硕士课程设置为例 [J]. 中南财经政法大学研究生学报，2012（3）：97-101.

[7] 王晋瑞 . 关于开设 MTI 特色专业方向及相关课程设置的思考 [J]. 学位与研究生教育，2010（7）：69-72.

[8] 文军，穆雷 . 翻译硕士（MTI) 课程设置研究 [J]. 外语教学，2009，30（4）：92-95.

[9] 张微微 . 英国翻译硕士对国内 MTI 人才培养的借鉴意义 [J]. 沈阳师范大学学报：社会科学版，2016，40（2）：35-37.

[10] 朱振武，綦亮 . 理论 · 操守 · 权益 —— 翻译硕士（MTI）专业设置引发的思考 [J]. 上海翻译，2011（3）：55-59.

顺应论视角下商务英语口译语境顺应的研究

吴丽丽

【摘　要】在言语交际活动中，语境对于语言的使用起着至关重要的作用，正如马琳诺夫斯基（1923）提出语言只有置于一定的情境下才可以被理解。口译作为一种复杂的言语交际活动，其交际的成功更是离不开对语境的研究。商务口译是一种特殊的口译活动，具备其特殊的语境特征。20世纪初才备受关注的顺应论为口译研究提供了新的视角，本文在顺应论的理论框架下，对商务英语口译的语境顺应进行探索，为实现有效的商务交际做出尝试。

【关键词】顺应论；商务口译；语境顺应

【Abstract】Context plays an important role in communicative activities. As Malinowski (1923) said that language can only be understood if it was put in certain circumstances. Interpretation is a complex communicative activity and its success cannot deviate from the analysis on context. Business English interpretation is the special interpretation activity with unique context characteristics. The Theory of Adaptation which came into people's sight just in the early 20th century provided a new perspective to analyze interpretation. Under the framework of the theory of adaptation, this paper analyzes context adaptation of business English interpretation and makes an attempt for realizing effective business English communication.

【Key Words】The Theory of Adaptation; business English interpretation; contextual adaptation

"语境"这一术语最早由马琳诺夫斯基（1923）提出，他认为语境分为文化语境和情景语境，从此国内外学者对语境的理解存在不同的论述。韩礼德（1973）将语境分为场景、交际者和方式三个部分。胡壮麟（2001）认为语境包括"上下文""情景语境"和"文化语境"，维索尔伦（1999）则将语境二分为语言语境和交际语境，从全新的视角提出了语境顺应论和动态生成观，本文将语境顺应论引入商务口译研究，探究商务口译活动中对语境顺应的处理，从而对商务英语口译起到指导和促进作用。

一、顺应论简述

比利时语用学学会秘书长维索尔伦在其新作《语用学新解》（1999）一书中提出了顺应论（Theory of Adaptation），他认为使用语言的过程就是一个不断做出选择的过程，选择发生在任何一个层面上，无论是有意识的还是无意识的，并且人们之所以能够做出种种选择正是因为语言具有变异性，协商性和顺应性。变异性是指人类的语言有一系列可供选择的可能，例如，一个词可以有多种诠释，而一种观点也可以有多种表达方式。英语中的“一词多义”正是语言变异性的体现。协商性是指语言的选择并不是机械地或者严格地按照形式与功能的关系做出选择的，而是在高度灵活的原则与策略下完成的。顺应性是指人们从一系列可供选择的语言选项里做出灵活的变通就是为了满足交际需求。三个特性相辅相成，顺应性是目的，变异性和协商性是基础。维索尔伦将语境分为语言语境和交际语境，前者即信息通道（linguistic channel），也就是通常所说的上下文；后者包括社交世界、心理世界和物理世界。

二、商务英语口译中的语境顺应

维索尔伦认为语境的生成是动态的，语境产生于语言的使用过程中，并且也是为了顺应交际而不断做出选择的结果，而且会随着交际的进行不断变化；语境的选择与顺应依赖于语言使用者的意识。商务英语口译是在一定的动态语境中进行的交际活动，是译员在一定的商务场合为了达到交际目的，顺应语境，有意识地做出选择的动态过程。本文从顺应论视角出发，重点介绍商务英语口译中的社交语境的顺应。根据顺应论的内涵，下文将从社交世界、心理世界和物理世界三个层面出发，分析语境顺应在商务英语口译中的顺应。

（一）顺应社交世界

顺应论认为，语言选择要顺应社交世界，具体包括社交场合、社会环境、规范交际者言语行为的原则和准则。本文从顺应社交场合和顺应文化语境做详细分析。

1. 顺应社交场合

社交场合往往会制约语言活动的方式，例如根据场合的不同，口译可以分为交替传译和同声传译两种方式以满足不同的交际需求。商务英语口译涉及场合广泛，例如，礼仪致词、商务谈判、商务访谈、广告宣传、新闻发布会、国际会展、商务陈述等不同场合，所以译员在口译时是否顺应社交场合对于口译活动的成功与否起着至关重要的作用。例如，在商务谈判场合中，谈判内容涉及双方利益与立场，译语要顺应语境，译员除了要转译出双方谈判内容外，还要符合社交场合的严肃性，措辞要正式。

例 1.“在这个问题上，我们的态度没有改变。”

译文 1.“We have not changed our view on this issue.”

译文 2.“On this issue，our position remains unchanged.”

笔者认为译文 2 表达更恰当，更符合讲话人态度的坚决性和场合的严肃性。

2. 顺应文化语境

顺应论认为除了社交场合，文化语境也是构成社交世界的又一重要因素。语言是文化的载体，口译的过程也是文化交流的过程。奈达（1993）认为熟悉两种文化比掌握两种语言更重要，因为语言只有在某种文化背景下才有意义。中国是典型的高语境文化国家，表达含蓄，而欧美国家属于低语境文化国家，表达直接，主要信息是通过语言传达的。在商务英语口译中，由于文化差异，译者要译的更多的是语言所承载的文化信息，绝不能照搬字面意思。例如，在接待外宾共进晚餐时，中方会说：“今天的饭菜不好，请多包涵。”

译文 1.“These are the best dishes we are able to prepare. Please make yourself at home.”

译文 2.“The dinner is not good. Please pardon me.”

中国自古以来就有为人谦逊的品质，即

使做到了最好，也常说自己做得还不够。“饭菜不好”并不是说东道主没有花精力和时间精心准备饭菜，饭菜真的很难吃，而是自谦的一种客套表达。译者不能直接译出句子的字面意思，应该明确双方文化差异，选择恰当的表达顺应文化语境，所以译文2更恰当地顺应了文化语境。

（二）顺应心理世界

维索尔伦（2000）认为口头的交流无疑是心与心的交流，语言的交流所传达的是心之所想，心理世界主要涉及交际者的性格、情感、信念、意图等心理因素。在商务英语口译中，译者的语言选择就是要顺应交际者的心理世界：即说话者与听话者的心理世界。

1. 顺应说话者的心理世界

口译与笔译最明显的特点之一就是说话者与听话者均处于口译活动的现场，译者在口译说话者的言语时要洞悉到口译者的交际意图，性格特点等。例如，在做演讲或报告时，不同的发言者有不同的风格，译员在口译时，应了解到说话者的交际意图，准确将交际效果传达出来。

如：“I joined the company about ten years ago. They did not know what to do with me, so they sent me straight out to Slovakia. After three years, they decided that they still did not want me in London. So, they sent me to Poland.”

译文1. “十年前我加入公司，他们不知道让我做什么，就把我派到斯洛伐克。三年后，他们还是觉得不想让我来伦敦，于是就把我派去波兰。”

译文2. “十年前我应招入门，到这公司来了。他们不知道该把我如何发落，就把我一家伙支到斯洛伐克去了。三年以后，还不知道该把我怎么办，又把我发配到了波兰。”

很明显，讲话者的讲话风格很幽默。译文1虽然译出了字面意思，但让听众会误以为在抱怨。而译文2就很好地传达出了说话人幽默的性格特点与心理意图。

2. 顺应听话者的心理世界

在口译时，译员要足够了解听话者的认知能力与背景，因为口译的目的就是要帮助听话者接收到说话者的交际意图，扫除听话者的理解障碍。

如：“你这个经理年薪得有5万美金吧？”

译文．“I guess a public relation manager with big companies would get paid around 50,000 dollars per year. Am I right?”

收入对欧美国家来说是隐私问题，所以译者在接到此类翻译任务又不得不译时，应考虑到听话者的接受心理，转变表达方式，避免尴尬的场面出现，使交际顺利进行。

（三）顺应物理世界

维索尔伦（2000）认为在物理世界中，时间指称和物理指称是最常考虑到的，也是做出语言选择最明显的评判方式。在物理世界中的每一句言语所赋有的意义都与说话者的身份、说话的场合，还有谈论的主题密不可分，非语言信息也是不容忽略的，例如，肢体语言、面目表情等。在这部分，作者着重从谈话主题和非语言信息两方面进行探析并举例说明。

1. 顺应交际主题

在商务场合的交际中，谈话双方必定是在围绕某一主题展开交谈，所以应明确此次商务活动的主题，调动知识储备中与此话题相关的用语表达，或是及时补充欠缺的相关专业内容。通常，一个日常用语放在商务场合中会有不一样的含义。例如，在104届中国进出口交易会上，发言人用“一地一馆三期”来介绍广交会的运行模式。正确的翻译为“one location, one complex and three phases”，其中“complex”本义为结合体、复合体，因为广交会由多个展位共同组成，所以此时的展馆翻译为“complex”。由此可见，商务英语口译中，口译活动的主题对译员的语言选择起着相当重要的作用，译员应提前了解活动主题，做好准备。

2. 顺应非语言信息

人类在交往时，很少会面无表情，通常会带有面部表情或肢体语言来修饰，协助或完全代替语言。美国心理学家爱德华·霍尔在《无声的语言》的书中表达无声的语言所传达的信息要比有声语言更多更深刻。一些非语言表达在国与国之间有普遍相同的含义，例如微笑就代表着开心、欢迎、满足等积极的意义。而一些表达具有多重含义，译员在翻译时，要拿捏好非语言的含义，尤其在商务场合中，关乎双方利益以及合作的愉快程度。例如，北京某一外贸公司一直以来与美国客户用邮件往来，有一次，美国客户前来北京谈判，北京公司老板为表诚意，亲自作陪游览长城，给他介绍长城的历史文化，最后问他，“不到长城非好汉”这句俗语听过吗，美国客户耸耸肩，我们知道，耸肩通常有两种含义，其一是“不明白，不了解”，其二是“无所谓，不屑”。这时译员就应当向美国客户确定他的表达含义“You have never heard it, right?”避免造成不愉快。

三、语境顺应对商务英语口译员的启示

不同的商务场合对译员有不同的要求，要顺利地进行口译，顺应语境，译员应从平时积累、译前的充分准备、译中的灵活细心以及译后的总结反思等方面不断提升自己。

（一）译者的扎实基础

商务英语的译员除了要有扎实的语言基础和跨文化交际能力外，还要具备扎实的商务知识，熟练掌握商务表达。“丰富的商务专业知识是理解语言的前提条件，也是译员能够重新表达源语的保障。”（王盼，2011）商务英语涉及场合之广，专业表达也数不胜数，例如，流通市值（negotiable market capitalization）、创业板（GEM Board）、集装箱吞吐量（container throughput）等涉及各行各业。译员要在平时注重积累，如在译前临时才做准备，由于时间短，再加上现场的紧张气氛，效果会大打折扣。

（二）译前的充分准备

译员在接到翻译任务的那一刻起，就应该收集一切与活动相关的准备，包括活动的时间地点、活动主题、与会人员的社会地位、职务、教育背景等，然后及时补充相关文化和语言表达。例如“chip”一词通常指电子产品领域内的“芯片”，但是在金融股票背景下，“blue chip”就是“蓝筹股”的意思。所以收集尽可能多的活动背景信息是必不可少的。

（三）译中的灵活细心

口译绝不是机械地翻译出说话者的语言符号的翻译活动，而要去“语言外壳”真正剥离出说话者的言语意图，译员要充分利用一切可利用的信息帮助自己正确理解表达意图，包括说话者的表情、肢体语言、听者的反馈、场合的氛围，等等。由于商务口译具有自己独特的特性，例如商务谈判的严肃性，或是商务陪同的随意性等，要尽可能选择最合适的措辞，当遇到模棱两可的情况时，要向说话者得到确认，避免尴尬和错译。

（四）译后的总结反思

一次商务口译的活动对口译员是一次宝贵的经历，译员应该将每一次的口译活动当成一次实践课，不断完善自己，克服紧张的心理障碍，积累成功的经验，总结失败的教训。

四、结语

商务口译活动具有极强的灵活性，对语

境的顺应对口译活动的成功起着举足轻重的作用，顺应论为口译活动的语境顺应研究提供了新的视角，尤其是对交际语境的顺应，包括对社交世界、心理世界和物理世界的顺应，从而对译者应该具备扎实的专业基础，译前、译中和译后等方面提出要求，提高译员的翻译质量，促进商务口译活动的顺利进行，为口译事业献出绵薄之力。

参考文献：

[1] EUGENE A NIDA. Language culture and translating [M]. Shanghai: Foreign Language Education Press, 1993.

[2] HALLIDAY M A K. Explorations in the functions of language [M]. London: Edward Arnold, 1973.

[3] MALINOWSKI B. The problem of meaning in primitive languages [M]. New York: Harcourt Brace World, 1923.

[4] VERSCHUEREN JEF. Understanding pragmatics [M]. London: Edward Arnold, 1999.

[5] 何自然 . 语用学新解导读 [M]. 北京：外语教学与研究出版社，2000.

[6] 胡壮麟 . 语言学教程 [M]. 北京：北京大学出版社，2001.

[7] 霍尔 . 无声的语言 [M]. 何道宽，译 . 北京：北京大学出版社，2010.

[8] 王盼 . 从释意理论的翻译三角模式分析商务英语口译者能力要素的构成 [J]. 科教纵横，2011（3）：249.

生态翻译学视角下口译实践中的“零翻译”现象浅析

张亚男

【摘 要】随着21世纪经济全球化的不断发展，国际间交流日益加深，数字化信息时代已然来到。越来越频繁的口译活动对口译员和口译质量都提出了更高的要求。“零翻译”策略较好地解决了口译生态环境中不同层面上的部分翻译问题。本文旨在浅析生态翻译学视角下口译实践中“零翻译”现象的产生与翻译过程中“零翻译”策略的灵活应用，试图探讨口译实践中“零翻译”策略的可用性与不可滥用性。
【关键词】生态翻译学视角；口译实践；“零翻译”

【Abstract】With the development of economic globalization in 21st century, international ex-changes increase rapidly. The digital information age is coming with interpretation activities becoming more and more frequent. This article aims to analyze the generation and flexible application of “Zero Translation” strategy in interpretation activities from the perspective of eco-translatology, and try to study the availability and prevent the misuse of “Zero Translation” strategy.
【Key Words】eco-translatology; interpretation activities; “Zero Translation”

一、生态翻译学视角下的“零翻译”现象

生态翻译学（Eco-translatology）最早由我国清华大学学者胡庚申教授于21世纪初期在国际翻译学界首次提出，是具有显著跨学科性质、从全新的生态学角度对翻译实践进行多维度研究的翻译研究途径。胡庚申教授在“优胜劣汰”“适者生存”等基本生态原理的基础上，系统地发展了生态翻译学理论，提出“翻译即适应与选择”（Translation as Adaptation and Selection）的翻译理论，并将该项理论定义为“一种生态学的研究途径”（an ecological approach to translation）。胡庚申（2009）指出“既然翻译实践是人类交际行为的一部分，又和自然（生态）界的实践是关联的和共通的，那么，这种关联性和共通性就为适合于自然界的基本规律也同样适用于翻译实践提供了一种可能”。

自生态翻译学问世以来，诸多专家与学者参与了对生态翻译学各方面的研究。刘艳芳（2009）从翻译适应选择论角度分析语言维和文化维层面中新闻报道中隐喻习语的翻译；陈圣白（2012）以生态翻译学为视角对口译过程中译员的多维适应与选择现象进行了口译的本体研究；宋志平等（2016）从

生态翻译学角度解读翻译研究中的几个关键问题，如可译性问题、翻译策略问题、回译问题与翻译研究“转向”问题等；程永伟等（2016）从语言维、文化维和交际维层面探讨口译员对口译生态环境的选择性适应与适应性选择等。

在生态翻译学视角下解读口译实践中的“零翻译”现象顺应了时代潮流。“零翻译”概念由上海外国语大学邱懋如教授在其发表的《可译性及零翻译》中引入。翻译史上，语言的可译性与不可译性一直备受争议，各国语言学家与翻译家对此争论不休，例如前有著名英国翻译家德莱顿认为译者是戴着脚镣在绳索上跳舞（段慧，2009），德国语言学家洪堡特认为语言是独特的，无法在其他语言里找到对等物（却正强，2010），后有美国语言学家和翻译理论家尤金·奈达博士认为语言的可译性在于语言的共性远大于其差异性（Nida，2001）。正由于文化特征及背景存在相似性与差异性，口译人员在面对多种多样的翻译任务时，在语言间差异达到不可译程度的情况下，为了满足听众对于译文的可理解性需求，会采用“零翻译”策略，这符合口译生态环境的自然选择要求。

对于“零翻译”类别的划分，翻译界学者们莫衷一是。邱懋如（2001）将“零翻译”分为两类：一类为省译，一类为音译和移译。第二类较为常见，音译即用汉语中谐音的字组合翻译英语的词语，例如各类品牌名称，路易威登（Louis Vuitton）、普拉达（Prada）、香奈儿（Chanel）等以及雷达（radar）、探戈（tango）、吉他（guitar）等；移译是将源语词汇不加修改直接应用于目的语中的翻译方法，如“NBA”“iPhone”“4G”等。刘明东（2002）将“零翻译”分为“绝对零翻译”（省译、移译）和“相对零翻译”（音译、音义兼译、补译、象译、直译加注、归化等）；李丹等（2012）认为“零翻译”可划分为“非语言符号零翻译”（术语与单位符号、数字与数字符号、图像符号）和“语言符号零翻译”（缩略语、专名、通用词汇、引用）两大类；李家春（2013）将“零翻译”划分为缩略语零翻译、词语零翻译、语句零翻译和语篇零翻译等。

日常生活中，常见的口译实践有政治性口译和商业性口译，是一种通过言语来向听众传达说话者意思的人类活动，所以口译实践属于生态系统中的一部分，其所遵循的规则与制度也在生态法则之内。口译实践所处生态环境即为口译生态环境，而口译实践中各种各样“零翻译”现象的出现正体现了口译实践对生态翻译学基本规则与原理的遵循，证明了生态翻译学对于口译实践具有指导意义。

二、口译实践中“零翻译”策略的应用

目前，口译实践所面临的主要困难之一是两种语言文化形象的部分不对等以及部分词汇的隐含文化含义在另一种文化中难以被理解。“零翻译”策略是解决这一难题的选择，因为其既便于目的语表达，又节省翻译时间，能够满足口译员作为生态系统的一分子在口译生态环境中做出最佳选择的条件。

（一）科技和经济层面的缩略词

随着科学技术与全球经济的发展，口译员在口译实践中越来越多地接触到各种各样的科技词汇和经济词汇。在口译现场，即便是在提前拥有翻译资料的情况下，对于较为陌生的科技词汇和经济词汇，大部分口译员在翻译时会采用“零翻译”策略，对该类科技名词与经济名词进行移译，使其成为“零翻译”词汇。这也是口译员在适应口译生态环境时，对能采取的各种翻译方法进行“优胜劣汰”后，所选取的最有效的翻译方法。

原因有二：一是口译现场的与会人员大都懂得相关的科技词汇和经济词汇，翻译这类词汇全称或者口译员对这类词汇进行全面的解释翻译反而会增加翻译时间，延长会议时长，甚至可能引起理解上的误差；二是很多“零翻译”词汇与语句已是约定俗成，为人们所熟识，十分易于理解，如“3D”“iPod”“MP4”“GPS”“GDP”“APP”“ETC（Electronic Toll Collection）”“O2O（Online to Offline）”“B2C（Business to Customer）”等，再如BMW某广告词“BMW互联驾驶用户可以通过德国电信购买WI-FI热点流量，基于全新的电子SIM卡，在车内建立4G标准的高速网络环境”中提到了BMW、WI-FI、SIM、4G四个缩略词，其在从英文源语引入到中文目的语时，均采用“零翻译”策略，省略复杂的全称，保留简约的形式，却可以让听众更快地记住该广告词，更好地理解汽车的相关内容，便捷又高效。

（二）文化层面的文化负载词句

语言是文化的载体，翻译与文化一直密不可分，所以说翻译语言也就意味着翻译文化（程永伟等，2016）。对于口译内容中极具独特文化特色的词语，如磕头（Kowtow）、风水（Fengshui）、麻将（Mahjong）、衙门（Yamen）、阴阳（Yin and Yang）、形（Xing）、神（Shen）、粽子（Zongzi）、凉茶（Liangcha）、炕（Kang）、状元（Zhuangyuan）、维生素B（B-vitamins）、咖喱（Curry）、伏特加（Vodka）、电子邮件（E-mail）等文化负载词，口译员在口译现场进行翻译时采用“零翻译”策略，能够较好地适应口译生态环境，缓解口译压力，像蒙古族传统艺术“呼麦”，可以翻译为“khoomei”，也可以为汉语拼音“humai”，在具有现场环境（呼麦表演或视频）的情况下，直译为“humai”也可以很好地传达源语想要表达的效果。另外，在各种口译活动现场，中文发言人通常会讲一些礼节性的客气话以表示我们中国人的热情好客，比如“请不要客气”“就跟在自己家一样”等。对于此类话语，口译员通常不会直译为“Please don’t be polite”“Just like at home”，而是采用归化的“零翻译”策略，翻译为带有英语特色的“Please help yourself”。诸如此类还有中国人在被夸赞时的自谦词“哪里哪里”，口译员将之同样归化翻译为“Thank you”；中国人在给予外国友人帮助时经常使用肯定句，如“我帮你拿”“我帮你搬”等，口译员均将之归化翻译为疑问句“Can I help you with...”，这样更贴近英文使用者的表达方式，易于中英双方的情感交流。口译员作为口译生态环境的一部分，对于整个现场生态环境内各个部分的和谐共处起着至关重要的作用。在文化因素造成交际障碍时，口译员要顺应口译生态环境的选择，同时具备一定的跨文化意识，尽量克服文化障碍，保证信息交流通畅。

（三）新闻传播层面的新闻词汇

2008年12月18日，胡锦涛同志在纪念改革开放30周年大会上讲道：“……只要我们不动摇、不懈怠、不折腾，坚定不移地推进改革开放……”在随后的新闻发布会中，口译员将“不折腾”直接译为“buzheteng”，采用了“零翻译”的翻译策略。这一方面是源于“不折腾”是为人们所熟识了解的北方俚语，与会代表都能够理解其意思；另一方面也是因为“不折腾”一词具有丰富内涵，引人思索，一时难以找到与之相对应的英文词汇（朱纯深等，2011）。虽然“不折腾”的“零翻译”引起了诸多争论，但放在当时的口译生态环境来看，“buzheteng”的“零翻译”也不失恰当。2011年温家宝同志在回答台湾无线卫星电视台记者提问中提到：“……台商投资已经占到大陆吸引外资的9%……我想要消除这样一个顾虑，就是我们在推进科学发展，转变发展方式，只能为台资企业创造良好的投资环境和更有利的商机……”其中，“我想要消除这样一个顾虑”这句话重复了上下文的含义，为了使译语更能在该口译生态环境中生存，并传递讲话人的交际意图（陈圣白，2012），口译员在翻译时便采用“零翻译”策略，对这句话进行了省译。2008年，汶川地震新闻发布会上讲道：“关于落实灾区孤儿、孤老、孤残人员每人每月发放600元基本生活费的政策，正抓紧核实‘三孤’人员身份。”口译员在翻译时采用“零翻译”策略，省译‘三孤’人员，这样既避免了政治新闻词汇的乱译，又可以让外国媒体理解讲话者下文中“those qualified”的意思。温家宝曾对身边译员说过，不会译不要紧，千万不可以译错。足可见口译员在口译生态环境中位置之重要性。

三、关于“零翻译”策略使用的探讨

如今经济全球化的脚步不断加快，各国间经济文化交流日趋频繁。在传统文化相互碰撞的同时，涵盖传统文化特色的文化负载词句与必然会派生出的大量新鲜词句，对翻译工作者提出了更高的要求，尤其是需要在现场进行快速准确翻译的口译人员。应对这些文化负载词句与新鲜派生词句，在适应口译生态环境方面，“零翻译”策略正成为越来越多口译员们的不二选择。但是，口译员们应该在何时与如何采用“零翻译”策略仍值得探讨，“零翻译”策略不是万能的，不可滥用。

（一）缩略词的“零翻译”策略

目前，在引入国外最新科技和经济成果时，对于在口译实践中碰到的各类科技和经济词汇，口译人员正趋向于采用英语使用者经常使用的首字母缩略词形式对科技和经济词汇进行“零翻译”，而这类缩略词也正逐步转化为中国大众较为常用的“零翻译”词汇。同时，日益加深的国际文化交流催生出了许多新词（neologism），这些新词在源语中就属于新创造的词汇，是新生事物，所以在目的语中很难找到与之匹配的现成的对等词。新词能够在源语语言生态环境中得以存活，说明新词可以适应源语语言生态环境，是社会语言自然进化的结果，那么理论上来讲，新词也可以适应目的语语言生态环境。事实上也是如此。口译员在翻译这类新词时，倾向于采用“零翻译”策略，直接将新词从源语搬到目的语中。随着中国经济的不断发展，人们越来越频繁地接触“零翻译”词汇，相信“零翻译”词汇的生命力也会越来越旺盛。

然而，是否所有的科技和经济缩略词都可以进行“零翻译”仍有待商榷。倘若口译员一见到科技和经济缩略词就进行“零翻译”，经过长时间的累积，含有“零翻译”词汇的语句是否会变成一半英文字母，一半汉语文字的怪异语句？汉语又能否在越来越充斥西方语言的现代保持其自身的正统与纯粹性？这值得译员们思索。因此，翻译科技和经济缩略词时，“零翻译”策略不可滥用。口译员要审时度势，根据口译生态环境要求，具体情况具体分析后做出最佳选择。

（二）文化负载词句的“零翻译”策略

在各类会议和活动现场，口译人员经常会碰到一些饱含国家或地方文化特色的词句，这些词句往往因其所蕴含的独具特色的文化因素、文化背景和风俗习惯等而与其他国家和地方区别开来，具有文化不对等性。同时，这类会议与活动现场因参与人数较多而有着更为复杂莫测的口译生态环境，极其考验口译人员的临场应变能力。这种情况下，口译人员对于口译生态环境的适应力极为重要。有时候，口译人员很难迅速而准确地在短时间内翻译出文化负载词句的文化内涵，同时为了保持口译译文的连贯性与准确度，他们必须在极短的时间内迅速对如何处理译文做出选择。这种情况下，顺应口译生态环境要求，口译人员可以先采取"零翻译"策略，保留词句的民族文化特色，再在不耽误口译任务的情况下，对文化负载词句进行解释，甚至可以在会议和活动后期再对这些文化负载词句加以详细解释。情景语境（situational context）为口译员提供了易于听众理解译文，尤其是理解译文中"零翻译"词汇的良好口译生态环境。由此可见，"零翻译"策略既可以保持文化词汇原汁原味的地道性，弥补因文化缺失而造成的词汇空缺现象，也可以缓解口译员面对翻译任务时的压力，确保口译工作的质量。

各类口译实践的口译生态环境对口译员提出了多种多样的"生存"要求，口译员自然也对译文提出了不同的"生存"要求，显然"零翻译"策略在这样的口译生态环境中展现出了极强的适应能力。然而，是否所有的文化负载词句都要进行"零翻译"？在口译实践现场，口译员进行"零翻译"的文化负载词句是真的难以在目的语中找到对等词，还是口译员能力不够，对目的语或者源语了解不够透彻，勉强翻译之？因此，翻译文化负载词句时，"零翻译"策略不可滥用。口译员要在不断提高自身翻译水平的同时，对即将进行翻译的活动做全面详细的了解，这样才能更好地适应接下来的口译生态环境，在翻译时采用最佳翻译策略完成翻译任务。

（三）新闻词汇的"零翻译"策略

在参加政治性会议的口译实践时，口译员更需要谨言慎行，特别注意在该种口译生态环境下译文的高度准确性。在源语中出现一词多义，取一义则损其余的情况或者词句具有只可意会不可言传的意境的情况时，口译人员可以采取"零翻译"策略，对源语词句进行省译、音译或移译，以适应当时的口译生态环境。因为所谓的多义，很有可能是出于政治上的考虑而让语义模糊不清或故意不界定词义而引起的多义（朱纯深等，2011）。"优胜劣汰""适者生存"是生态系统中最基本也是最重要的法则，只有最适合于周围环境的生物才得以生存，其余的终将被淘汰。放在口译员的翻译上面，"优胜劣汰"不仅被采纳到最优译文的翻译方法中，"适者生存"也关乎着口译员能否担当口译重任，顺利完成翻译工作，并以此谋取生活所需。

具有政治含义的新闻词汇因其文本的特殊性而有别于其他文本类别，对其的权威解释应由有关部门或人员给出，显然口译人员没有这样的特殊权力。但是，这并不意味着翻译新闻词汇时只能采取"零翻译"策略，大部分新闻词汇都配有由权威部门给出的翻译与解释。在翻译新闻词汇时，"零翻译"策略不可滥用，口译员置身口译生态环境的同时也要考虑到新闻词汇所饱含的意义以及该词汇翻译出后将造成的影响，仔细慎重地选择翻译策略。

四、结论

21 世纪是一个经济飞速发展的时代，这个时代的发展带动了口译活动的繁荣与活跃。"零翻译"策略的出现表明了翻译界"适者生存""优胜劣汰"的生态规律，但同时也带来了潜在的文化渗透与演变的危机。2014 年 4 月人民网报道《"零翻译"何以大行其道》表示了对外来词汇破坏汉语纯洁与健康的担忧。"零翻译"策略不是万能的，在使用时也应小心谨慎，不可滥用。口译生态环境的多种多样决定了口译员所能选取的"零翻译"策略的多样性。时代总是在进步的，凡事皆有利弊，"零翻译"策略作为其他翻译策略的一种补充，口译员在使用"零翻译"

策略时，要保持严肃认真的翻译态度，努力实现译文的“信达雅”，切不可一味依赖于“零翻译”。

参考文献：

[1] NIDA EUGENE. A language and culture-contexts in translating[M]. Shanghai: Shanghai Foreign Language Education Press, 2001.

[2] 陈圣白 . 口译研究的生态学途径 [D]. 2012.

[3] 程永伟，林伟清 . 口译员对口译生态环境的适应性探讨 [J]. 重庆科技学院学报 : 社会科学版，2016：77-79.

[4] 段慧 . 戴着脚镣的舞蹈 约翰·德莱顿的翻译 [J]. 青年文学家，2009（13）：63-64.

[5] 胡庚申 . 翻译适应选择论的哲学依据 [J]. 上海科技翻译，2004：1-5.

[6] 胡庚申 . 生态翻译学：译学研究的“跨学科整合”[J]. 上海翻译，2009（2）：3-8.

[7] 李丹，黄忠廉 . 零翻译类型考 [J]. 山东外语教学，2012（2）：93-97.

[8] 李家春 . 零翻译类型研究 [J]. 外语学刊，2013（3）：95-99.

[9] 刘艳芳 . 从翻译适应选择论看新闻报道中隐喻习语的翻译 [J]. 上海翻译，2009（4）：16-19.

[10] 刘明东 . 零翻译漫谈 [J]. 中国科技翻译，2002（1）：29-32.

[11] 邱懋如 . 可译性与零翻译 [J]. 中国翻译，2001（1）：24-27.

[12] 却正强 . 论翻译中的可译性与不可译性之争 [J]. 学术问题研究（综合版），2010（2）：60-64.

[13] 施燕华，等 . “不折腾” 英译大家谈 [J]. 中国翻译，2009（2）.

[14] 思创·哈格斯 . 生态翻译学 R&D 报告：十年研究 十大进展 [J]. 上海翻译，2011（4）：1-6.

[15] 宋志平，胡庚申 . 翻译研究若干关键问题的生态翻译学解释 [J]. 外语教学，2016：107-110.

[16] 吴萍 . 葛浩文对中国文化负载词的翻译——以《丰乳肥臀》英译本为例 [J]. 英语广场，2016（2）：44-45.

[17] 张志，龚晓斌 . 浅谈零翻译 [J]，黄山学院学报，2011：65-68.

[18] 朱纯深，张俊峰 . “不折腾” 的不翻译：零翻译、陌生化与话语解释权 [J]. 2011：68-72.

文学

文化冲突中的成长之旅
——解读《黎明之屋》的成长主题

丁梓倩

【摘 要】莫马迪的小说《黎明之屋》主要讲述了寻求身份认同的印第安青年埃布尔在文化冲突中的成长历程。莫马迪在小说中体现了印第安传统在印第安青年成长和身份形成过程中的重要作用。本文借助成长小说的研究方法，从成长过程中的身份形成、成长领路人、成长中的顿悟几个方面探讨印第安传统在埃布尔成长过程，特别是身份形成过程中的重要作用。

【关键词】《黎明之屋》；成长主题；文化冲突；印第安传统

【Abstract】N.Scott Momaday is one of the most distinguished contemporary Native American writers. His novel *House Made of Dawn* won the Pulitzer Prize for Fiction in 1969, the first by a Native American writer to win such a national prize. The novel depicts the development of the protagonist, Abel, in cultural conflicts. In his initiation process, Abel undergoes the transition from lack of knowledge of his tribal traditions to understanding of them and achieves his identity formation. It demonstrates the importance of Indian traditions in the growth and identity formation of the Indian youth. Using the theories of initiation story, this paper aims to explore the importance of Indian traditions to Abel's development, especially to his identity formation in his initiation process.

【Key Words】*House Made of Dawn*; Initiation Theme; Cultural Conflicts; Indian Traditions

N. 斯科特·莫马迪是当代美国印第安裔作家的杰出代表之一。他的第一部小说《黎明之屋》荣获1969年的普利策奖，是首部获得美国主流社会认可的印第安文学作品。这部小说奠定了莫马迪在当代印第安文学领域的领军地位，同时也被广泛认为标志着当代印第安文艺复兴的开始。小说发表后，评论界从叙事结构、身份研究、后殖民主义、生态研究等角度对其进行了解读，但很少有人注意到其中的成长主题。总的来看，《黎明之屋》是一部描述印第安青年埃布尔成长之旅的成长小说。

成长小说是以主人公成长为主题的小说，通过叙述主人公的成长经历反映主人公的思想和性格从幼稚走向成熟的过程。莫迪凯·马科斯在《什么是成长小说》中指出“成长小说展示的是年轻主人公经历了某种切肤之痛的事件后，或改变了原有的世界观，或改变了自己的性格，或两者兼而有之。这种改变使他摆脱了童年的天真，并最终把他引向一个真实而复杂的成人世界”（Marcus，32）。成长作为人生的普遍经历，又因为种族、性别、文化等的差异而呈现出不同的成长模式。《黎明之屋》的主人公埃布尔出生在印第安居留地，之后进入陌生的白人世界，遭遇了文化冲突的困惑，在经历了一系列磨难和考验后，认识到了自己的问题所在，从印第安文化中吸取力量，在成长引路人的帮助下，回归印第安传统，确立了自己的文化身份，完成了成长之旅。

莫马迪在小说中体现了印第安传统在印第安青年成长和身份形成过程中的重要作用。本文借助成长小说的研究方法，从成长过程中的身份形成、成长领路人、成长中的顿悟几个方面探讨印第安传统在埃布尔成长过程中的重要作用。

一、寻找身份的成长主人公

在个体的成长过程中，青少年时期“最难同时也是最重要的任务”（Thornburg，537）就是身份的形成，这决定着他们之后的发展。一般而言，身份就是回答和解决“我是谁”这一问题。在不同的背景下，身份的含义也不相同，如有社会身份、文化身份等。文化身份涉及的是“一个人来自世界的哪个地方或哪个国家，他对自己文化的认同程度”（Santrock，180）。换句话说，文化身份是指个体对某种文化或组织的认同感、归属感，这种归属感的缺失会导致个体的“身份焦虑”。处在白人社会的印第安青年，受到印第安文化和白人文化的双重影响，在确定自身文化身份的过程中会面临更多的问题和挑战。

《黎明之屋》的主人公埃布尔就是在两种文化中成长起来的印第安青年。埃布尔出生在印第安居留地，那里仍然保留着原始粗犷的自然美，人们日出而作，日落而息，生活方式和宗教信仰仍未改变。埃布尔一直与祖父弗朗西斯科相依为命。埃布尔不知道自己的父亲是谁。在个体成长过程中，“父亲的缺失，无论是因为死亡还是疏离，通常象征着或等同于个体对家庭价值观信仰的缺失”（Buckley，19）。此外，埃布尔的父亲在他们所生活的居留地是个“外人”，这使得他和母亲、哥哥维达尔在部落中“显得有些奇怪且不同”（Momaday，11）。“在印第安部落中可能会有一些子部落，这些部落的成员不被其他成员完全接受，被认为是外人”（Schubnell，105）。埃布尔的父亲就是这些子部落中的一员。他的母亲在他五岁时因病去世，哥哥不久后也死于疾病。祖父弗朗西斯科成为他与部落的唯一联系。在这种环境下成长的埃布尔不能完全融入所在的部落。随着年龄的增长，埃布尔对外面的世界充满了憧憬和幻想，随后他加入了美国军队，走上了二战的战场。

战争使埃布尔的身心受到严重伤害，割裂了他与部落传统的联系，加深了他对部落文化的疏离感。小说开头，作者描述埃布尔服完兵役，坐车回到居留地，他喝得醉醺醺的，摇摇晃晃地从车上下来，见到来接他的祖父时“他瘫倒在祖父身上却认不出他来”（9）。“在注重血缘关系的印第安社会里，不认得自己的祖父意味着个体与部落传统关系的断裂，是文化身份的缺失的具体表现”（邱蓓，108）。埃布尔文化身份的缺失还表现在他的“失语”上。在以白人为主的军队，英语为主要语言，埃布尔所熟悉的印第安本族语失去了它的作用，慢慢地埃布尔变得沉默了。从战场回来的埃布尔不能用语言表达自己。他曾试图跟他的祖父说话，却不能表达自己心中所想；他不能像以前一样祈祷、唱歌，甚至连最普通的打招呼“你要去哪儿”都说不出来。在印第安文化中，语言是极其重要的，也是构成文化身份的重要部分。埃布尔的“失语”使他难以融入部落群体，难以形成稳定的文化身份。

埃布尔在一次部落仪典活动中杀死了阿尔比诺，被判入狱，几年后获释。出狱后，埃布尔被安排在洛杉矶的一家工厂干活，然而，他并不能适应大都市的一切。身处白人的世界，埃布尔备受歧视，他拒绝被白人文化所“同化”，同时又对自己的部落文化有着难以割舍的情结，他就在两种文化的夹缝中艰难生存。迷茫中的埃布尔在好友本纳利的帮助下意识到只有回归印第安传统才能找到归属感。随后他又回到居留地，聆听祖父的临终教诲，重新了解了自己的部落文化，最后在部落仪式中完成了自己的成长之旅。

二、成长的引路人

从社会学的角度看，每个人在成长过程中都会受到一些人的影响，这些人从正反两方面影响着青少年的生活经历和社会认知，使其逐渐建立起自己的角色和生活方向（芮渝萍,32）。在成长小说中，这些影响青少年成长的人物被称作引路人，是成长小说的重要元素之一。成长引路人可以分为两类，一类是教人向善的正面引路人，一类是把主人公引入歧途的反面引路人。这两类引路人从正反两方面指导和教育主人公，帮助主人公认识自我，认识世界。在小说《黎明之屋》中，主人公埃布尔在成长过程中遇到了各种各样的人，其中他的好友本纳利和祖父弗朗西斯科是他成长路上的两个重要领路人。

在洛杉矶，本纳利是埃布尔最亲密也是对他帮助最大的人。他和埃布尔有着相似的生活经历。两人都是在居留地出生，没有父母，由祖父抚养长大。这使得本纳利对埃布尔所面临的问题有着更深刻的认识和了解。他为初到洛杉矶的埃布尔提供住处，把自己的衣服借给他穿，带他熟悉洛杉矶，给予他很多工作上的指导和帮助。为了帮助埃布尔融入白人社会，本纳利不仅在物质上给予帮助，而且努力让埃布尔相信洛杉矶是个适合生活的好地方。本纳利不断强调洛杉矶的好处，他说“洛杉矶是个适合生活的好地方，这儿总会有很多事情可做，很多东西可看，这儿有你想要的一切，你永远不会孤独，这儿有金钱，收音机，汽车，大房子，你也可以拥有这些东西，它们很容易获得”（158–159）。然而事实并非如此，这只是本纳利帮助自己适应白人社会的一种策略。对于生活在洛杉矶的印第安人来说，他们大多处于社会的边缘地位，干着最底层的工作，拿着微薄的薪水。本纳利住在狭小的地下室，地板漏水，暖气片一开就发出大的响声。他有时候甚至没有钱去买酒喝，在工厂里会受到白人同事的嘲笑。这个城市所能提供的一些美好的事物对他们来说是可望而不可即的。他还告诉埃布尔要想在白人社会生存下来，你要“忘记以前的生活方式”，忘记在居留地的一切，因为“你不得不这么做”（131）。本纳利的“说教”使埃布尔对白人社会和生活在白人社会的印第安人有了更深刻的了解。他意识到要生活在洛杉矶，他要放弃自己的印第安传统，迎合白人文化，这是自己所不能接受的，“他不想改变”（131）。

本纳利除了让埃布尔了解到印第安人在洛杉矶的生活处境以外，还帮助埃布尔重新建立起与部落传统的联系。在洛杉矶，印第安青年不断被灌输白人文化和价值观，印第安文化受到鄙视和打压。在这种环境下，同样从居留地出来的本纳利充当起了埃布尔的精神导师。他向埃布尔讲述印第安传统、习俗，给埃布尔唱印第安圣歌，“我常常告诉他那些古老的方式、故事、歌曲，如《美丽的路》和《夜吟》，我会把一些歌曲唱给他听，告诉他歌曲的意思以及我自己的理解”（129）。这些古老的印第安歌曲和故事唤起了埃布尔对故土的记忆，重新建起了他与印第安文化的联系。在埃布尔被白人警察马丁内斯打得伤痕累累，决定离开的前一晚，本纳利为他举行了吟诵式。吟诵式是印第安纳瓦霍族的一种部落仪式，目的是为了治愈病人，通过象征性的动作和歌谣、祈祷的方式使病人恢复与世界的平衡和谐。“为了使患者复归和谐、从而恢复整个宇宙的和谐与平衡，患者的亲友们在‘哈塔西’（意为歌手）的主持下为患者、也为整个部族举行‘吟诵式’……待到吟诵式的最后一夜，哈塔西在雷暴鸟之舞中反复吟唱古老的歌谣‘黎明之宅’，宣告患者彻底摆脱失衡状态，万事万物随之恢复和谐与平衡，吟诵式‘在和谐之美中完成’”（邹惠玲,96）。本纳利的吟诵式抚平了埃布尔身体上的伤痛，使其重新获得内心的平静。古老的印第安传统使他意识到只有回归部落传统才能找到归属感，找回自己的文化身份。

在埃布尔的成长道路上，另一个重要的领路人是他的祖父弗朗西斯科。弗朗西斯科是印第安传统的代表者、体现者和传承者。埃布尔从洛杉矶回到部落后，连续七天守候在祖父身边，聆听他的临终教诲。弥留之际的弗朗西斯科通过讲故事这一传统的印第安文化传承方式向埃布尔讲述了家族的历史以及印第安传统。他讲述了自己年轻时的猎熊经历，如何用仪式性的方式杀死熊并成为真正的男人，这其实是弗朗西斯科的成人式。他回忆起了自己如何参加部落典仪，并且凭借在典仪上的完美表现成为一名药师，获得族人的尊重，“在部落中有了发言权”（181）。他还向埃布尔讲述了家族历史、如何根据太阳的轨迹来判断时间以及在部落生活中非常重要的一些仪式和活动。弗朗西斯科的故事使埃布尔了解了自己部落的历史、传统、习俗、价值观，看到了部落传统的强大生命力，唤起了他内心深处对部落文化的认同感。弗朗西斯科去世后，埃布尔先按照传统印第安方式处理了遗体，然后告诉当地的神父去埋葬他的祖父，这一做法是合乎部落习俗的，这表明了埃布尔对部落文化的接受和认同。安葬完祖父后，埃布尔加入到部落晨跑仪式中，这表明他已经融入了部落社会中，同时他重新找回了自己的部落语言，摆脱了“失语”状态，“他开始唱歌……他在歌声中继续奔跑”（198）。小说结尾处的晨跑仪式既代表印第安文化从老一代传承到新一代，也表示埃布尔找到了自己的人生定位和意义。他找到了自己的位置，承担起了保护和传承印第安传统文化的责任，成长为一个成熟的、有责任感的男人。

三、成长的仪式与顿悟

“在成长小说中，仪式性的死亡和重生常常代表年轻主人公的转变和成长”（芮渝萍,184）。在《黎明之屋》中，埃布尔就经历了一次象征性的死亡和重生，并获得了顿悟。顿悟原本是一个宗教术语，詹姆斯·乔伊斯将其引入文学，用它来指日常生活中世俗的、非宗教的启迪，认为顿悟是“一种突发的精神显现”，在此期间“普通的事物和动作焕发出光彩”，引发主人公的精神感悟（Baldick，72）。“通过顿悟，主人公对自己或者某种事物的本质有了深刻的理解和认知”（芮渝萍，143）。顿悟是成长小说的基本元素之一。成长小说的年轻主人公“经历了顿悟，透过层层迷雾，洞悉了事情的真相，感到有责任来改变内心和行为”（Buckley，22）。

一天晚上，埃布尔和本纳利从酒馆出来后在回家的路上碰到了白人警察马丁内斯。马丁内斯威胁埃布尔和本纳利把身上的钱交出来并羞辱了他们。埃布尔对此事耿耿于怀，终于有一天他去找马丁内斯算账，结果被打得遍体鳞伤。身心受到严重伤害的埃布尔躺在海滩上，失去了意识，浑身疼得不能动，眼睛也睁不开，就像死去一般。此时的埃布尔正在经历成长过程中仪式性的“死亡”，度过了这个阶段，他就可能获得重生。此后，逐渐苏醒过来的埃布尔想起了之前所看到、经历过的一系列人和事：杀死比尔诺后法庭上的审判，情人米莉，哥哥维达尔，他第一次离家时的场景，沙滩上的银边鱼，等等。埃布尔此时的境况跟沙滩上的银边鱼非常相似。离开居留地来到洛杉矶的埃布尔，任凭白人摆布，毫无抵抗力，就像鱼儿离开大海一样无助。而要摆脱目前的状态，埃布尔的出路就是回到故土，就如同鱼儿只有回到大海才能重获活力和自由一样。对过去经历的回忆使他顿悟到导致自己目前困境的原因。他意识到也许自己的真正问题在于不能正确看清目前的处境。“他试图找出问题的起源，问题的实质。他承认存在问题，但是他不能真正认清自己的处境。也许，那就是问题所在，但是他不知道如何去了解”（93）。他意识到自己“丢失了自己的位置”“迷路了”（92）。他终于明白在白人社会找不到自己的位置，只有回到居留地才能“处在万物的中心，知道自己在哪儿”（92），知道自己是谁。认识到自己问题所在的埃布尔最终决定离开洛杉矶回到居留地，并在那里确立了自己的文化身份，成长为一个有责任、有担当的人。

四、结语

小说《黎明之屋》描述了寻求身份认同的印第安青年埃布尔在文化冲突中的成长历程。埃布尔的成长过程也是一个从不了解部落传统到认同部落传统的过程，从迷失自我到找到人生定位的过程。遭受文化冲突困惑的埃布尔在好友本纳利和祖父弗朗西斯科的帮助下意识到只有回归印第安传统才能找到自己的人生定位，确定文化身份。埃布尔的成长经历也是当代印第安青年成长经历的映照。印第安传统不仅对于埃布尔个人而且对于整个印第安民族来说都有着至关重要的作用。小说结尾，祖父弗朗西斯科在临终之前向埃布尔讲述自己以前的经历，这实际上一种文化的传承。作者通过这一情节表达了自己的期望：印第安年轻一代应该回归传统，承担起保护、传承印第安传统文化的责任。

参考文献：

[1] BALDICK CHRIS. Oxford concise dictionary of literary terms [M]. 上海：上海外语教育出版社，2000.

[2] BUCKLEY JEROME H. Seasons of youth: The bildungsroman from Dickens to Golding[M]. Cambridge: Harvard University Press, 1974.

[3] JOYCE JAMES. Stephen hero[M]. London: Jonathan Cape, 1956.

[4] MARCUS MORDECAI. “What is an initiation story?” The young man in American literature: The initiation theme[Z]. William Coyle. New York: The Odyssey Press, 1969. 29-40.

[5] MOMADAY N SCOTT. House Made of Dawn[M]. New York: HarperCollins Publishers, 1999.

[6] SANTROCK JOHN W. Adolescence[M]. New York: Mc Graw Hill Companies, Inc., 2005.

[7] SCHUBNELL MATTHAIS. N. Scott momaday: The cultural and literary background[M]. Norman: University of Oklahoma Press, 1985.

[8] THORNBURG HERSHEL D. Development in adolescence[M]. California: Brooks/Cole Publishing Company, 1982.

[9] 邱蓓，邹惠玲 . 回归印第安自我——解析莫马蒂的《黎明之屋》[J]. 沈阳大学学报，2011（8）：68-70.

[10] 芮渝萍 . 美国成长小说研究 [M]. 中国社会科学出版社，2004.

[11] 邹惠玲 . 北美印第安典仪的美学意蕴 [J]. 艺术百家，2005（3）：95-97.

墙纸的启示——《黄色墙纸》的女性主义解读

曲美茹

【摘　要】《黄色墙纸》是作者夏洛特·吉尔曼根据自身经历的“休养疗法”创作而成的一部经典的女性主义作品。被禁止思考和写作的叙述者沉迷于对房间内黄色墙纸的解读和想象，最终精神崩溃。本论文从女性主义批评的角度讨论叙述者对墙纸的解读与想象以及在此过程中对自身困境的认知和对自由理想的抗争。本文还讨论叙述者是如何通过对墙纸的解读和想象宣泄出自己的女性创造力以及她在父权社会压迫下注定的悲惨命运。
【关键词】女性主义；父权社会；女性创造力

【Abstract】“The Yellow Wallpaper” is a classic feminist work written by Charlotte Gilman according to her own experiences. Forbidden to think or write, the narrator got fascinated with the yellow wallpaper in her room, finally lost her sanity in imagination. From a feminist perspective, this paper examines the narrator's imagination on the yellow wallpaper which awakened her to the oppression she suffered and the freedom she desired. This paper also examines the narrator's success in the articulation of her female creativity in the process of her imagination as well as her doomed destiny in a patriarchal society.
【Key Words】feminism; patriarchal society; female creativity

一

《黄色墙纸》是女性主义鼻祖夏洛特·吉尔曼最重要的代表作，是作者根据自身经历创作的一部经典的女性主义作品。吉尔曼在女儿出生后患上抑郁症，接受当时著名的“休养疗法”，即完全卧床休息，避免脑力劳动。但吉尔曼认为正是这一疗法使她病情日益加重，几乎到了精神崩溃的边缘。最终，吉尔曼努力挣脱放弃该疗法，结束了令她窒息的婚姻而获得新生。吉尔曼正是根据自身的这段“休养疗法”的经历创作了《黄色墙纸》——一部以第一人称叙述的日记体小说。小说中的叙述者即女主人公刚刚生完孩子，患有精神衰弱，被身为内科医生的丈夫带到乡下的一座豪宅接受“休养疗法”。极富想象力和创造力的叙述者被禁止思考和书写，于是日益着迷于解读房间里黄色墙纸的图案，在解读的过程中，实际映射了自身的精神世界。叙述者通过对黄色墙纸的解读与想象，意识到了自身作为一个女性在19世纪的父权社会中和父权婚姻制度下所处的地位和所受的压迫。另一方面，叙述者也正是在解读与想象的过程中最终宣泄出自己压抑已久的女性创造力，但不幸的是，这一成功却是以自己的疯癫为代价。

本论文分为两个部分。第一部分讨论叙述者对黄色墙纸的解读与想象以及在此过程中叙述者对自身所处困境的认知和由此而来的对自由理想的抗争。第二部分讨论叙述者是如何通过对墙纸的解读和想象宣泄出自己的女性创造力以及她在父权社会压迫下注定的悲惨命运。

二

叙述者在丈夫的安排下被迫接受“修养疗法”。被关在曾经用作育儿室的、装有护栏的房间里，并且被禁止思考和进行任何创作的叙述者唯有将自己的创造力用于对房间内黄色墙纸的解读和想象中。在叙述者的想象下，黄色墙纸俨然一张张素描，记录了她的真情实感。黄色墙纸也如一面镜子，折射出一个妻子、一个母亲，特别是一个女性在父权社会中的生存困境和对自由理想的渴望。

通过叙述者所描述的黄色墙纸图案的变化以及她对墙纸态度的转变，可以看到叙述者是如何一步步认识到自己的困境及她内心对自由理想的渴望。叙述者对墙纸的解读和想象分为三个阶段：初始阶段、发现阶段、等同阶段。

初始阶段是指小说的第一章。当第一眼看到墙纸的时候，叙述者就不喜欢它的图案和颜色。在该阶段，墙纸并没有激发她太多的想象。她更多的是用艺术的眼光去审视而非融入自己的想象。然而，叙述者是如此敏感而又富于联想，以至于看到墙纸的第一眼就让她有了不好的预感：她观察到墙纸上的一些曲线似乎是在自我摧毁。而这不祥的第一印象也预示了后文的离奇与可怕。

发现阶段是从小说的第二章～第五章。叙述者将墙纸的图案想象成两层。表层的图案好似狂舞的海草和缠绕的菌类，这两个意象都让人感觉束缚、压抑。之后，随着叙述者对自身困境的觉醒，特别是同丈夫关系的恶化，她最终将墙纸表层的图案想象为栏杆。也正是在此时，叙述者宣布自己终于看清了墙纸里面隐藏着的图案——一个弯腰爬行的女人，白天安静温顺，夜晚却晃动栏杆，想要挣脱而出。两层图案合在一起确立了一个试图挣脱监牢的女人的形象，而这也正呼应了叙述者在第二章一开始描述的关于墙纸上折断的脖子和暴突的双眼的想象。

叙述者的这些联想实际上映射了她对自身困境的认知、她同丈夫关系的变化。墙纸里的女人是被栏杆囚禁；而叙述者是被她的丈夫，被父权社会的婚姻关系及女性角色所囚禁。关在房间里接受“休养疗法”的叙述者被禁止思考与书写，被禁止一切创作活动，犹如在监牢一般。她多次尝试说服丈夫搬走，搬出这个装有护栏，贴有黄色墙纸的，令她压抑窒息的房间。丈夫先是如慈父般好言相劝，继而如严父般冷酷无情。叙述者的丈夫看似温柔体贴，实则视她为自己的所属物，实行严格的控制，忽视她的感受。叙述者清晰地描述出自己同丈夫关系的变化，从为爱而听从转变为因害怕而敷衍。逐渐认识到自身的困境和同丈夫关系的变化后，敏感而又极爱幻想的叙述者将自己压抑绝望的情绪映射到墙纸的图案之上，也便有了上文所提及的困于监牢的女人的形象。这种映射是叙述者无意识的结果。尽管她对墙纸里的女人由害怕转为着迷，却还未能真正了解其内涵，更没有将该图案与自身联系起来。

在接下来的等同阶段，即文章的第六章～第十章，叙述者一步步将墙纸里的女人与自己联系起来，更确切地说是混淆在一起。墙纸里的女人在白天的时候安静顺从，叙述者也发现自己开始在白天的时候嗜睡，因为白天让她倦怠和困惑；叙述者声称看到那个女人从墙纸里爬了出来，透过每一个装有护栏的窗户都能看到她爬行的身影，而叙述者此时也承认自己白天趁丈夫不在的时候将房门锁上后在屋里爬行；当叙述者想要帮墙纸里的女人挣脱牢笼时，她是这样描述的：我撕扯，她摇晃，我摇晃，她撕扯。正如芭芭拉·约翰逊所说的：我们搞不清楚叙述者究竟是在墙纸的里面还是在墙纸的外面[2]。事实上，叙述者这个时候已经将墙纸里的女人同自己联系起来，而精神濒于崩溃的她甚至将自己和那个女人混淆起来。叙述者最后一次提及墙纸里的女人是当墙纸快要被撕下时。叙述者准备了一根绳子，如果那个女人出来后想要逃走的话就绑住她，结果叙述者却说自己从墙纸里爬了出来，并用绳子将自己牢牢绑住。至此，叙述者已经将自己完全等同于想象中的墙纸里的女人。对自身困境的认知伴随的是对牢笼的绝望挣脱，结果却是精神上的彻底崩溃。

三

叙述者将自身的困境和对自由理想的抗争映射到墙纸上，通过丰富的想象力，用大量的篇幅详述墙纸图案的变化，成功地表达出自己的女性创造力，同时也在父权社会的压迫下走上了一条疯癫之路。

叙述者极富想象力，创造力，极为敏感，又极爱幻想。这种艺术家的特质可以追溯到她的童年时期。还是一个孩子的时候，叙述者喜欢躺在床上观察白色的墙壁和普普通通的家具，从中获得的快乐和恐惧远比别的孩子从整个玩具店的玩具中获得的还要多。她把书桌的旋钮想象为眨动的眼睛；把椅子视为强壮有力的朋友，保护她免受伤害。

爱好写作的叙述者本可以将她丰富的想象力和创造力倾注于纸笔之上，成为一名出色的作家。然而，当她提及写作的时候，总是持一种矛盾的态度。一方面，写作能够为她减压，带来心灵上的舒适。另一方面，写作不但使她筋疲力尽，还让她内疚不已。在叙述者所处的19世纪，写作于女性是不被认可的。苏珊·古芭曾说，传统上，女性是男性的创造物，是男性书写的篇章，所以女性成为作家是非常困难和痛苦的[1]。在该小说中，叙述者的写作遭到丈夫的禁止。叙述者的丈夫是一名有声望的内科医生，极端理性，只相信看得见摸得着的东西。作为该小说中父权社会的发言人，他极力反对叙述者幻想，压制她的写作冲动。叙述者的小姑是父权社会中“完美女性”的代表。她是集完美与热情于一身的女管家，并视其为最理想的职业。叙述者的写作和一举一动都受到她的监视。没有家人朋友的理解与支持，叙述者每次写东西的时候必须小心翼翼不被人发现，一旦被发现就会遭到强烈的抗议。因此写作让她疲惫不堪。苏珊·古芭还曾说过，女性作家往往害怕自己才能的显现[1]。在父权社会中，女性早已将父权社会的意识形态全部或部分内化。虽然叙述者不同于自己的小姑，但她一定或多或少将父权社会的意识形态部分内化，因此写作无疑会令她内疚不已。

叙述者无法将自己的创造力用于写作中，于是逐渐将注意力放在她原本厌恶害怕的黄色墙纸上，在这里她可以自由想象，任意书写。叙述者最后一次提及自己对写作的矛盾心理是在第三章开头的部分，也正是从这个时候她开始对墙纸着迷。后文中，她再没有提及写作，而是将自己丰富的女性想象力创造力倾注于墙纸之上。芭芭拉·约翰逊曾指出，墙上被赋予生命力的纸是同叙述者被禁止书写的死的纸相联系的[2]。特赖希勒也指出，墙纸越发生动，叙述者就越发对写日记失去了兴趣[4]。所处父权社会中的叙述者被丈夫和小姑严密监视，禁止思考和写作，于是墙纸成了她的避难所，使她最终得以宣泄出自己丰富的女性创造力。

在文学史上，很多作品的女主人公最后发了疯。肖沃特指出，《哈姆雷特》里浪漫的奥菲莉亚因为有太多的情感无人能理解而发疯 [3]。本小说中的叙述者则是因为有太多的创造力，而除了墙纸之外没有其他的宣泄口，最终被逼疯。苏珊·古芭曾说过，女性唯有偷偷地利用手边仅有的材料去创作，比如她们的身体，她们自己 [1]。本小说中的叙述者在丈夫和小姑的监视禁止下无法使用纸笔，只能盯着黄色墙纸去想象。尽管最终表现出了女性的创造力，也付出了沉重的代价，以疯癫换取了自由。如芭芭拉·约翰逊所说，发疯是叙述者受虐狂般的自我表达 [2]。

叙述者在表达出女性创造力的同时也一步步丧失了理智。在初始阶段，她只是觉得压抑和紧张。到了发现阶段，她对墙纸既害怕又着迷。她抱怨，动不动就哭泣，越来越难思考。但是在该阶段，她仍旧对外面的事物感兴趣也渴望别人的陪伴。到了最后的等同阶段，她已经完全对墙纸着迷，完全不理会外面的世界，只是关注墙纸里的女人。当她外出的时候，她不再像以前一样喜欢看花园里美丽的小路或是玫瑰，而是被墙纸的味道——一种黄色的轻柔的诡异的味道一路追随。失去理智的叙述者用牙咬床，将自己绑起来，围着屋子一圈一圈地爬。她想象着将墙纸里的女人从栏杆里拉了出来，却将自己推进了疯狂的深渊。发疯后的叙述者不想再回到墙纸里去，也不愿走出房间。她想做的只是围着房间一圈一圈地爬，吓丈夫一跳。

身处父权社会的叙述者早已将父权社会对女性的束缚内化成自身的一部分，她对自由的渴望受到自己潜意识的压制。虽然她可以亲手撕去墙纸，摧毁想象中的监牢，将墙里的女人解救出来，她却无法摧毁父权社会、父权婚姻制度对她思想的禁锢。事实上，当叙述者撕扯墙纸的时候，她就已经意识到了自己注定会失败的命运，因为她看到那些被扼死的头颅和暴突的双眼在嘲笑她，对她尖叫。实际上早在最开始发现墙纸里有个女人的时候，叙述者就知道没有人能够爬出墙纸上的那个监牢，试图爬出来的人都会被扼住脖子勒死，所以叙述者想象自己看到那么多被扼断的头颅和暴突的眼睛。这些头颅和眼睛代表着像叙述者一样成千上万的同父权社会相抗争的女性，一方面她们寻求自由理想，渴望挣脱桎梏，另一方面她们的历史局限性又使她们在自己失败后嘲讽同样渴望自由的叙述者，成为叙述者追求女性自由理想道路上的绊脚石，父权社会下的帮凶。从另外的一个层面讲，这些头颅和眼睛也代表了叙述者的潜意识中对父权社会的认同，因为整个墙纸的图案都是叙述者的想象，代表了她的潜意识。如果说叙述者想象出的墙纸里爬行的想要挣脱的女人代表叙述者反抗的一面，那么被扼断的头颅和暴突的眼睛则代表她顺从的一面。这种矛盾心理也解释了为什么叙述者要在救出墙纸里的女人后又用绳子捆住了她。此时叙述者已经完全将自己和墙纸里的女人等同了起来。叙述者撕毁了墙纸，挣脱了想象的监牢，却不愿意走出装有护栏的房间挣脱现实的牢笼。这种矛盾心理也是由叙述者的历史局限性所决定的，同时也加重了她的心理负担，逼迫她一步步走向崩溃。然而对于一个被父权婚姻制度和内化的父权社会意识形态束缚的女性，她还有什么更好的选择呢？苏珊·古芭认为，《欢乐之家》中的丽莉巴特死了之后将自己的身体留下作为最后的遗言 [1]。本小说中的叙述者则是将自己的疯癫作为最后的控诉。而这样的控诉要比她清醒时所能表述的清楚得多。

四

肖沃尔特指出，《哈姆雷特》中的奥菲

莉亚发疯被认为是她女性身体和女性天性的产物[3]。然而，究竟是不是女性的天性把女性逼疯的呢？答案当然是否定的。如果说女性发疯真的与其天性有关，那也是其天性同父权社会之间的矛盾将女性逼疯。以本小说中的叙述者为例，是她极其敏感丰富的女性创造力同父权社会对女性的束缚之间的矛盾将她逼疯。

尽管叙述者意识到了自身的困境，并成功地表达了女性的创造力，却没有获得女性追求自由理想的最终胜利。她的自由是以疯癫为代价，逃脱了现实的父权社会、父权婚姻的桎梏，却落入了想象的疯癫的避难所。虽然她拒绝成为父权社会制度下丈夫心目中的完美妻子，她也没有成为一个女权主义者心目中的完美的自由的战士。在小说的结尾，丈夫因震惊而昏厥，叙述者从其身上爬过去。这一意象代表了女性自由抗争的胜利。然而从另一个角度看，叙述者失去理智换来的自由非常有限，她只是在一个装有护栏的房间里爬行，而每次绕到丈夫身边的时候，都不得不从他身上爬过去。叙述者的丈夫作为父权社会的代言人，即便在昏厥之后也阻碍着叙述者有限的自由。《黄色墙纸》是夏洛特·吉尔曼早期的作品，从中可以看到作者对父权社会下女性生存困境的批判和对女性追求自由理想的探索。作品所处的时代背景决定了女主人公，即叙述者能够取得胜利的局限性。那么女性的出路到底在哪里？我们或许可以从吉尔曼后面的女性乌托邦作品中找到答案。

参考文献：

[1] GUBAR SUSAN. 'The blank page' and the Issues of Female Creativity [A]// ELAINE SHOWALTER . The new feminist criticism: Essays on women, literature, and theory [C]. New York: Pantheon Books, Random House, Inc., 1985.

[2] JOHNSON BARBARA. Is female to male as ground Is to figure? [A]// RICHARD FELDSTEIN, JUDITH ROOT. Feminism and psychoanalysis [C].Ithaca: Cornell University Press, 1989.

[3] SHOWALTER ELAINE. Representing ophelia: women, madness, and the responsibilities of feminist criticism [A]// PATRICIA PARKER AND GEOFFREY HARTMAN. Shakespeare and the question of theory [C]. Hartman. New York: Methuen, 1985.

[4] TREICHLER PAULA A. Escaping the sentence: diagnosis and discourse in "The yellow Wallpaper" [J]. Tulsa Studies in Women's Literature, 1984: 61-77.

[5] 王育霞，梁静，陈霄燕．美国小说与戏剧的发展研究 [M]. 北京：中国书籍出版社，2014.

[6] 曾桂娥．乌托邦的女性想象：夏洛特·帕金斯·吉尔曼小说研究 [M]. 上海：上海大学出版，2012.

从后殖民主义角度解读卡勒德·胡塞尼的《追风筝的人》

申彩红

【摘 要】美籍阿富汗裔作家卡勒德·胡赛尼在其成名作《追风筝的人》中以灾难深重的阿富汗为主要背景，讲述了阿富汗富家少爷阿米尔背叛情同手足的仆人哈桑最终踏上自我救赎的回程的故事。本文从后殖民主义视角出发，探讨胡赛尼在书中如何通过塑造人物形象解构传统父权制社会中的男 / 女、主 / 奴关系从而解构西方的文化霸权中的第三世界的“他者”身份，为阿富汗民族争取话语权继而重新塑造民族身份。

【关键词】后殖民主义；男权意识的解构；主奴关系的消解；文化话语权的争夺

【Abstract】The Afghan American Writer Khaled Hosseini, in his masterpiece *The Kite Runner*, which is set in calamity-ridden Afghanistan, depicts the story of how Amir, the young master of a rich Afghanistan family, has betrayed his brotherly servant Hassan and finally steps on the journey of self-redemption. This essay, from the perspective of postcolonialism, tries to explore how Hosseini, through the portrayal of the characters, deconstructs the man-woman and master-slave relationships in the traditional patriarchal Afghan society so as to eliminate the Western World's cultural hegemony over the Third World as the Other and reconstruct Afghan's national identity by seizing the cultural discourse power.

【Key Words】postcolonialism；deconstruction of male chauvinism；deconstruction of master-slave relationship；seizure of the cultural discourse power

美籍阿富汗裔作家卡勒德·胡塞尼（Khaled Hosseini，1965—）的处女作《追风筝的人》自2003年出版以来一直广受好评，被翻译成多种语言，并进入多个国家的畅销书行列。胡塞尼本人于2006年获得联合国人道主义奖，受邀担任联合国难民署亲善大使。在《追风筝的人》这部小说中胡赛尼以温暖细腻的笔触讲述了男主人公阿米尔成长的故事。小说以第一人称的视角，从主人公阿米尔的回忆开始，讲述了阿富汗富家少爷阿米尔如何背叛与他情同手足的仆人的儿子哈桑，如何为了逃避自己的负罪感逼走哈桑，并因此陷入无尽的痛苦和自责，即便逃亡美国多年后仍无法忘记自己对哈桑犯下的错误，直到某天来自阿富汗的电话促使他重回故乡踏上救赎的征程。整个故事以灾难深重的阿富汗为主要背景，书写了自20世纪70年代至21世纪初政权更迭境况下普通阿富汗民众的悲欢离合，以挚诚悲悯的情怀探究人性的脆弱与灵魂的挣扎，成功地“拂去蒙在阿富汗普通民众面孔的尘灰，将背后灵魂的悸动展示给世人”（每个布满灰尘的面孔背后都有一个灵魂，《沈阳晚报》）。

自小说出版以来，国内外学者从各种视角阐释这部小说，研究的焦点多集中于成长与救赎主题、风筝意象、人物形象的塑造、文化意识、重复反讽手法的运用等。多数评论者把这部小说视为成长小说，重点关注主人公成长过程中的背叛和救赎。本文试从后殖民主义的视角出发，探讨胡赛尼在解构男权意识、消解主奴关系和争夺文化话语权方面所做的努力。

20世纪70年代以来，随着爱德华·萨以德的《东方主义》问世，开创了“后殖民”研究。后殖民研究形成于20世纪80年代，成熟于90年代，跨越哲学、人类学、地理学、历史学、政治学、文学、文化研究等不同学科，成为一种宏大多元的文化反思和批判（陶家俊 201）。后殖民文学批评作为这一研究理论的重要组成部分，实现了文学批评与抵抗政治的成功结合。诞生于后殖民时代，胡塞尼的《追风筝的人》在女性形象的塑造、主奴关系的呈现和民族文化的认同等方面体现出鲜明的后殖民倾向，值得我们深思与探索。

一、男权意识的解构

《追风筝的人》一书中勾勒出了一个以男人为中心的世界，女性角色寥寥无几且着墨较少，其中给人印象深刻的只有四位女性：阿米尔的母亲索菲亚、哈桑的母亲莎娜芭、阿米尔的岳母雅米拉和妻子索拉雅。然而这四位处于第三世界中女性角色的塑造展示了男权至上的意识是如何进一步瓦解的，从而实现了对男女二元对立和女性作为他者的存在的解构。

阿米尔的母亲自小说开始就已因难产过世，她高贵、纯洁、善良，她的角色虽然理想化却处于一种消隐的状态，只是活在丈夫的记忆里和儿子的想象中。当阿米尔看到父母的结婚照时，照片中“脸带微笑的妈妈穿着白色衣服，宛如公主”（Hosseini，5），父亲则因同这位“喀布尔数得上的最受人尊敬、最美丽、最善良的女性”（Hosseini，16）结婚而跻身于上层社会得到人们的认可。书籍是联系阿米尔和母亲的纽带，通过阅读母亲留下来的书籍阿米尔才能缓解对母亲的思念。而父亲似乎总想把母亲深藏在自己的记忆中，每当阿米尔问起时只说她是位了不起的女人。后来成年后的阿米尔返回喀布尔时幸运地遇到了母亲的一位同事，老人回忆了与母亲相处时的几个细节，似乎母亲的形象在阿米尔心中开始清晰起来，但后来再想找那位老人的时候却找不到了。母亲在阿米尔生命中的缺失使他性格怯懦胆小怕事，与父亲“飓风先生”的形象形成了鲜明的对比，同时也使阿米尔对男性权威的代表——父亲充满了向往。如果说身为皇亲贵族的索菲亚由于地位尊贵而在男性占主导地位的阿富汗占有一席之地的话，那么哈桑的母亲莎娜芭却被置于社会的最底层。

莎娜芭漂亮但身份卑微，只是个信奉什叶派穆斯林的哈扎拉人，年轻时放荡不羁，声名狼藉，迫于父亲的权威嫁给比自己大19岁的残疾哈扎拉人阿里，对自己的丈夫冷嘲热讽，与当地军人厮混，最后抛下刚出生的儿子跟着江湖艺人跑了，从阿富汗或者说整个世界传统的价值观来看，她是一个反传统的女性形象，是被男权社会摒弃的“他者”。儿子哈桑因为有着这样的母亲经常受到别人的嘲笑和侮辱。然而从莎娜芭身上可以看到她对男权的挑战，她憎恶阿里，曾冷笑着说：“这是个丈夫吗？我看嫁头老驴子都比嫁给他好。”（Hosseini，16）她与阿米尔的父亲偷情生下哈桑，最后跟着江湖艺人逃跑，无疑是向这一夫权的挑衅，也是对作为什叶派的哈扎拉人不断受到欺压的境况的不满。多年后当她回来找哈桑时已经"是个牙齿掉光的妇女，蓬乱的灰白头发，手臂上生着疮……更糟糕的是，她的脸上到处是人用刀划下的刀痕，一副丑怪的样子"（Hosseini，226）。这样的一个叛逆形象却在求得哈桑的谅解后把全部的爱投注到外孙索拉博身上，她精心照顾他，用木块、破布和稻秆给他做玩具。去世后哈桑把她葬在了种着石榴树的后山墓地，命运多舛的莎娜芭才得以享受安详与静谧。胡赛尼通过塑造莎娜芭这一与传统格格不入的魔鬼形象，对男性至上教派阶层鲜明的男权社会提出质疑和挑战。

阿米尔的岳母雅米拉心地善良，活泼开朗，喜欢歌唱。作为一位典型的阿富汗女性，她备受丈夫塔赫里的苛责，在结婚时不得不屈从于丈夫的指令——"永远不能在公开场合唱歌"（Hosseini，191），婚后唯丈夫为天，塔赫里对饭菜不满意都会让她战战兢兢，不知所措；她深爱女儿，在女儿与人私奔后中风导致面瘫，在看到阿米尔主动追求女儿后，非常高兴并且创造条件帮助他们沟通，阿米尔看到"这个妇女，这个母亲，带着令人心碎的渴望，讨好的微笑，对眼中的希望不加掩饰"（Hosseini，161）。在女儿同阿米尔结婚后，她深深地爱上并依赖着这个家庭的新成员，视他为救命稻草，阿米尔"深信不疑，就算我抓起来复枪杀人越货，也依然能得到她对我毫不动摇的恋爱。因为我治愈了她最大的心病，使她免受折磨，摆脱了每个阿富汗母亲最大的恐惧：没有门户光彩的人来向她的女儿提亲，那她的女儿就会独自随着年华老去，无夫无子，无依无靠"（Hosseini，192）。雅米拉是千千万万阿富汗女性的代表，她们深受父权制社会的压迫，失去自我，一心一意照顾家庭生儿育女，却放弃了自己的追求和梦想。

阿米尔的妻子索拉亚则是一个觉醒的新时代女性，始终在向父权制发出挑战。她身材苗条，有着"天鹅绒般的黑发""眉毛又黑又浓，中间连在一起，宛如飞翔的鸟儿张开的翅膀""笔挺的鼻子很优雅"（Hosseini，152）。她 18 岁时曾与人私奔，招致了各种流言蜚语，虽出生身高贵却也为阿富汗父权社会所不容，在苏联入侵阿富汗后不得不跟家人逃亡到美国。这段经历一直是索拉亚心中难以言说的伤痛，给她的内心蒙上一层阴影。在阿米尔向她求婚后，她勇敢地向他坦白了自己的过去请求他的谅解，这也是这位新时代女性不同于一般女性之处。她敢于反驳父亲，甚至批判父亲，"至少我不像他那样，当人们跟俄国佬打仗时，他只是坐在那儿，干等着尘埃落定，他就可以趁机而入，要回他那个一点都不高贵的官职"（Hosseini，197）。后来不顾父亲的反对依然追求自己成为教师的梦想，并成为一位优秀的教师。她心地善良，婚后精心照料病重的公公直至过世，全心全意地支持丈夫的写作事业，在阿米尔向她坦白过去对哈桑所做的一切后原谅他，同意收养哈桑的儿子索拉博。索拉亚自青少年时期就具有叛逆精神，在美国定居后接受美式的教育受到美国追求平等民主自由的文化氛围的影响，勇敢地向男权思想根深蒂固的阿富汗文化宣战，"这太不公平了……男人寻欢作乐没人会说半句闲话。我不过犯了一次错，所有人都开始谈论清白和尊严了"（Hosseini，193）。

胡赛尼在塑造这四位形态各异的女性形象的同时给我们勾勒出了阿富汗男性为中心的传统文化，女性在这个社会里只不过是父亲或丈夫的附属品，她们的思想和行为都要受到男性的制约，处于一种边缘化的状态，而后殖民时代处于西方文化霸权之下的阿富汗文化更加剧了她们边缘化的程度。无论是索菲亚的消隐还是雅米拉的逆来顺受无不证明女性作为他者的存在。从莎娜芭的出走到索拉亚对男权主义的宣战同时也宣告第三世界的女性在觉醒后对男权意识的瓦解，从而实现了对男女二元对立的解构。

二、主奴关系的消解

胡赛尼在《追风筝的人》中塑造了两对主奴形象：爸爸和阿里及阿米尔和哈桑，同时还重点描述了突破这种主奴关系的阿米尔和索拉博的父子形象，从而实现了对主奴关系和意识的消解，这对阿富汗解决内部的宗教民族纷争抵制西方的政治文化霸权具有重要的意义。

爸爸和阿里多年来一直保持着稳固的主仆关系。他们一起长大感情深厚，阿里尽心尽力地服侍爸爸和阿米尔，爸爸对阿里非常信任和依赖。即便这样，他们也分属不同的阶层和教派，爸爸是地道的普什图人，逊尼派穆斯林，而阿里是哈扎拉人，什叶派穆斯林，他们之间的主奴关系鲜明，即使在一个庭院里也分住在不同的环境里，爸爸的房子是当地最豪华的建筑，装潢精致，而阿里的住所狭小昏暗，虽然爸爸说“我没有兄弟，你就是我的兄弟”（Hosseini，116），但阿里终其一生也只是他的奴仆。黑格尔认为，“在主奴关系阶段，主人是自为自在的独立意识，奴隶是为主人而存在的非独立的依赖的意识，主人和奴隶的关系是统治和被统治的关系”（“黑格尔的主奴关系思想”，1）。更准确地来讲，爸爸对阿里的依赖实质上是把他看作自己的一部分，他们的关系仍然是统治和被统治的关系。更为甚者爸爸跟阿里的妻子莎娜芭私通生了哈桑，阿里出于对他的崇敬把哈桑视为己出，精心抚养成人。阿米尔眼里的爸爸是个反对社会规范的人，是“飓风先生”，但也不免落入俗套，即便到死都不敢承认哈桑是自己的儿子，从心里还是觉得哈扎拉人低人一等。而阿里更是把爸爸看作神一般的人，对他绝对忠诚，和儿子哈桑全心全意地照顾着爸爸和阿米尔，即便在阿米尔污蔑哈桑偷东西时都没有揭露少爷的罪行，最后在苏军入侵时为保护爸爸的房子而惨死。阿里最终发出的唯一的反抗是“尊敬的老爷，你不能禁止我任何事情，我们不再为你工作了”（Hosseini，117），并且毅然决绝地不顾老爷的祈求离开他们。尽管阿里以离去的方式颠覆了和爸爸的奴主关系，显示出比较本能的反抗精神，却没有达到一种彻底的决裂，因为正如黑格尔所说，只有达到自我意识的独立，才能获得平等和自由。

阿米尔和哈桑不同于他们的父辈，从最开始稳定的主奴关系逐渐转化为一种相反的一种关系，这也是阿米尔自我意识越来越独立的结果。阿米尔和哈桑自小喝着同一奶妈的乳汁长大，一起玩耍，一起恶作剧，一起看电影，一起放风筝。然而阿米尔出于与生俱来的民族和家族优越感从来没有把哈桑当做朋友，他认为哈桑只是个“哈扎拉文盲，一辈子只配在厨房里打杂”（Hosseini，37）。阿米尔深受阿富汗民族文化的影响，潜意识里将哈扎拉人哈桑置于社会最底层，这也是他后来背叛哈桑的根本原因。在哈桑为了帮他追回被击落的风筝赢得爸爸的欢心惨遭阿赛夫强暴时，阿米尔由于怯懦仓皇逃走，尽管内心充满了愧疚，还是不停地说服自己“为了赢回爸爸，也许哈桑只是必须付出的代价，是我必须宰割的羔羊”，因为哈桑“只是个哈扎拉人，不是吗”？（Hosseini，117）作为普什图人的阿米尔无疑像阿富汗传统价值观所宣扬的那样蔑视哈扎拉人，认为他们低人一等。天真纯朴的哈桑却把阿米尔视为最亲密的朋友，生命中最重要的人之一，婴儿时期的他学会的第一个词是“阿米尔”，他负责少爷阿米尔的起居饮食，为了阿米尔甘愿承受阿赛夫的侮辱，忍受阿米尔的坏脾气，甚至在阿米尔陷害他偷东西时没有反驳，跟着父亲阿里离开，最后也因为保护阿米尔的家园被塔利班打死。渐渐地，阿米尔和哈桑的主奴关系发生了逆转，即便逃亡到美国阿米尔也无法忘记他对哈桑曾经的背叛，这种内疚一直吞噬着他的内心，直到阿辛汗打电话召他回阿富汗寻找哈桑的儿子索拉博。从某种意义来讲，阿米尔的负疚感使他从意识上成为了哈桑的奴隶，主奴关系逐渐从外在的实际关系上升到意识的层面，发生了质的变化，也为之后主奴关系的消解做好了准备。

阿米尔和哈桑儿子索拉博不再是一种纠结的主奴关系，而是成功地转化为父子关系。因阿富汗战乱，阿米尔不得不随父亲流亡美国，远离祖国似乎使他远离哈桑，然而在内心深处隐藏着的却是一种深深的负疚感，当从阿辛汗那里得知哈桑是爸爸和莎娜芭的私生子是自己同父异母的兄弟时这种感觉越来越复杂，因而在几经挣扎后阿米尔冒着生命危险回到硝烟弥漫的阿富汗，从塔利班手中救出哈桑的儿子索拉博。二十多年后阿米尔再次遇到塔利班的狗腿子恶少阿赛夫，这次阿米尔没有缩在墙角看着哈桑的儿子经受多年前父亲所受到的侮辱，而是鼓起勇气迎战阿赛夫，即便被打个半死也不后悔，身体上的伤痛驱走了多年前由于怯懦所带来心灵上的创伤，在关键时刻索拉博挺身而出，用弹弓打伤阿赛夫救出阿米尔。就这样阿米尔和索拉博越走越近，渐渐卸下心防。之后饱受塔利班迫害的索拉博误会阿米尔会把他送回孤儿院选择割腕自杀，幸运地被救回并移民到美国，却陷入自闭的漩涡。小说结尾阿米尔为索拉博放飞风筝使笑容重回索拉博脸庞，阿米尔内心在呼喊："为你，千千万万遍！"（Hosseini，401）正像多年前哈桑冲他喊的一样。这种父子关系的确立并不只是因为阿米尔对哈桑的负罪感，还因为远离阿富汗极权社会的阿米尔在美国所宣扬的民主平等的文化氛围下逐渐摒弃了主奴思想和种族优劣的看法，从而逐渐消解了主奴关系。

不论是爸爸和阿里还是阿米尔和哈桑之间的主奴关系都是处于第三世界的阿富汗错综复杂的民族关系的产物，这种关系在极权社会中更是达到极致——例如塔利班对哈扎拉人的迫害，只有当主奴双方意识到自己所处的依赖的状态，达到自在自为的状态才能真正地克服这种主奴关系。

三、文化话语权的争夺

后殖民女性主义批评家斯皮瓦克曾经指出，话语与暴力的合谋将某些弱势阶层的主体性无情排斥在历史叙事之外，只有解构文本，解构殖民过程中隐藏的话语暴力，才能揭示作为被殖民属下阶层被缄默化的真相（陶家俊，205）。在胡赛尼的笔下，阿富汗同和平、富足、自由的美国相比，就是这样的弱势群体，在经历 1973 年阿富汗的宫廷政变、1979 年苏联侵略阿富汗、种族迫害、塔利班统治等政治事件后，阿富汗从一个平静安详的国度变成了贫穷落后灾难深重的人间地狱，尤其是在 2001 年"9·11"恐怖袭击后更成了"恐怖主义"的代名词。在西方掌握话语权的后殖民时代，阿富汗沦为受其压迫的"他者"。如何在弱肉强食的时代重树自己的民族身份，发出自己的声音正是胡赛尼在《追风筝的人》中所要探讨的主题。

阿米尔和父亲逃到美国后首先面临的就是美国主流文化的边缘化。他们居住在阿富汗移民聚居地，为了生活父亲在加油站打工，还跟阿米尔到二手市场摆摊售卖二手东西，把儿子送到学校读书。父子俩生活艰辛，却没有像其他人一样靠着领救济金过日子，而是自强不息地追逐着美国梦。在美国的阿富汗人都必须牺牲原有的生活方式才能获得生存的机遇，地域上的流放使他们文化上更处于一种流放状态，他们既要融入美国的主流文化又无法忘怀故乡的点点滴滴，事实上他们无论如何都处于美国主流社会的边缘。像阿米尔、索拉亚这样的阿富汗裔青年虽然接受了美国的教育，汲取美国文化中追求自由平等的精华，并有了自己的事业，似乎实现了一直以来所追求的梦想，却也无法步入美国主流社会中心，因为后殖民时代的西方一直掌握着话语权，其他土著、移民、族裔散居群体都被边缘化为“他者”，而想要摒弃自己的民族身份从来都不是解决这个问题的方法。

多年后当阿米尔重回喀布尔找寻索拉博时更确认了这一点。阿米尔一直将美国视为可以埋葬往事的地方，他试图屏蔽对哈桑所犯下的错误，彻底忘掉过去的一切，重新开始新的生活。然而当他再次踏上喀布尔的土地时思绪像潮水般涌来，家乡不再像过去那样宁静和谐，而是满目疮痍，很多人流离失所，在塔利班的极权统治下诚惶诚恐地过着日子，孤儿院里人满为患，却也随时可能受到极权分子的骚扰。“9·11”事件后，“美国官方把自己描述为天真、正义的美国亚当，无辜受到代表着邪恶与疯狂的恐怖分子的无端袭击”（胡亚敏，20），由于基地组织驻扎在阿富汗，“伊斯兰”“穆斯林”和“恐怖分子”这些概念逐渐被建构并进入人们的视野。之后美国采取军事行动，轰炸喀布尔，赶走塔利班组织，阿米尔和妻子积极筹款建立医疗基金帮助故乡受苦受难的阿富汗难民。在这种境况下，阿米尔逐渐意识到重塑民族身份掌握话语权的重要性，只有这样才能使人们真正地了解认识阿富汗及其人民。小说结尾阿米尔为了挽救自闭的索拉博放飞风筝——阿富汗勇敢无畏的民族精神的象征。

胡赛尼和他小说的主人公阿米尔同为阿富汗裔美籍作家，都通过写作致力于阿富汗民族身份的重塑。阿米尔出版的小说均以喀布尔为背景，讲述阿富汗人的故事。胡赛尼的《追风筝的人》也不仅仅只是一部“‘穆斯林苦难回忆录’，用来强调伊斯兰规则的不公正，证明新保守主义干涉主义的合法性”（胡亚敏，23），而是将忧郁、逆来顺受却又勇敢坚强的阿富汗民族呈现给世界。他们采用西方的文字工具即英语，加以自身的特性重新书写关于阿富汗的故事，才能最终“解构殖民文学与文化文本中隐含的政治霸权，重构一种反话语反叙事”（陶家俊，204），这也是萨以德所倡导的后殖民主义所宣扬的。胡赛尼和阿米尔发出的民族身份认同的声音最终形成了二重唱，旨在冲破殖民主义的文化霸权，掌握话语权，依据自己的主体性去重构世界。

四、结语

现代西方自殖民以来，利用其文化霸权和殖民话语，针对非西方世界施加政治、经济、社会、历史、文化影响（陶家俊，209），将这些非西方世界定位为“他者”，置于这一背景下的东方民族同时还面临着男权意识的膨胀和民族内部矛盾的加剧，在追求民族认同冲破西方殖民文化藩篱时困难重重。而后殖民主义正是由此而生，反映并激励第三世界的人民在其文化思想领域不断地进行抵抗和批判。胡赛尼的《追风筝的人》就诞生于这样的历史背景中。在胡赛尼的笔下阿富汗逐渐清晰起来，而不再是人们眼中的“恐怖主义”的代言人的形象，这主要得益于胡赛尼在塑造人物形象讲述阿富汗故事时所做的努力。也只有解构传统父权制社会中的男/女、主/奴关系从而解构西方的文化霸权中的第三世界的“他者”身份，阿富汗民族才能最终取得话语权重新塑造民族身份。

参考文献：

[1] HOSSEINI KHALED. The kite runner[Z]. New York: the Penguin Group, 2007.

[2] 每个布满灰尘的面孔背后都有一个灵魂 [N]. 沈阳晚报 .http://news.gmw.cn/newspaper/2013-05/27/content_1437099.htm

[3] 郭飞 . 崇拜与反抗 ——《追风筝的人》主人公对男性权威的态度流变 [J]. 宜宾学院学报，2014，14（4）：29-32，51.

[4] 黑格尔的主奴关系思想 [M]. http://www.docin.com/p-370047271.html

[5] 胡亚敏 . “9・11” 文学与评论中的美国天真神话 [J]. 解放军外国语学院学报，2016，39（4）：17-24.

[6] 戚迪 . 追寻人性的风筝——解读《追风筝的人》中的主奴关系与风筝寓意 [D]. 北京，华北电力大学，2012.

[7] 陶家俊 . 后殖民 [Z]// 赵一凡 . 西方文论关键词 . 北京：外语教学与研究出版社，2006：201-210.

[8] 王慧敏，荆蓁 . 身份流散下的精神守望与追寻 —— 论《追风筝的人》的流散主题与身份构建 [J]. 外语与外语教学，2016（2）：130-135.

[9] 曾万泉，尚晓进 .《追风筝的人》人物关系隐含的阿富汗民族关系 [J]. 社科纵横：新理论版，2013，28（3）：259-260，269.

[10] 张一姝 . 重新起飞的断线风筝 —— 从《追风筝的人》看阿富汗民族文化身份问题 [D]. 长春：吉林大学，2015.

[11] 郑素华 .《追风筝的人》主人公阿米尔的人格成长 —— 从弗洛伊德的精神分析角度解读阿米尔的三重人格 [J]. 南京理工大学学报：社会科学版，2015，28（1）：73-77.

麦卡锡小说《路》的文化创伤解读

舒云童

【摘　要】本文立足文化创伤的研究视角，分析美国当代著名作家科马克·麦卡锡的小说《路》中所蕴含的奴隶创伤经验和创伤症状，揭示了麦卡锡的奴隶小说叙事与黑人创伤历史间的密切关系。《路》是美国奴隶制的文化创伤经验在文学想象中的重现，它通过记述父与子在求生之路上困难重重、前途渺茫的旅程，引导读者对群体创伤记忆进行反思和修复，达到治愈创伤的目的。
【关键词】《路》；文化创伤；创伤治疗

【Abstract】Based on the perspective of cultural trauma studies, this thesis analyzes the traumatic slave experiences and trauma symptoms contained in The Road written by the prominent contemporary American author Cormac McCarthy, revealing the close relationship between his slavery narrative and black traumatic history. The Road reproduces the cultural trauma of American slavery in the scope of literary imagination. Through the profoundly moving story of a father and his son's tough and hopeless journey in burned America, it guides the readers to rethink and repair the traumatic memory in order to achieve the purpose of healing.
【Key Words】*The Road*; cultural trauma; trauma-healing

科马克·麦卡锡（Cormac McCarthy，1933—）是美国当代著名的小说家和剧作家，其代表作有《血色子午线》《天下骏马》《穿越》《平原上的城市》《老无所依》和《路》等，曾获得普利策文学奖、鹅毛笔奖、美国国家图书奖、美国评论界图书大奖等多个奖项。著名文学评论家哈罗德·布鲁姆把他列入当代美国最重要的四大小说家之一。小说《路》（*The Road*，2006）一经出版，就在读者心里引起极大共鸣，成为麦卡锡最受欢迎的小说之一，并为他赢得了2006年的普利策奖。虽然小说中的暴力和血腥元素并未减少，但其语言和叙事方法与早期作品有所不同，它是一部极度弱化情节，突显主人公心理描写的作品。在小说中，麦卡锡塑造了父亲和儿子两个人物，以冷峻的笔触讲述了他们在核爆炸十年后依然坚守良知、勇于探索、寻找求生之路的艰险旅途。

如果说在《血色子午线》里，世界被视作一杆枪；那么在《路》中，这杆枪的枪口瞄准了我们自己。因此，我们最终看到的是一个充满暴力和创伤的世界，而人类自身则是暴力和创伤的受害者。创伤是个人、群体或国家，对真实或感知的暴力的生理和心理反应，是个人或群体记忆的一部分。当人们受到巨大的自然或人为伤害打击时，会因极度恐惧、震惊，而把那些不愿接受的创伤经验压抑到无意识中，从而形成“心理创伤”；造成伤害的事件会以扭曲、变形、移位的状态存在于受害者的记忆里，使他们不能产生理性认识，或做出理性反应。其中，文化创伤的后果尤为严重。根据耶鲁大学亚历山大教授在《文化创伤与群体认同》中的描述，文化创伤是“人们遭遇可怕事件而在群体意识上留下的难以磨灭的痕迹”(Alexander,6)，这些“记忆痕迹”不可逆转，并且造成持续性伤害。因为文化创伤是一种建立在群体维度上的创伤经验，因此，那些传统的针对个体创伤治疗的精神分析法是远远不够的。对文化创伤的修复，必须通过群体性的灾难反思和记忆唤醒才能得以实现。奴隶经验是美国文化创伤中不可或缺的组成部分，它不仅限于历史、种族或者民族的范畴，而是属于一个更为广泛的美国心理意识层面。正如托尼·莫里森所说：“在哪些美国公共话语中没有黑人群体的存在？它渗透在这个国家每一次激烈的斗争中。”（Morrison，65）麦卡锡巧妙地以文学想象的方式，把奴隶制的创伤经验从被压抑的群体无意识中挖掘出来，在历史和文学创作领域重新审视和反思这段群体创伤记忆。

这段创伤经验是属于所有美国人的。如同小说中的核爆炸的伤害不会因社会阶级、种族或者民族而有所差别。“开头几年路上还到处是裹着大衣的难民。他们戴着口罩和护目镜，围着那身破布片靠在路边……老而头痛的事物化为虚无，流向暗夜”(McCarthy，22）。其中，“老而头痛的事物”指的就是依照种族和社会经济地位的分类制度。剧烈的核爆炸摧毁了旧的分类机制，并催生出一种建立的暴力和创伤基础上的新的社会运行机制。在新机制的操控下，每个人都是“平等”的。麦卡锡并没有提及小说中父亲和儿子的具体姓名，小说人物姓名的缺失意味着它讲述的是每个美国人的故事。而这对父子是他们的缩影，通过叙述父子俩在求生道路上的痛苦经历，小说慢慢揭开了被长久封存在群体记忆中沉重的奴隶创伤经验的面纱。

一、美国群体认同中的奴隶经验

小说《路》与奴隶经验的密切关系，及其对奴隶形象的塑造，在作品中发挥着重要作用，我们将通过分析小说具体细节来探讨这些奴隶意象的重要性。但在此之前，我们首先要阐释清楚奴隶制和作为美国经验组成部分的奴隶经验之间的关系。黑兹尔·卡比认为，奴隶制即便没有在美国黑人小说中呈现，它仍是非裔美国想象极其重要的组成部分。托尼·莫里森对此观点进行了更深度的阐释，她认为奴隶制建构了美国故事和文学，即使在作品的情节和结构中并未直接叙述。根据她在论文集《在黑暗中弹奏》里的论述，“泛非主义”对美国性是至关重要的。每个美国人都保有美国黑人的历史经验，无论文学作品是否涉及奴隶制或“泛非主义”，美国文学景观中始终包含这“沉默的四百年”。对麦卡锡和莫里森来说，奴隶制超越了历史和种族的界限，它构建了每一个美国人的经验世界。小说《路》即是对这段沉默经验在文学想象中的重构，帮助读者修复这段奴隶制话语的创伤记忆。

奴隶制不仅是美国黑人群体的历史，也是整个美利坚民族群体认同的有机组成部分。从历史上看，奴隶制研究的奴隶主要是作为受害者或解放主体。然而，近几年的研究对象转向了具有积极主动性的奴隶，他们具备一定的独立意识，且在解放自身的运动中起到了协助作用。尤其在此领域的最新研究中，学术界认为更倾向于认为奴隶是某段特定历史的创造者，而不是简单地被描绘成被动的受害者。学者们正在研究的和麦卡锡的《路》所描绘的，正是奴隶和白人奴隶主之间多样化的、不可分割的关系。一方因为另一方的存在而存在；二者的身份认同在“皮鞭”机制下在彼此相互依存的辩证和对话的关系中建构而成。在小说《路》中，压迫者和被压迫者的动态关系被突显出来，进而被融入美国人的普遍经验之中。

从属于美国普遍经验的奴隶经验建构着广泛的美国文化。小规模种植园模式使奴隶主和奴隶的关系非常密切，从某种程度上，促使着黑人奴隶迅速被美国文化所接纳。在殖民地和南北战争时期，加勒比海区域的奴隶从未完全融入加勒比海文化；与之形成鲜明对比的是，在美国独立战争时期，位于美国大部分区域百分之八九十的奴隶都是在美国出生的，因而，非洲黑人变成了美国黑人。到 1808 年，在美国佐治亚州、南卡罗来纳州等地区的黑奴买卖成为一种违法行为。“美国奴隶特殊的生存环境为美国黑人文化的发展创造了条件”（Kolchin，49），彼得·科尔钦写道。黑人在美国土地上生存、繁衍，经历了漫长的历史发展时期，渐渐地，他们不仅属于奴隶劳动阶级，还逐渐成为南方文化的一部分。杜·波依斯提出“双重意识”来阐释黑人经验，他们既是美国人，又是黑人。在他们的躯体中有两种思想、两个灵魂在相互争斗，一方面他们渴望融入美国文化；另一方面他们需要保持民族尊严，铭记自己的过去。黑人群体，在一定程度上，也形成了新的美国文化。最初，白人殖民者通过殖民主义暴力开拓新国土，一代代美国人坚持执行种族隔离制度，却又在这个过程中不可避免地促使了文化的融合。殖民者用暴力抵制美国土著人和非洲人的过程，同样也是个体历史瓦解并汇聚成美国多元文化的过程。麦卡锡认为，奴隶经验叙事从属于美国故事范畴，永远保持着新鲜的活力，始终是美国话语的重要组成部分。

二、《路》中的奴隶经验和文化创伤

如果《血色子午线》让读者领略到了美国历史的暴力，塑造了美国人的想象力；那么《路》则是直接关照美国奴隶制的历史，它唤醒了造成文化创伤的奴隶经验。尽管小说描述的背景是发生在核爆炸后的美国，但它从多个方面关照了奴隶经验：奴隶叙事、奴隶形象的塑造、消费模式和伦理困境等。

《路》与奴隶经验的联系首先体现在叙事框架上。在美国小说和想象传统中，“路”经常被作为某运动的核心意象，比如杰克·凯鲁亚克的《在路上》、斯坦贝克的《愤怒的葡萄》以及非裔奴隶逃往自由之地的“地下铁路”等。一开始小说就铺设了一条看似通往美好希望的道路——美满生活、自由和救赎，但小说的结尾却极具灰色的末世意味。如同《汤姆叔叔的小屋》的题目就给读者一种生活稳定、安全的印象，但实际上汤姆叔和他的同伴不得不被一次又一次地倒卖、流亡，根本没有安稳的容身之所。像多数奴隶小说叙事一样，《路》描写了父子两人为了生存在通往“幸福之地”的路上艰难跋涉的旅途。麦卡锡借助这一叙事模式，融入了奴隶叙事传统、“地下铁路”意象以及其他美国奴隶话语元素，进而把奴隶经验纳入更广泛的当代语境下进行探讨。

其次，在奴隶制文学中，外貌描写有着悠久的传统。事实上，如果家谱中出现黑人血统，那么这个家族的人则被视为奴隶。但一般来说，黑人区别于白人的外貌特征就可以定义这个人的奴隶身份。在某些情况下，有的奴隶的肤色比较浅，就像亨利·比伯在他自传中的描述，那么他就可以获得更多的自由和特权，甚至欺压别的奴隶。亨利曾在他的作品中回忆道，从种植园逃离到加拿大的路途中，他曾非常害怕被人发现他的奴隶身份，但由于他的肤色特别接近白人，所以他的逃亡之路极其顺利。在小说《路》中，白人和黑人的种族区别被小说人物的外表差异所替代。父与子的简陋装束与核爆炸后一部分人佩戴的厚重的防护装备形成了鲜明对比。父亲和儿子总是穿着破衣服，裹着旧毛毯取暖，用塑料布遮雨，头发又脏又臭。而“奴隶贩”的典型装备则是防护面具、生物防护服、武器、烟斗和柴油卡车。“这队人肩并着肩，戴着帽子……其中有些戴了防毒面具，另有一人穿着生物防护服，上面污渍斑斑。他们手里提着棍子……还叼了长长的烟斗”（McCarthy，50）。穿着和装备的明显反差使这对父子沦为“他者”。小说中，以父子为代表的衣衫褴褛、饥寒交迫的逃亡者成为“奴隶贩”的剥削和捕杀对象。“队伍后面跟着数量车，由套了枷锁的奴隶往前拉，车上堆积了作战所需物资，紧接着是女人，大约有十二个，有几个大着肚子，最后是补充这群慰安女的变童队伍，纵然天气严寒，他们却单衣单裤，脖子上套着狗项圈，一个连一个”（McCarthy，77）。尽管麦卡锡在作品中刻意划定了这对父子和奴隶贩的界限，但以防毒面具和防护服遮蔽起来的脸和身体的描写，实际上是对白人文化歧视黑人传统的一种颠覆——他们的容貌其实是一致的。为了生存，父亲有时也会采用奴隶贩式的暴力去占有他人物资和伤害其他受害者。表面上看来，父亲用以保护儿子的暴力似乎与众不同。但两者施加的暴力根本是一样的，所有的暴力行为最终会导致更加严重的暴力和创伤。失去了实质的区别，奴隶和奴隶贩的面孔和个性特征变得模糊不清，甚至相互渗透，这进一步放大了暴力和创伤的效力。

此外，奴隶制的消费对象是人的生产力——身体的劳动，或者，也可以说是奴隶的身体。这种消费模式在小说中发挥到了极致：人变成了食物，甚至被迫生育后代作为消费品。小说的前三分之一都没有出现主人公和其他人的互动，随情节发展，我们逐渐了解到原因，人与人之间的沟通和基本信任已经被严重破坏。由于核爆炸，地球上的其他生存物资已经消耗殆尽，所以，奴隶成为消费品。奴隶贩会在路上伏击逃亡者，并把他们“储藏”起来，作为新鲜的食物。父亲和儿子在路上就亲眼目睹过许多惨烈现场，其中在地窖中看到的那一幕尤其触目惊心：“后墙上倚着光身子的男男女女，他们都躲闪着，用手挡住自己的脸，床垫上躺的是个男人，两条腿从屁股下面齐齐被截了去，剩下的腿根子黑糊糊的，烧焦了，发出一股恶臭”（McCarthy，95）。因此，没有人再敢轻信他人或者给予帮助，唯恐自己被抓去沦为果腹之餐。这个虚构的末世世界的新秩序，唤醒了读者对美国奴隶历史时期的旧秩序的记忆。

最后，小说中也谈及了性客体化，这也是研究奴隶文化创伤时涉及的一个重要问题。对性侵犯的恐惧和对生存的绝望，让父亲去世的妻子丧失了继续生活下去的勇气。在一次回忆中，他记起那晚妻子试图自杀的计划：“我说的是事实，我们迟早都会被他们抓住，然后被杀死。他们还会强奸我，还会强奸他。他们会强奸我们母子俩，然后杀掉，然后吃掉。”（McCarthy，46）麦卡锡在小说中建构的这个困境，在奴隶制时期并不少见。母亲需要决定是否让自己的孩子活下来，因为奴隶制的残酷压迫有时比死亡更可怕。黑人女奴往往遭到性客体化对待，并被迫与他人发生性关系。强奸，在19世纪的法律中被定义为：“违背本人意愿和未经本人同意而强行与女性发生性关系。”（Hartman，79）但如果是白人奴隶主或其他奴隶违背黑人女奴的意愿，她们是被禁止在法庭上作证指控的。甚至有些奴隶主在妻子怀孕的时候，把女奴作为宣泄性欲的工具。除此之外，多数女性奴隶都要面临一个两难困境，因为她们不仅仅是劳动力和性工具，还能生产新资源——更多奴隶。为了保护家庭和孩子，她们经常被迫接受更多性骚扰。所以，女性奴隶的创伤不仅来源于身体的侵犯，更多的是遭受道德越界的折磨。在这种境地下，她们为孩子做出牺牲，展现了作为母亲的力量；与此同时，她的行为却进一步加深了她的心理创伤。在创伤的长期碾压下，女奴自杀的案例并不少见。为了减轻与孩子分离的痛苦，她们会选择杀死孩子，“弑婴”也是为了保护他们免遭奴隶制迫害的一种方式。在小说《路》中，试图掌握自己命运和保护孩子的重任，落到了父亲肩上。但面临绝境时，他面临着同样艰难的伦理选择——是否杀死儿子和自己，以免遭到更残暴的伤害。在预感到要被奴隶贩捕获的时候，父亲掏出手枪，看着自己的儿子，心里想道：“你能做到吗？时候到了吗？时候到了就没时间了。现在就是时候……子弹必须要射出来，如果射不出来怎么办？你能用石头砸碎这颗可爱的头颅吗？……把他搂在怀里，灵魂走得很快的。”（McCarthy，99）然后，他拥紧并亲吻着儿子。

由以上分析我们可以看出，《路》从叙事框架、形象塑造、消费模式和伦理抉择等多个维度，都呈现了奴隶制时期群体记忆的创伤。创伤是小说中以父子为代表的受害者的心理状态，也是奴隶经验给每个美国人的内心世界造成的主要影响。罗恩·艾尔曼对奴隶经验和创伤的关系做出了如下解释：“根据我的研究，许多受害者并不一定直接体验到被迫劳役和近乎完全屈服于他人意志的创伤，然而，创伤经验却是他们试图从记忆中建构群体认同时必不可少的部分。从这个意义上说，奴隶制制造了创伤经验，并形成了‘原初情景’；而‘原初情景’可以把生活在美国的所有非裔美国人凝聚到一起，尽管这个群体中并不是每个成员都做过奴隶。”（Eyerman，1）

三、《路》中文化创伤的症状表现

建立在奴隶制基础上的共同记忆是所有美国人共同经验的核心，它会以不同的形式和症状表现出来。这些症状能够通过群体身份认同或者个人心理调节策略得到缓解。而无论这种症状是表现为创伤回忆的固着，还是以噩梦、忧郁、焦虑等病症表现出来，“奴隶经验都已成为主体阐释和判断当下的滤过器”（Eyerman，87）。

小说《路》中父与子的文化创伤经验的表现，主要体现在对创伤的界定和其影响上。暴力事件经验侵入并影响个体经验而形成心理创伤。一方面，因为创伤具有不可预见性，受害者会恐惧未来再次遭受暴力而形成一种焦虑情绪，表现为生理和心理的紧张性增高。“觉醒过度指受害者对危险的持续预警”（Herman，35）。其症结在于个体没有克服的早期创伤经验，最终成为个体重塑现实理解的重要力量。“时间仿佛在创伤时刻停滞了，这一刻成为记忆中的异常编码；它可以自由地闯入意识，导致受害者清醒时在脑海中反复重现创伤事件，睡眠时受到噩梦惊扰”（Herman，37）。另一方面，创伤改变个体的心理结构。创伤是对暴力的反应，暴力事件引导个体改变理解和沟通世界的最初图式。创伤事件更替或取代早期系统中理解和解释世界的经验，并且建立了一个新系统来阐释和破译个体的内部和外部世界。正如《路》中父亲所说的那样：“你忘记了想记住的，记住了想忘记的。”（McCarthy，10）创伤经验塑造想象。小说把时针拨回到暴力爆发的最初时刻——核爆炸，建构起一个新的美国意识和身份认同。

小说《路》中的主要人物都表现出觉醒过度的创伤后典型症状。在多次遭到死亡威胁后，父亲和儿子对地上的轮胎印记、微小声响、其他逃亡者，甚至他们自己都表现出强烈的戒备反应。有一次，父亲抓着抢，带儿子走进一片田地的空房子，“二人来到一面镜子前，对着自己他差一点举起了枪。这是我们，爸爸，男孩儿悄声道。是我们”（McCarthy，112）。长期以来的生存压力和抑郁情绪使父子俩被持续不断的梦魇困扰。

《路》中的美国梦已然彻底破灭，残留下来的不过是转化成噩梦的碎片。创伤通过恐怖的图像或者经过改造的记忆呈现，而这些重复出现的画面和经过扭曲、压缩的梦境，实际是心灵试图掌握创伤性经验的手段。诺曼·布朗曾对作为表达方式的梦和重构记忆的梦进行过分类研究，被压抑的创伤经验可以通过做梦或渴望、沮丧、忧郁的幻想表达出来。对小说中的父子来说，生活是无尽的恐惧和荒凉，而做梦却能比清醒时获得更多刺激。“而梦里的色彩却极其绚丽。死亡还会以别的方式来召唤你吗？在刺骨的黎明中苏醒，四周瞬时回归到灰烬里来。宛如古老的壁画，在墓中隐匿数百年，却猛然暴露在日光下”（McCarthy，16）。反复出现的梦境，承载着无法言说的创伤，是意识试图找回“失踪”记忆的讯号，而那些景象和愿望已不能实现，就像父亲再也无法回到梦中过去的平静生活。儿子也经常被噩梦惊醒，有一次他害怕地向父亲叙述：“我有个企鹅，只要发条上紧，它就会扇动着手摇摇摆摆地开始走。我俩待在从前我们住的那栋房子里，那企鹅就从拐角的地方走出来了，但是没人给它上过发条，真是吓人。”（McCarthy，28）创伤记忆形成于世界被摧毁的那一刻。小说中的儿子在核爆炸时孕育并出生，也可以说他诞生于暴力本身。没上发条的企鹅是创伤最明显的标志，它代表着时间的冻结——时间在核爆炸那一刻戛然而止。儿子认为企鹅的突然出现是整个梦最恐怖的部分。“受害者不仅以梦境和幻想的方式，还以自身行动反复重温创伤时刻；而创伤现场在孩童头脑中的反复最为明显”（Herman，39）。

尽管深受创伤的折磨，但他们却不能向彼此倾诉创伤经历。父亲和儿子对话的匮乏，即是对创伤事件的重塑。因为创伤是不能被陈说或者口头表达的，它是被压抑、被遗忘的未知领域。纵观全文，我们可以发现无论是父亲还是儿子，都不具备充分表达自我的能力。他们无法从自身经历中找到意义，因为创伤会在记忆中遗留一个缺少内省和情感评价的赛修拉（caesura）。父子俩相互间情感表达的缺乏和忧郁的性格都是创伤经验的体现。

四、结语

在麦卡锡的末日世界走向灭亡的最后时刻，奴隶制时期的文化创伤越发清晰地显现出来。《路》为读者提供了一个重新思考这段充满暴力、创伤、负累和愧疚的创伤经验的契机，并赋予了它深刻的当代意义。在他的文学想象中，美国的命运总是萧瑟、暗淡的。虽然小说里的父亲一直尽职尽责地保护着儿子，但终究被疾病夺去了生命。前者显然是一种道德行为，而结局似乎预示了行为的失败。父亲的死表明了在一个以暴力为沟通手段和行为方式的世界里，道德精神生活是不可能实现的。他的死亡与世界的毁灭构建了一个新图景——一个疾病和死亡的未来。麦卡锡的小说叙事及当今世界多地爆发的地域纷争和宗教冲突告诉我们，如果历史上的战争、暴力和压迫仍然肆虐横行，人类的心灵创伤就不可能愈合。外部的暴力像镜子一样反射出内心的斑驳伤痕，如同小说中猛烈的核爆炸造成的满目疮痍的末路景象。

参考文献：

[1] ALEXANDER C JEFFREY. Cultural trauma and collective identity[M]. New York: University of California Press, 2004.

[2] BIBBS HENRY. Narrative of the life and adventures of Henry Bibb, an American slave[M]. Charleston: Bibliobazaar, 2007.

[3] BROWN NORMAN O. Life against death: The psychoanalytical meaning of history[M]. Middleton: Wesleyan University Press, 1985.

[4] CARBY HAZEL. Ideologies of black folk.[A]//DEBORAH MCDOWELL AND ARNOLD RAMPERSAD. Slavery and the literary imagination[C]. The Johns Hopkins Press, 1989.

[5] CARUTH CATHY. Unclaimed experience[M]. Maryland: The Johns Hopkins Press, 1996.

[6] DENBOROUGH DAVID. Retelling the stories of our lives: Everyday narrative therapy to draw Inspiration and transform experience[M]. New York: W. W. Norton & Company, 2014.

[7] DU BOIS W E BURGHARDT. The souls of black folk[M]. New York: Barnes and Noble, 2003.

[8] EYERMAN RON. Cultural trauma[M]. New York: Cambridge University Press, 2001.

[9] HASHIMOTO AKIKO. The long defeat: Cultural trauma, memory, and identity in Japan[M]. London: Oxford University Press, 2015.

[10] HARTMAN SAIDIYA. Scenes of subjection: Terror, slavery, and self-making in the nineteenth century[M]. Oxford: Oxford University Press, 1997.

[11] HERMAN JUDITH. Trauma and recovery[M]. New York: Basic Books, 1997.

[12] KOLCHIN PETER. American slavery, 1619-1877[M]. New York: Hill and Wang, 2003.

[13] MCCARTHY CORMAC. The road[M].New York: Vintage Books，2006.

[14] MORRISON TONI. Playing in the dark[M]. New York: Vintage Books，1993.

[15] STEIN MURRAY.Confronting cultural trauma: Jungian approaches to understanding and healing[M].London: Spring Journal，2014.

[16] 李桂荣 . 创伤叙事：安东尼・伯吉斯创伤文学作品研究 [M]. 北京：知识产权出版社，2010.

[17] 孔瑞 . 论洛丽・摩尔《楼梯口的门》中的创伤叙事 [J]. 当代外国文学，2015，36（01）：43-50.

[18] 王丽丽 . 走出创伤的阴霾 —— 托妮・莫里森小说的黑人女性创伤研究 [M]. 哈尔滨：黑龙江大学出版社，2014.

[19] 薛玉凤 . 美国文学的精神创伤学研究 [M]. 北京：科学出版社，2015.

[20] 曾艳钰 . 后 9・11 美国小说创伤叙事的功能及政治指向 [J]. 当代外国文学，2014，35（2）：5-13.

音乐传播学视阈下日本动漫电影音乐在国内的演出现状及发展趋势
——以宫崎骏动漫电影音乐为例

张蓓

【摘　要】近些年，日本动漫电影音乐尤其是宫崎骏动漫电影音乐逐步成为国内演出市场上各大演出团体争相推出的演出曲目，无论是艺术价值还是商业号召力都在一定程度上得到了社会的认可。本文首先考察了 2016 年 1 月至 2017 年 1 月期间全国各地区宫崎骏动漫电影音乐的演出情况，对演出场次、演出名称、演出场所及表演形式等进行了归纳总结，在此基础上剖析了宫崎骏动漫电影的演出现状，并对其发展趋势进行了探讨和展望。
【关键词】宫崎骏动漫电影音乐；演出现状；发展趋势

【Abstract】In recent years，Japanese cartoon music, especially Hayao Miyazaki cartoon music played by artistic performance groups which has got great reputation in artistic value and commercial attractive index has gradually become a hit tune.This paper investigates the domestic performance status from January 2016 to January 2017 by the summarization of performance time, performance name and performance spaces. Furthermore, it analyses the status of performance of Hayao Miyazaki Anime soundtrack music and views its development.
【Key Words】Hayao Miyazaki Anime soundtrack music; the status of performance；future development trends

一、先行研究

音乐表演是连接音乐本体与音乐受众的纽带，是音乐传播活动中最主要的方式之一。于润洋总结了波兰音乐学家卓菲娅·丽萨[1]的音乐作品观，其中指出：一部音乐作品，只有当它通过演奏之后被接受，它才能成为一部活的、有生命的东西。曾遂今对音乐作品存在方式进行论述时提出：“人类音乐文化基础性存在的天然模式、经典模式是音乐表演。”[2] 因此，探讨某类艺术作品的传播现状之前总结其在演出市场的表现是非常必要的。

[1] 卓菲娅·丽萨（Zofia Lissa），波兰音乐学家，1908—1980。

[2] 曾遂今 . 音乐作品存在方式、音乐表演空间与舞台——音乐传播媒介的广义解读 [J]. 黄钟，2011（4）：365-375.

二、研究方法与目的

通过网络收集2016年1月至2017年1月期间全国各地区宫崎骏动漫电影音乐会的演出情况，根据演出地区、演出场所、演出时间以及演出名称进行分类整理，通过归纳演出总量、表演方式、演出团体构成等因素，进一步分析目前日本动漫电影音乐在国内的演出现状及发展趋势，希望能对日本动漫电影音乐在国内的传播研究做一补充，同时期待能够通过这一研究，促进中日两国的音乐产业交流。

三、宫崎骏动漫音乐在国内的演出现状及特点

音乐传播学认为，一次完整的音乐传播包含两轮传播过程。作曲家将大脑中的“观点对象”用当时社会大众普遍接受的谱式符号进行整理记录，编写乐谱，由此完成第一轮传播。随后，指挥、演奏员以及演唱者通过音乐表演（音乐会、演奏会等）将乐谱转化成物理声音演奏给受众，受众获取感知，进而完成第二轮传播。其中，音乐表演是最核心的、最重要的传播方式。

2003年3月，为了提升本国文化产业的国际竞争力，推进知识财产的保护和创新，日本政府成立了“知识财产战略本部”。在知识财产战略本部制定的知识财产战略计划2016年度目标书[3]中明确提出：将动漫、电影、音乐继续作为代表日本的重要文化元素推向海外市场，以提升国家魅力，带动周边产业的发展。

另一方面，随着国内音乐演出市场的有序发展、专业级音乐表演团队的成立以及音乐表演空间（文化场馆、剧场、剧院、音乐厅）的逐步落成，以日本动漫电影音乐，特别是宫崎骏动漫电影音乐为主题的音乐演出呈现出繁荣景象。笔者从国内大型票务网站[4]和各大演出场馆官方网站[5]上搜集了演出信息，按照演出地区、演出场所、演出时间以及演出名称进行了分类整理，结果如表1~

[3] 知识财产推进计划2016
http://www.kantei.go.jp/jp/singi/titeki2/kettei/chizaikeikaku20160509.pdf
[4] 大麦网 http://www.damai.cn/tj
永乐票务 http://www.228.com.cn/tj/?source=baidu
中票在线 http://www.chinaticket.com/view/5821.html
中演票务通 http://www.t3.com.cn
[5] 上海东方艺术中心 http://www.shoac.com.cn
上海音乐厅 http://www.shanghaiconcerthall.org/Index.action
上海保利大剧院 http://www.shpgt.com
青岛大剧院 http://www.qingdaograndtheatre.com
合肥大剧院 http://www.hfgrandtheatre.com/customer_service/3
宁波逸夫剧院 http://www.nbyfjy.com
宁波大剧院 http://www.nbdjy.com
广东省星海音乐厅 http://www.concerthall.com.cn
深圳音乐厅 http://www.szyyt.com
西安音乐厅 http://www.xianch.com
辽宁大剧院 http://www.lngt.cn/inc.aspx?ClsID=14
天津大剧院 http://www.tjgtheatre.org/jy.aspx
北京音乐厅 http://www.bjconcerthall.cn

表 8 所示。

表 1　2016 年 1 月—2017 年 1 月华东地区演出情况

演出地区	演出场所	演出时间及场次	演出名称
上海	上海东方艺术中心	2016.08.13（共 1 场）	千与千寻——久石让宫崎骏动漫视听大型交响音乐会
		2016.07.09—2016.12.25（共 11 场）	爱乐汇·“天空之城” 久石让 & 宫崎骏经典动漫作品视听交响音乐会
		2016.02.14—2016.11.18（共 6 场）	爱乐汇·天空之城 . 久石让·宫崎骏动漫作品大型视听音乐会
		2016.06.25—2016.12.25（共 4 场）	天空之城 . 久石让与宫崎骏动漫作品视听音乐会
		2016.01.16—2016.07.23（共 3 场）	天利策划·龙猫乐团 从《天空之城》到《起风了》——久石让电影音乐交响视听音乐会
	上海音乐厅	2016.09.11—2016.11.27（共 2 场）	爱乐汇·天空之城 . 久石让 & 宫崎骏经典动漫作品视听音乐会
	上海保利大剧院	2016.08.21	八喜·打开艺术之门千与千寻·久石让 & 宫崎骏经典动漫视听交响音乐会
	The Mixing Room 音乐俱乐部	2016.08.27—2016.10.22（2 场）	天空之城动漫视听音乐会·经典版
	贺绿汀音乐厅	2016.12.24	《天空之城》久石让 & 宫崎骏动漫作品精选音乐圣诞之旅视听音乐会
福州	福建会堂	2016.08.19	千与千寻久石让·宫崎骏动漫原声视听大型交响音乐会
济南	山东剧院	2016.11.26	天空之城 . 久石让·宫崎骏动漫作品视听音乐会
		2016.12.24	天空之城 . 久石让·宫崎骏经典视听音乐会
青岛	青岛大剧院	2016.09.17	天空之城——久石让·宫崎骏经典视听音乐
南京	南京保利大剧院	2016.09.10	“天空之城”久石让 & 宫崎骏动漫作品试听音乐会

续表

演出地区	演出场所	演出时间及场次	演出名称
杭州	杭州红星剧院	2016.08.12—2016.11.20（共4场）	天空之城——久石让·宫崎骏经典视听音乐会
		2016.08.06	《菊次郎的夏天》久石让 & 宫崎骏经典动漫七夕之旅视听音乐会
		2016.12.30	“天空之城”久石让 & 宫崎骏动漫作品视听交响新音乐会
	杭州大剧院	2016.12.24	久石让 & 宫崎骏动漫作品精选音乐圣诞之旅视听音乐会
宜春	宜春市文化艺术中心大剧院	2016.08.02	打开艺术之门——《千与千寻——久石让·宫崎骏动漫作品视听交响音乐会》
苏州	苏州市会议中心	2017.01.02	“天空之城”久石让 & 宫崎骏动漫作品视听交响新音乐会
		2016.10.22	“天空之城”久石让 & 宫崎骏动漫作品视听音乐会
	苏州独墅湖影剧院	2016.08.28	“天空之城”久石让 & 宫崎骏动漫作品视听音乐会
		2016.12.23	圣诞节浪漫巨献天空之城——久石让·宫崎骏经典视听音乐会
	张家港保利大剧院	2016.08.28	千与千寻．久石让·宫崎骏动漫作品视听交响音乐会
宁波	宁波逸夫剧院	2016.10.22	菊次郎的夏天——久石让钢琴曲龙猫乐队梦幻之旅演奏会
		2016.06.08—2016.11.19（共2场）	天空之城——久石让·宫崎骏经典视听音乐
	宁波大剧院	2016.09.12	“天空之城”久石让 & 宫崎骏动漫作品视听音乐会
	宁波文化广场大剧院	2016.08.14	2016.打开艺术之门系列《千与千寻——久石让·宫崎骏动漫作品视听交响音乐会》
常州	常州大剧院	2016.08.27	爱乐汇“天空之城”久石让 & 宫崎骏动漫作品视听音乐会

续表

演出地区	演出场所	演出时间及场次	演出名称
无锡	无锡大剧院	2016.08.13	“天空之城”久石让 & 宫崎骏动漫作品视听音乐会
	无锡演艺剧院	2016.10.29	天空之城·宫崎骏·久石让动漫视听音乐会 . 无锡站
合肥	合肥大剧院	2016.10.29	天空之城 . 久石让宫崎骏经典动漫作品视听音乐会
温州	温州东南剧院	2016.12.24	平安夜专场——“天空之城”久石让 & 宫崎骏动漫作品视听音乐会
泰州	泰州大剧院	2016.08.21	打开艺术之门千与千寻——久石让·宫崎骏动漫作品视听交响音乐会
淮安	淮安大剧院	2016.08.19	2016 打开艺术之门——千与千寻—久石让·宫崎骏动漫作品视听交响音乐会

表 2　2016 年 1 月—2017 年 1 月华南地区演出情况

演出地区	演出场所	演出时间及场次	演出名称
广州	广东省星海音乐厅	2016.08.27	菊次郎的夏天——久石让钢琴曲龙猫乐队梦幻之旅演奏会
		2016.08.06	天空之城——久石让宫崎骏经典动漫作品大型视听交响音乐会
		2016.07.30	天空之城 . 久石让与宫崎骏动漫作品视听音乐会
		2016.04.09—2016.11.26（共 4 场）	天空之城 . 动漫作品视听音乐会
		2016.01.09	天空之城久石让·宫崎骏动漫作品大型视听交响元旦音乐会
		2016.06.10	龙猫与他的朋友们动漫视听音乐会
		2016.06.24	“起风了”久石让电影 30 周年交响视听纪念版音乐会
		2016.07.30	天空之城 . 宫崎骏久石让动漫视听音乐会

续表

演出地区	演出场所	演出时间及场次	演出名称
广州	广东省星海音乐厅	2016.11.05	“天空之城”久石让 & 宫崎骏经典动漫作品视听音乐会
	郭兰英剧院	2016.07.30	天空之城 . 宫崎骏久石让动漫视听音乐会
	广州少年宫蓓蕾剧院	2016.11.05	“天空之城”久石让 & 宫崎骏经典动漫作品视听音乐会
		2016.09.24	宫崎骏の久石让经典动漫视听亲子音乐会
深圳	深圳市少年宫剧院	2016.08.19—2016.12.24（共 5 场）	爱乐汇“天空之城”久石让 & 宫崎骏经典动漫作品视听音乐会
	深圳音乐厅	2016.08.07—2016.10.15（共 2 场）	天空之城——久石让・宫崎骏经典动漫作品视听音乐会
		2016.12.16	天利策划・千与千寻——久石让宫崎骏动漫视听交响音乐会
	深圳保利剧院	2016.09.10	天空之城——宫崎骏 & 久石让动漫视听音乐会
		2016.11.04	天空之城 . 动漫作品视听音乐会
	南山文体中心剧院	2016.12.02	哈尔的移动城堡・宫崎骏・久石让动漫视听音乐会 . 深圳站
东莞	东莞玉兰大剧院	2016.08.07	千与千寻——久石让・宫崎骏动漫作品视听交响音乐会
厦门	厦门宏泰音乐厅	2016.08.06	从《天空之城》到《起风了》——久石让电影音乐 30 周年交响视听纪念版
	厦门嘉庚剧院	2016.08.13	2016 打开艺术之门系列——《千与千寻——久石让・宫崎骏动漫作品视听交响乐》
佛山	金马剧院	2016.12.25	“天空之城”久石让&宫崎骏经典动漫作品视听音乐会
珠海	珠海大会堂	2016.09.24	“天空之城”久石让 & 宫崎骏经典动漫作品视听音乐会

表 3　2016 年 1 月—2017 年 1 月华中地区演出情况

演出地区	演出场所	演出时间及场次	演出名称
武汉	湖北剧院	2016.10.01	天空之城——久石让宫崎骏经典动漫作品视听音乐会
		2016.8.28	菊次郎的夏天——久石让钢琴曲龙猫乐队梦幻之旅演奏会
	武汉琴台大剧院	2016.08.11	2016 打开艺术之门——久石让·宫崎骏动漫作品视听交响音乐会
长沙	长沙音乐厅	2016.09.10—2016.11.18（共 3 场）	“天空之城”久石让 & 宫崎骏经典动漫作品视听音乐会
	湖南大剧院	2016.10.30	千与千寻 · 宫崎骏 · 久石让动漫视听音乐会 . 长沙站
	湖南音乐厅	2016.09.02—2016.09.03（共 2 场）	“爱的心灵之旅”宫崎骏动漫电影视听音乐会
郑州	象剧场（原郑州艺术宫）	2016.09.24	千与千寻 . 宫崎骏 · 久石让经典动漫视听音乐会

表 4　2016 年 1 月—2017 年 1 月西北地区演出情况

演出地区	演出场所	演出时间及场次	演出名称
西安	西安音乐厅	2016.11.12	爱乐汇“天空之城”久石让 & 宫崎骏动漫作品视听音乐会
		2016.07.30	宫崎骏经典动画作品视听音乐会
		2016.09.02—2016.12.17（共 3 场）	“天空之城”久石让 & 宫崎骏动漫作品视听音乐会
		2016.02.14（共 2 场）	浪漫情人节——久石让经典作品音乐会
		2016.05.01（共 2 场）	天空之城——久石让经典作品交响视听音乐会
		2016.10.01	千与千寻——久石让经典作品交响视听音乐会
		2016.12.25	浪漫平安夜——久石让经典作品圣诞视听音乐会
	山西妇女儿童活动中心	2016.09.02—2016.12.17（共 3 场）	爱乐汇 · “天空之城”久石让 & 宫崎骏动漫作品视听音乐会

表 5　2016 年 1 月—2017 年 1 月东北地区演出情况

演出地区	演出场所	演出时间及场次	演出名称
哈尔滨	哈尔滨国际会展体育中心环球剧场	2016.09.24—2016.12.25（共 2 场）	天空之城——久石让宫崎骏经典动漫作品视听音乐会
大连	大连人民文化俱乐部－大剧场	2016.09.25	天空之城 . 久石让与宫崎骏动漫作品视听音乐会
沈阳	辽宁大剧院	2016.04.30—2016.12.23（共 4 场）	爱乐汇“天空之城”久石让 & 宫崎骏动漫作品视听音乐会沈阳站
长春	长春国际会议中心主会场	2016.05.01—2016.12.24（共 2 场）	“天空之城”久石让 & 宫崎骏动漫作品视听音乐会

表 6　2016 年 1 月—2017 年 1 月华北地区演出情况

演出地区	演出场所	演出时间及场次	演出名称
呼和浩特	乌兰恰特大剧院	2016.09.17	“天空之城”久石让 & 宫崎骏动漫作品视听音乐会
太原	山西大剧院	2016.09.24	天空之城 . 久石让宫崎骏经典动漫作品视听音乐会
天津	天津大剧院	2016.08.05—2016.12.25（共 2 场）	天空之城 . 久石让 · 宫崎骏动漫作品视听音乐会
	津湾大剧院	2016.09.30—2016.12.23（共 4 场）	“天空之城”久石让 & 宫崎骏动漫作品视听音乐会
		2016.08.27	天利策划菊次郎的夏天——久石让钢琴曲龙猫乐队梦幻之旅演奏会
	天津大礼堂	2016.10.15	2016 久石让 · 宫崎骏原声动漫《经典动漫亲子音乐会》
北京	北京剧院	2016.06.10—2016.08.20（共 3 场）	久石让 · 宫崎骏经典动漫视听音乐会《天空之城》
	北京音乐厅	2016.01.02—2016.12.29（共 19 场）	爱乐汇天空之城—久石让 · 宫崎骏动漫作品视听音乐会
		2016.03.05—2016.12.02（共 9 场）	“天空之城”——久石让 · 宫崎骏经典动漫作品视听音乐会——管乐交响版

续表

演出地区	演出场所	演出时间及场次	演出名称
北京	北京音乐厅	2016.08.20（共 2 场）	“打开音乐之门” 2016 北京音乐厅暑期系列音乐会 “看”音乐菊次郎的夏天 · 久石让经典作品大屏幕视听音乐会
		2016.05.29	伍迪与天使乐团天空之城 · 宫崎骏 · 久石让动漫视听音乐会
	正乙祠戏楼	2016.08.21	《久石让与宫崎骏的音画之旅》室内乐音乐会
	青蓝剧场	2016.10.01	千与千寻——宫崎骏 · 久石让经典动漫视听音乐会
	保利剧院	2016.07.31	千与千寻——久石让 · 宫崎骏动漫作品视听交响音乐会
	中国人民大学如论讲堂	2016.08.26	“天空之城”久石让 & 宫崎骏动漫作品视听音乐会
		2016.08.12	天空之城动漫音乐会
	海淀剧院	2016.8.21	久石让 · 宫崎骏经典动漫视听音乐会
	国图艺术中心	2016.10.16	天空之城音乐会
	中山音乐堂	2016.10.28	千与千寻——久石让 · 宫崎骏动漫原声视听大型交响音乐会
	中国儿童中心剧院	2016.09.10	拜访大森林系列《天空之城》久石让 · 宫崎骏经典作品音乐会

表 7 2016 年 1 月—2017 年 1 月西南地区演出情况

演出地区	演出场所	演出时间及场次	演出名称
成都	成都骄子音乐厅	2016.11.26	天利策划菊次郎的夏天——久石让钢琴曲龙猫乐队梦幻之旅演奏会
		2016.09.10—2016.11.05（共 2 场）	天空之城——久石让 · 宫崎骏作品视听音乐会
		2016.10.15	菊次郎的夏天——久石让 · 宫崎骏作品视听音乐会
		2016.08.20—2016.08.28（共 2 场）	爱乐汇“天空之城”久石让 & 宫崎骏经典动漫作品视听音乐会

续表

演出地区	演出场所	演出时间及场次	演出名称
成都	成都骄子音乐厅	2016.09.03—2016.12.02（共5场）	爱乐汇“天空之城”久石让 & 宫崎骏经典动漫作品视听音乐会
		2016.10.14	天空之城·宫崎骏·久石让动漫视听音乐会.成都站
	锦城艺术宫	2016.08.20	天空之城.久石让与宫崎骏动漫作品视听音乐会成都站
重庆	重庆大剧院	2016.12.10	“千与千寻”宫崎骏 & 久石让大屏幕原版视听新年音乐会
	国泰艺术中心	2016.10.15	天空之城·宫崎骏·久石让动漫视听音乐会.重庆站
昆明	抗战胜利馆	2016.10.16	天空之城·宫崎骏·久石让动漫视听音乐会昆明站

表8　2016年1月—2017年1月西北地区演出情况

演出地区	演出场所	演出时间及场次	演出名称
兰州	甘肃大剧院	2016.11.25	菊次郎的夏天——久石让钢琴曲龙猫乐队梦幻之旅演奏会
		2016.11.05	爱乐汇天空之城——久石让 & 宫崎骏动漫作品视听音乐会

经过统计可以看出，以宫崎骏动漫电影音乐为主题的音乐会的演出现状呈现出以下几个特点。

（一）演出区域广泛、演出场次密集

从表1~表8中可以得知，宫崎骏动漫电影音乐会的演出城市涉及华东、华中、华北、华南、西南、东北、西北等地区，覆盖了全国大部区域。这一现象充分说明了宫崎骏动漫电影音乐在全国范围内具有相当的艺术吸引力、社会认知度以及不可小视的市场号召力。同时，音乐会也呈现出分布不均衡的特点。从演出场次来看，东部经济发达地区要远多于中西部经济欠发达地区，北京以43场占据首位；从演出频率来看，相比于二、三线城市，北上广深等一线城市更为密集。值得关注的是，在上海5个月内举办宫崎骏动漫电影音乐主题音乐会数量多达19场，其中在东方艺术中心以“‘天空之城’久石让 & 宫崎骏经典动漫作品视听交响音乐会”为主题的音乐会出现连演10场；在北京音乐厅以“天空之城——久石让·宫崎骏动漫作品视听音乐会”为主题的音乐会连演9场，甚至还出现以“‘打开音乐之门’2016北京音乐厅暑期系列音乐会 ‘看’音乐 菊次郎的夏天·久石让经典作品大屏幕视听音乐会”为主题的音乐会一天之中演出2场的惊人盛况。

广泛的传播区域以及密集的传播频率反映出，宫崎骏动漫音乐在我国具有坚实的受众基础与良好的市场表现。此外，在人口相对密集、艺术基础良好的经济发达地区，多场次连演现象已不鲜见。

（二）“视”“听”结合的音乐表演方式

一次完整的音乐传播过程，是音乐信息由音乐创造者经过各类媒介传播给音乐受众的过程。在传统的音乐传播过程中，音乐受众的接受方式以“听”为主。而宫崎骏动漫电影音乐会则突破了这一传统方式，引入超大液晶屏幕作为演出背景，采用乐队演奏的同时播放动漫电影的方式，将“视”“听”两种感官结合在一起，全方位、立体化地为音乐受众呈现音乐构思，完成一次完整的音乐传播行为。

综合统计 2016 年 1 月至 2017 年 1 月期间的音乐会可以发现，演出名称中明确包含“视”“听”两字的音乐会数目达到 139 场次，占总音乐会的 90%。另外，此类音乐会的宣传定位也紧紧围绕“视听结合”这一亮点进行。这充分说明，在宫崎骏动漫电影音乐会中，以“视”“听”作为主要演出方式的音乐会已经占据绝对主流。这一音乐表演方式的实行，使得原本依托于动漫电影本身的音乐不再禁锢在电影之中，逐步从电影中独立出来，以一种全新的欣赏对象的身份出现在音乐受众面前，与原生动漫电影相互映衬，接受音乐受众的欣赏检验。

图 1 天空之城——久石让·宫崎骏经典视听音乐会演出现场

其实，在一场音乐表演中综合利用“视”“听”两种感官的传播方式并非宫崎骏动漫电影音乐会所独有。近几年，诸如初音未来等，通过运用全息投影技术结合现场乐队演奏的表演方式，日本音乐产业已经突破了传统音乐传播链中对传播者的限制，使得虚拟人物也能成为音乐信息的传播者，这无疑是一次重大革新。

（三）音乐表演空间的专业化及多样化

音乐表演空间是音乐作品由观念形态转化到现实空间的必要环节，是音乐信息传递的平台、手段与方式，同时也是连接音乐作品与音乐受众的社会渠道。在整个音乐传播链上，音乐表演空间担负着为音乐作品和音乐受众搭建互通平台的责任，与乐谱具有同等功能意义和应用价值。正因如此，音乐表演空间声学效果的优劣及艺术氛围的层次直接影响到音乐作品的传播效果。

近些年，由于现场的音乐表演相较网络及录制音乐更具真实性、直观性、互动性，越来越受到音乐受众的喜爱，随之而来的是专业级音乐表演场地的不断提升与完善。笔者统计了截至 2016 年 9 月，全国 34 个省级行政区除西藏自治区外都已建成以省或省会（首府）名字命名的省一级大剧院或音乐厅，原有的演出场馆也得到不同程度的改造升级。

具体到宫崎骏动漫电影音乐会，细观其演出场所不难发觉，其中不乏上海东方艺术中心、北京音乐厅、星海音乐厅等投资规模大、社会认可度高的专业级别音乐演出场所。其中，以东方艺术中心为例，从场馆规模来看，座位数将近2000个，可以满足大型交响乐与合唱团的演出；从舞台设计来看，整个舞台设计遵循“峡谷式”设计理念，以舞台为中心四周座位逐步升高，为音乐受众享受音乐提供了自然、和谐、典雅的艺术氛围；从硬件设施来看，东方艺术中心配备着奥地利Rieger品牌管风琴，拥有全国最大的管风琴，并且整个安装调试工作全程邀请奥地利以及德国的专家亲自指导[6]。这类优质的演出场馆，最大可能地保障了演出的效果和听众的视听感受，是音乐传播过程中不可忽视的重要一环。

除公众性较强的公共剧场剧院之外，宫崎骏主题音乐会举办场所还涉及高校校园及少年宫，例如广州少年宫、深圳少年宫、中国人民大学。这一方面体现了音乐会受众群体范围广泛、演出场所多样化的特点，另一方面也说明成熟音乐会策划已经偏重于选取有针对性的受众群体。

四、宫崎骏动漫电影音乐在国内的演出发展趋势

（一）音乐表演团队多样化、成员组成专业化、演出曲目专门化

音乐表演团队是音乐传播链条中最活跃、最关键的因素。乐手自身的音乐素养、艺术表现力以及团队配合程度都直接影响音乐的传播效果。近些年，随着市场经济改革的深入和音乐市场规模的扩大，音乐表演团队的种类也逐渐呈现出多样化的趋势。具体到宫崎骏动漫电影音乐，我们可以发现其中既有西安交响乐团等一批政府出资的职业化交响乐团，又有诸如爱乐汇轻音乐团、龙猫乐队、萤火虫乐队等文化公司或演艺集团出资运营的民营艺术院团。音乐表演团队多样化趋势，一方面体现了部分职业化交响乐团对宫崎骏动漫电影音乐的艺术认可，另一方面也反映出音乐受众对宫崎骏动漫电影音乐旺盛的欣赏需求。

无论国有文艺院团还是民营艺术院团在吸纳乐手时均有严格的准入门槛，进入乐团后还会经过大量场次的实战演出，因此乐手的音乐表演能力可以最大程度地得到提高。以龙猫乐队为例，成员包括国内外音乐学院教师及国家一级演员，他们大多具有国际国内比赛获奖经历和留学背景[7]。成员组成的专业化为音乐传播效果提供了人员技术保障。

除此之外，这类民营音乐表演团队演出曲目以宫崎骏动漫电影音乐为主，呈现出曲目相对专门化的趋势。也正因如此，团体才有更为充足的节目编排时间和更多的演出机会，也就更容易在实战中锤炼演出质量，最大程度地保证音乐的传播效果。例如，2016年度爱乐汇轻音乐团预计在全国二十余个省市地区演出名为“爱乐汇·天空之城久石让宫崎骏动漫作品视听音乐会”，音乐会曲目的选择大致相同，具有一贯性。

（二）市场营销策划的逐步引入

在我国，市场营销策划最早出现在20世纪80年代后期。随着市场经济改革的不

[6] 上海东方艺术中心官网 http://www.shoac.com.cn

[7] 百度百科龙猫乐队 http://baike.baidu.com/link?url=2Nu4mRoXHc6aB6O5TJLr6A2y9yw7IS6B4DC3eTWtSHsB3Mxl4xuC3WeVMRrS4jY5qRe3OR51Q9wkadtAX5TjEK

断深入，在一线经济发达城市不断涌现出许多专门为音乐艺术产品提供市场营销策划的演艺公司。它们通过综合分析市场需求，整合市场资源来完成一系列的创新策划，建立自有品牌，传播音乐文化。这使得许多民营艺术院团不仅能够全身心投入到艺术创作中，从而提升艺术水准，更可以较为准确地把握市场脉搏，在竞争激烈的音乐演出中占得先机。

“爱乐汇”[8]音乐品牌成立于2012年，是发展和经营音乐演出的专门机构，也是目前国内宫崎骏主题动漫演出市场中所占份额较大的演艺公司。它与北京音乐厅、北京保利剧院、天津津湾大剧院、哈尔滨环球剧场等全国20余家专业演出场所保持着稳定的合作关系，2016年度宫崎骏动漫电影音乐会的演出范围覆盖全国15个城市，仅在北京音乐厅“爱乐汇·‘天空之城’——久石让·宫崎骏经典动漫作品视听音乐会——管乐交响版”同一场演出的场次就已经达到了9次之多，其演出规模相当可观。从相当数量的演出场次和系统的演出规划可以看出，“爱乐汇”策划的宫崎骏动漫电影音乐会初步实现了“策划—统筹—演出”运营链条的完整化、演出规划的市场化和演出项目的品牌化。

（三）演出场馆固定化、演出内容系列化、市场经营品牌化

综合分析2016年1月至2017年1月宫崎骏动漫电影主题音乐会的演出地区与演出场馆不难发现，在北京音乐厅等一批专业音乐演出场馆，音乐会已经趋向系列化、品牌化、固定化。这样的运营策略不仅有利于培养相对固定的客户群体和客户群体的消费习惯，而且对演出场馆的品牌建设和市场宣传也具有积极作用。从绝对场次数量上来看，2016年1月至2017年1月期间在北京音乐厅演出的宫崎骏动漫电影音乐会达到31场次，上海东方艺术中心达到25场次，西安音乐厅达到11场次，星海音乐厅达到10场次。从演出安排来看，重庆大剧院、杭州红星剧院以及苏州市会议中心已经把音乐会作为全年演出重中之重的新年音乐会来推出，宫崎骏动漫音乐的社会认可度可见一斑。

五、结语

宫崎骏动漫电影音乐会在2016年1月至2017年1月期间总计160余场次的演出总量，在全国范围内的演出市场中已遥遥领先于其他主题的音乐演出。这一方面体现了目前国内音乐受众对日本动漫音乐艺术价值的认可，另一方面也说明了创新的演出方式和文化企业的商业运作已日趋成熟。在新媒体环境下，优质的音乐资源配合以突破以往的新方式、专业的音乐从业者、成功的市场运营等诸多因素，应该会在更广泛的空间内传播开来。

参考文献：

[1] 高桥国土 . モーツアルトの音楽伝播におけるメディアとしての楽譜の役割 [J] 日本教育情報学会学会誌 13（4），19-26，1998-03-30.

[2] 于润洋 . 现代西方音乐哲学导论 [M]. 湖南教育出版社，2000：492.

[3] 曾遂今 . 音乐作品存在方式、音乐表演空间与舞台 —— 音乐传播媒介的广义解读 [J]. 黄钟，2011（4）：365-375.

[8] 百度百科爱乐汇 http://baike.baidu.com/view/9535767.htm

全球化背景下玛丽·奥斯汀的地域主义思想解读

张小薪

【摘　要】20 世纪初的美国面临着国家文化建构和区域文化保护之间、城市化进程和乡村发展之间的矛盾。美国西南部地域主义作家玛丽·奥斯汀，以西南区域为立足点，剖析了地域与文学的密切关系，区分了地域主义文学和地方色彩文学，呼吁建立由地域主义文学构成的国家文学；同时也探索了国家与区域、环境和经济和谐发展的途径。本文通过对玛丽·奥斯汀的地域主义思想的深入解读，为全球化时代诸多相似问题提供现实的借鉴意义。
【关键词】玛丽·奥斯汀；地域主义；全球化

【Abstract】In the early twentieth century, the United States was confronted with the contradiction between national culture construction and regional culture protection, and contradiction between urbanization process and rural developing. Based on the southwestern region, American southwest regional writer, Mary Austin, analyzed the close relation between region and literature, distinguished regionalism literature and local color literature, appealed for the national literature constituted by regionalism literature, and explored harmonious development route for nation and region, environment and economy. By deep interpretation into the regionalism thought of Mary Austin, this article provides realistic reference meanings for the similar issues in this globalization times.
【Key Words】Mary Austin; regionalism; globalization

一、引言

“这是一个最好的时代，这是一个最坏的时代”，出自狄更斯的《双城记》。而这句话用来形容很多不同历史阶段依然是恰如其分的，比如 20 世纪初的美国，比如全球化时代的我们。同样的工业经济大发展，同样的城市化进程，同样的自然生态恶化，同样的归属感丧失，历史似乎只是换了个舞台再次上演。而 20 世纪初的美国文学中正有这样一位紧握时代脉搏的作家，其作品既植根于自然生态，又密切关注经济文化；既立足于特定区域，又时刻放眼国家；既哀悼故土田园的丧失，又执著于身份感的重建；既继承了梭罗的自然主义传统的衣钵，又担负起爱默生的创建美国本土文学的挑战；其作品常被误认为是地方色彩文学的同胞姐妹，却终在其不懈努力之下为世人所熟识而自成一派，这位作家就是玛丽·亨特·奥斯汀。玛丽·奥斯汀是 19 世纪末 20 世纪初的一位美国西南部地域主义作家、女性主义作家、自然主义作家、美国土著人作家，被称为自然主义文学之母。她于 1932 年发表的《美国小说中的地域主义》（*Regionalism in American Fiction*）是美国文学史上第一篇关于地域主义文学的重要理论作品，首次明确区分“地域文学”和“地方色彩文学”（local colour）。奥斯汀通过对地域生态的大量观察书写呼吁区域的可持续发展，通过其毕生的文学实践为美国绘制了一幅多元文化并存、不同区域共同发展的蓝图。奥斯汀对彼时美国的环境和经济、区域与国家的探索，为此时再次经历诸多相似困扰的我们提供了深刻的借鉴。本文将奥斯汀的地域主义文学置于全球化的背景之下，管窥其丰富的地域主义文学遗产带给我们的启迪和思考。

二、背景回顾

奥斯汀在其一生的时间里（1868—1934）共发表了 30 多部类型多样的作品和 250 多篇期刊文章，其代表作包括《少雨的土地》（*The Land of Little Rain*，1903）、《无界之地》（*Stories from the Country of Lost Borders*，1909）、《美国的节奏》（*The American Rhythm*，1923）、《旅程结束的土地》（*The Land of Journey's Ending*，1924）、《地平线：自传》（*Earth Horizon: the Autobiography of Mary*，1932），等等。除了创作上的硕果累累，奥斯汀还积极参与各类社会活动。她在耶鲁大学开设了包括“西南部的文化和原始艺术”等在内的一系列讲座，帮助组建印第安艺术基金和西班牙殖民地艺术协会，对美国西南部的土著和西班牙艺术的复兴做出了重要的贡献；奥斯汀同时也是位虔诚的环境资源保护主义者，并作为新墨西哥的代表参加了 1927 年的第二次科罗拉多河大会。而奥斯汀的社会活动和文学创作是相辅相成的，贯穿两者的核心思想都是地域主义（Regionalism）理念。

奥斯汀于 1932 年发表的《美国小说中的地域主义》是第一篇关于地域主义文学的重要理论作品。在这篇论文中，奥斯汀首次明确区分了“地域文学”和“地方色彩文学”，提出了环境和地域是作品中的积极参与者而不仅仅是一个背景的创作理念，呼吁了要保护地区的特殊性和国家文化文学的多样性。而在其他代表作品中，奥斯汀同样强调了保护区域环境和地域文化的重要性，并参与到当时关于边疆问题的全国性讨论中。奥斯汀在作品中通过对联邦政府的西部政策以及土地使用冲突的分析，探索西南地区的区域性发展道路；通过描绘美国土著社会和以区域为基础的土著特色文化，向白人读者展示了人与地域相互适应和谐发展的良好范例；通过剖析跨文化交流和美国国家文化一体化的问题，反对强加的同化，提倡种族和文化的多元。

奥斯汀对地域之于美国重要性的探究也曾受到同时代批评家的关注。比如亨利·纳什·史密斯（Henry Nash Smith）认为奥斯汀是“未来社会的一位早期成员”（Heike，12），罗伯特·潘·沃伦（Robert Penn Warren）认为“理论成熟的地域主义者一定是像玛丽.奥斯汀那样的”（Heike，12）。虽然有的评论家或作家并不认同奥斯汀的观点，但却欣赏奥斯汀的地域主义思想的深度和视野。无论评论家们是否赞同其地域化美国的设想，他们至少在一个观点上是一致的，即：奥斯汀的地域主义思想与美国当代社会文化是紧密相关的。早期的评论家们热切地讨论奥斯汀“是美国文化互渗的先驱吗”或者“这片土地还在等待着一位先知，能够带领人们实现奥斯汀的图景吗”（Schaefer，12）这样的问题。凯里·麦威廉（Carey McWilliam）更是将自己的《美国文学的新地域主义》（*The New Regionalism in American Literature*，1930）奉献给奥斯汀——该作品是关于美国二三十年代期间地域主义兴起的第一批研究成果之一。

然而在奥斯汀去世后，她的大部分作品都停止了发行。随着19世纪末20世纪初高涨的女性主义文学浪潮的逐渐退去，奥斯汀也像同时代的很多女作家一样被边缘化了。最近几十年，很多文学批评家比如梅洛迪·格劳利希（Melody Graulich）、玛乔丽·普莱斯（Marjorie Pryse）、贝拉·诺伍德（Vera Norwood）、路易斯·鲁德尼克（Lois Rudnick）等重新开始了对奥斯汀的研究，奥斯汀的很多作品开始再版。关于奥斯汀研究的论文集和专著也不断涌现，比如梅洛迪和伊丽莎白·克利马史密斯（Elizabeth Klimasmith）合编的《探索无界之地》（*Exploring Lost Borders*，1999）——第一部奥斯汀作品评论文集，马克·T·豪耶尔（Mark T. Hoyer）的《跳舞的幽灵》（*Dancing Ghosts*，1998）——对奥斯汀关于土著美国文化理解的深度研究，巴尼·纳尔逊（Barney Nelson）的《荒野与家庭》（*The Wild and the Domestic*，2000）——对奥斯汀关于乡村发展的地域主义设想的赞同以及海克·沙费尔（Heike Schaefer）的《玛丽·奥斯汀的地域主义》（*Mary Austin's Regionalism*，2004）——从性别、种族、地理等多角度剖析奥斯汀的地域主义思想。

但国内对奥斯汀的研究还非常有限，大多将奥斯汀视作女性主义作家或者自然主义作家，而忽略了奥斯汀在文学史上另一个重要的身份，即：一位成熟优秀的地域主义作家。今天在全球化的背景下重读奥斯汀的作品能够帮助我们思考地理力量和社会历史状况是如何影响我们的思想和行为，在生态和社会文化交织的网络中重新审视自己的生活，在环境恶化和强权政治的世界中重新评定人类的所作所为。

三、地域与文化

1932年，奥斯汀在《美国小说中的地域主义》中谈及："地域主义，因为它是这个星球的本质和构成，最终也成为生活在这个星球上的人类的本质和构成的一部分。"（98）奥斯汀认为人类的身份感必然是地域性的，因为"没有什么能像地域环境一样如此持续不断又潜移默化地影响一个人了……区域环境总是在一个人的眼前，耳边和脚下"（97）。奥斯汀相信自然环境对个人生活的形成和社会集体的构成都产生了重大影响。其早期代表作都清楚地表达了这一理念。《少雨的土地》中的一位叙述者宣称："不是法律，而是土地本身设定了界限"（3）；《无界之地》的叙述者在解释自己区域名称时说："法律在界限之内起作用，而不是之外。"（2）人类的生存和生产都取决于对不同区域的适应能力，因此不同区域的特定生活方式也是顺应当地自然条件发展起来的。正如《少雨》中叙述者所说："要理解任何一种生活模式，必须了解其所在的土地和四季的变化。"（164）

奥斯汀在晚期的作品中进一步详述了这一理念及适应地域的重要性。比如在"西南部的地域文化"中，奥斯汀写道"一种地域文化是通过生活思维方式表达出来的一片土地和一类人群相互适应的总和：从长远来看，土地胜出"（474）。虽然地域文化的发展包含人类和自然环境的相互作用，这种相互适应过程的基本特征还是由土地所决定的。因为土地展示出人类无法左右的"永恒的力量"（1909，80），人类的生存也就取决于对环境条件的调节适应。奥斯汀的很多故事都表现了人类因为拒绝掌握必要的环境知识去适应环境而导致致命的后果，比如人在沙漠中迷路而死于饥渴，城镇被洪水淹没等。奥斯汀断定，不愿意"主动有效地适应"

（1929，475）环境的人的命运已经被注定了。在奥斯汀的作品中，土地决定了人类存在的限度，环境决定了区域发展的可能性乃至国家发展的可能性。

虽然也有评论家认为奥斯汀的这种观点激进或者幼稚，甚至将其等同与“地理决定论”。但是奥斯汀时代的大部分地域主义者以及当代的生态地域主义者和文化地理学者都认同文化身份是社会力量和地理力量相互影响的结果，争论的只是环境因素在地域文化形成中所起作用的程度问题。事实上，奥斯汀的地域主义并不是完全意义的地理决定论，地域环境究竟在什么程度上影响地域文化也是奥斯汀作品中的核心问题。奥斯汀深信地域影响地域文化而地域文化决定国家文化的特性，但她的文本也认同地域身份的形成不是完全自然发生的，而是需要定向的努力。奥斯汀在题为“本土文化是什么？”的讲座中主张美国大陆的殖民化表明“仅仅出生在特定的地方不代表他是该地方的土生人”（Schaefer，27），只有允许自己所在的自然环境和社会环境统治自己的行为和观点时，一个人才成为该地区的土生人，而决定因素包括自然环境、经济模式、道德、宗教、哲学观等。一旦这些新的影响比之前所处的环境对我们的影响更大更深，我们就有了本土文化。因此，在强调“土地本身设定了界限”时，奥斯汀只是为了让读者更加重视和关注自身区域环境的状况和发展，并不是完全无视人为的因素。沙费尔在评述奥斯汀的地域主义观点时说：“如果要详述奥斯汀的地域主义信条，可以说土地设定了界限，但是并没有主宰过程。”（Schaefer，52）换而言之，奥斯汀认同的是社会和自然相互影响、地域环境占主导地位的文化发展过程。

在从宏观上论证地域环境在国家文化形成中的重要作用的同时，奥斯汀也关注着国家文化的具体构成——丰富多彩的区域性文化。奥斯汀强调：“人类的本性就不是一种模式的，地球更不都是平坦的，或者都是海岸线，或者都是山脉，连偏远西部都已经分成西南部，西北部，加利福尼亚海岸线。”（1932：98，104）毫无疑问，奥斯汀眼中的国家景象有着广袤不同的地理区域，不是“一个庞大却又苍白单调的美国”，而是“若干个美国，其特性各有不同却又都意义重大”（1932：98）。发展“区域文化过程”是“唯一真正的爱国主义”的源泉（104）。因为多样的区域文化正是建构国家文学的基础，所以奥斯汀主张：抹杀地区差异会削弱国家文化多样性，而多种区域文化的繁荣才有助于国家文化的繁荣和进步。

四、地域主义文学

在《美国小说中的地域主义》里，奥斯汀称美国文学杰作一定要“源自土地，通过作者自己对该土地的调整适应而形成”（101）。奥斯汀强调只有通过第一手经历作者才能对他们将要描写的地区获得深刻理解。她相信不同的地域环境塑造出不同的个体和文化，正是对特定环境所产生的身体和情感上的反应造就出了地域主义，因此地域写作也是高度个人化的。优秀的地域主义作品必须是“深深植根的”和“强烈感受到的”（101），因为强烈的体验是真正地域写作的源泉，只有对这种体验的特殊性的真实再现才能表现出地域间的细微差别。比如霍桑的《七个尖角阁的房子》、凯瑟的《我的安东尼娅》、朱厄特的《尖耸之乡》等都是表现出了这种地域差别的作品。真正的地域主义作品应该是“这个地方真正的作品，而不仅仅是关于这个地方的”（“stories about the region rather than of it”，1932：106）。这是奥斯汀区分地域主义文学和其他形式的地区作品（比如地方色彩文学）的关键标准。

奥斯汀在其论文和小说中都多次区分地域主义文学和地方色彩文学，并在《美国小说中的地域主义》中列举了大量地方色彩文学作为说明，比如《汤姆叔叔的小屋》，认为它只是一部从新英格兰的道德视角出发的关于南部的小说，南方人并未从斯托夫人的角度认识奴隶制。甚至在四分之三个世纪之后，南方人还在抗议这并不是真正的南方区域小说。奥斯汀也借用《少雨的土地》和《无界之地》的叙述者之口表明地域主义小说与地方色彩小说的不同。比如在《无界之地》讽刺了地方色彩作家对区域的片面化理解："曾经有一个人带着丝质气球帐篷和可折叠浴缸，开着车经过无界之地，写了一些关于这里的有趣的故事，绝大部分都是不真实的，比如响尾蛇晚上蜷缩在人的毯子底下，早上便有了一出英雄擒蛇的场景，这种情况在当地居住了17年也不能遇到一次。"（80）不愿意适应当地习俗的非常住作家，只能陷入自己对西部生活的偏见中，获得对该区域肤浅的印象。

此外，奥斯汀还为读者提出另一条识别地域主义文学作品的准则：地区应该是作品的积极参与者，而不仅仅是一个背景。"地区必须积极参与构建故事，就好像另一个人物，是情节的引发者"（1932：105），这一理念始终贯彻奥斯汀的作品。奥斯汀的小说和短篇故事里有大量的环境积极参与情节的例子：从《伊西德罗》（Isidro）中造就了叛逆女主人公的难以驾驭的加利福尼亚风景，到《一个天才女人》（*A Woman of Genius*）中充当反派角色的小城镇，再到《仙人掌之刺》（*Cactus Thorn*）中人格化了的西南部沙漠。不管地域是养育出了同样气质的人物，还是迫使人们适应其条件，或者是毁灭了那些忽视环境要求的人，地域环境总是做出有力地行动。布伊尔（Buell）曾评价奥斯汀"她的视野成熟的一个标志……就是她的主人公就是地区"（1995:80）。

奥斯汀不但区分了地域主义文学和地方色彩文学，也区分了地域主义文学和豪威尔斯的现实主义文学—地域主义文学不仅是真实的，更是深刻的个人体验和经历，这也正是美国国家文学的希望所在。奥斯汀认为豪威尔斯开始了"美国文学的退步，通过特意选择最普遍、分布最广的故事事件，而不是被最深刻体验的"（1932：101）。辛克莱·路易斯和豪威尔斯一样，用巴比特这一文学形象笼统地反映美国人和美国社会现状，但是巴比特绝不是所有美国人的"家族名"（1932：99），无数的美国人起来抗议，认为巴比特不能够代表自己。她提出豪威尔斯和路易斯代表了美国小说家中的一种趋势：避开区域性主题和远离"土地"。作为区域多样性的倡导者，奥斯汀认为这种文学一体化只能对美国现实提供概括的、固定的形象模板，不能够让读者参与到具体的、细节化的区域作品中来。因此，趋同化的文学作品不能强化读者对自己生活现状的意识或者深化读者对国家其他区域的了解。而奥斯汀致力于的地域主义一方面描述了个人在特定区域的生活细节和切身感受，另一方面鼓励读者对自己生活区域进行自我反思，因此发展多样化的地域文学正是构建美国本土文学的重要内容。

"南方的读者不会只满足于阅读关于纽约和西部大草原的作品，太平洋沿岸的居民有时也会希望阅读更贴近自己的作品"（1932：100）。真正的国家文学应该满足这种需求，反映出地域的多样性。读者和评论家们不应该再"长久地失望地期待着'伟大的美国小说'"（1932：99），国家文学的图景在美国正在发生变化。"真正的地域文学"来自于"'勇气'，生命之源，呼吸，心跳，和热爱，憎恨"（1932：98）。地域主义写作是抵抗现代化所带来的同一性的力量。奥斯汀用“滑动的”“模糊的”“汽车视角”（automobile eye view）比喻单一的文学作品，当读者随着这些作品风驰而过时，会忽略掉国家的历史和文化；而读者需要的是“鸟瞰视角”（bird's eye view）（1932：107），风格各异的地域主义作品才能展示出全面清晰的美国图景。

如何创作出真正的地域主义文学呢？奥斯汀提出“时间是本质”问题，要真正地“融入”当地，了解当地，从当地“汲取”一切（1932：107）。以《少雨的土地》为例，该文本是奥斯汀最著名的、被引述最多的作品，由一系列短篇小说和非小说片断组成，描绘了欧文斯谷和周边地区的动物、植物以及人类生活。《少雨》中的叙述者多次提及时间对于地域知识积累的重要性：只有通过亲密的接触才能开始真正地认识并最终理解一个地方；漫不经心的拜访者也许永远不会发现一个秃鹰的巢窝，但是细心的观察者却可能会在宽阔安静的峡谷里有所发现；更重要的是，这种细致观察不仅限于视觉上的，还要“渴求……一点一滴的民间传说和‘笑谈’”，这些才能勾勒出一片土地的文化和历史的复杂性（19）。在“篮子制造者”中，叙述者称“要了解任何一种生活模式，必须了解这种生活所扎根的土地和终年的变化”（59）；在“高山的街道”中，叙述者提醒读者：“不要相信你所听到的，说仲夏是去高山街道最好的季节——也许对于仅仅是休闲、运动或者科研的人是这样；但是想观察理解，最长时间的逗留机会永远是最好的时间”（67）。

从《少雨的土地》到《美国的节奏》，从《旅程结束的土地》到《一支烟的故事》，奥斯汀详尽地描绘了以地域为基础的西南部的风土人情和历史文化，以土著人和西班牙裔为代表的区域文化作为美国未来的人与自然和谐发展的学习典范。亨利·纳什史密斯（Henry Nash Smith）曾评价：“奥斯汀夫人所做的事情于美国民族之意义恰似神话传说于希腊人和其他欧洲人之意义……当然她没能创建出美国神话。但是她已经看出问题所在，并使之澄清（30）”。爱默生有句名言：“美国是我们眼中的一首诗；其富饶宽阔的地域让我们的想象力眼花缭乱，等待着我们的丈量”（997）。奥斯汀显然是赞同这一观点并付诸文学实践，承担起先辈们创建美国本土文学的重任，提出了明确的地域主义文学目标一建立由地方色彩浓厚的地域主义文学所构成的国家文学，这种全景式的文学能够帮助国家培养起对历史、环境和个人的高度意识。“只要是曾经在自己的环境中用心地生活和深刻地体验”，大概都能培养出“敏捷的智慧和进行心灵旅行的能力”（1932：105）。与特定区域建立起的紧密联系可以有效建立身份感和归属感，而这种身份感和归属感以及自我认知能力正是全球化和现代主义带来的迷茫和疏离的解毒剂。

五、地域发展

奥斯汀不仅关注区域环境，而且同样重视区域经济与环境的和谐发展。奥斯汀以西南部地域发展为切入点，在其作品中探讨了西南地区的政治、经济、文化和环境如何和谐发展，并建构出了一幅地域化美国社会的乌托邦。奥斯汀既不接受城乡一体化的思想，又不接受将乡村理想化的主观想象。在《不可分割的公共事业》中，奥斯汀反对将乡村视作未被现代都市生活沾染的天堂，认为乡村不能成为逃离现代社会的庇护所，因为乡村不是在社会之外存在，而是社会不可或缺的一部分。城市依赖于乡村地区的自然资源和农业供给，同时又给乡村提供文化和经济资源。乡村和城市及地区和国家都是相互依赖的实体。对于奥斯汀来说，主流社会影响地域文化，地域变化也会改变国家政治。从《少雨的土地》中的地区水资源冲突和环境恶化问题开始，奥斯汀在一系列作品中都密切关注西南地区经济发展和资源环境问题。其立场可以概括为：致力于地域的可持续发展和特定原始区域的保护。

在以利润为导向、漠视环境的经济体制下，奥斯汀所主张的乡村经济繁荣和生态体系保护往往无法协调。《少雨的土地》讨论了19世纪20世纪之交资源利用的主要模式，表现了农业发展和生态环境之间的冲突。鉴于沙漠生态系统的脆弱，特别是在人类对该地区广泛开发矿产和发展农业情况之下，叙述者呼吁人类行为的重新定位。作品叙述了金、银、硼砂采矿情况，对土地的牧场开发和灌溉开垦等。

奥斯汀反对沙漠自然资源的过度使用，警示了对土地的过度放牧。对高地和丘陵的利用已经改变了植物分布，一些野生植物物种已经“因人类的开发”和“毁灭性的羊群”而“被驱逐”（131，144），“美好可爱”的龙胆草不再生长在“森林保护区”（216）。叙述者因为看到“被剪的灌木和花枝”而暴怒，担忧随后“栖息在这片土地上的鸟类的流失”（158）。在奥斯汀看来，不管是羊毛带来的利润还是晚上牧羊人围坐篝火的景象都无法弥补羊群对沙漠生物区的破坏性影响。因此，应该推行对土地影响力小、不会破坏生态平衡的开采方式。

在“邻居的田地”中，奥斯汀对比了两种对待土地不同的态度：白人的疏离和破坏式发展与土著的融入和可持续发展。叙述者很珍视田野上的生物、植物和土壤的多样性，观察“野生水果的成熟过程”（134）。被白人定居者驱逐的派尤特族印第安人在这片土地上留下了他们居住的踪迹。他们栽种的灌木林、留下的箭头和陶瓷碎片都表明着他们曾经安营扎寨的位置。（128）因为尤特族人与土地建立了亲密和谐的关系，叙述者认为他们的存在反而是田野完整构成的要素—他们增加了而不是减少了该地区的多样性。相反地，如今的白人所有者却在威胁着这片田野的存在，白人邻居们认为田野毫无价值，“田野不被镇上人重视，没有耕种也不能提供木柴，只能滋养出各种野生种子，顺着农渠漂流，在花园和草地上长成杂草”（125–126），他们只对市场价值有兴趣，打算将这片田地变成有利可图的建筑用地。在故事的最后，叙述者忧伤地感慨“虽然这片田野变化很大，它也几乎不能幸福了。不，它肯定不能再幸福了”（139）。

但是奥斯汀并不反对资源的合理开发利用，例如“其他水界”开篇之句便是：“灌溉渠是水量可观的溪流的合适的归宿。似乎溪流也愿意如此”，灌溉渠有效地引导水流，分送到“可以耕种的土地”上（225）。然而，叙述者也发现“很难与被利用的水资源建立亲密的关系”（225）。她建议为了理解灌溉渠的本质，既“需要关注它早晨和黄昏的轻声吟唱，它随着雪水水量的涨落变化”，又要了解在大规模殖民时代印第安人对水利权和周边牧场的反复争夺的传统，也就是说对灌溉渠的自然历史和文化历史都要所了解。地域发展需要同时融合历史状况与现实状况，人类因素和非人类因素。

在小说《浅滩》（*The Ford*，1917）中，奥斯汀揭示了资源开发和地域规划可能会涉及的个人与集体，城市利益和乡村利益之间的冲突，探讨了平衡城乡发展和资源合理利用的可能性。小说是洛杉矶和欧文斯谷之间的真实的历史性水资源冲突的文学再现。奥斯汀曾作为一名乡村社区的成员目睹了这场争斗，并和其他居民一起争取欧文斯河的控制权。这场斗争的失败使得奥斯汀憎恶加利福尼亚南部无节制的商业主义文化。这种憎恶也促使她在1927年的第二次科罗拉多河大会上以新墨西哥代表的身份反对顽石坝计划。奥斯汀在《浅滩》中用旧金山替代了洛杉矶作为威胁乡村地区发展的城市中心，以假想的铁尔若·隆加（Tierra Longa）地区代替了欧文斯谷地区。小说肯定了干旱地区的农业和城市发展都取决于大规模的水利工程，鉴于水源的不可分割性，作品强调了个人与集体，乡村和城市协调发展的重要性。

故事的主线随着水资源的冲突而展开，叙述了肯尼斯和安妮俩兄妹如何揭露和破坏大地主里卡特的阴谋。肯尼斯和安妮在小说中就是一组对立的人物形象。肯尼斯容易激动，是个理想主义者。他追随父辈的足迹，梦想通过联合当地土地所有者，发展大规模的灌溉工程而促进山谷的发展。但是当邻居们拒绝签署肯尼斯提出的"土地和水资源协议"时，肯尼斯的理想化的"团结的激情"（388）受到重创。肯尼斯远离其他农户，认为他们和里卡特"是同样的类型"（403），独自开发多余的水资源，最后在足智多谋的安妮的帮助下，成功地保留下河流的水资源，而其他农民也乐意加入他的发展公司。妹妹安妮则有智慧，有远见。作为一名房地产经纪人，她的职业理想是指导地区发展并有所收益。与自己理想派的哥哥不同，安妮对目标的追求都建立在科学的现状分析和个人利益与公共利益的平衡之上。因此，安妮既反对哥哥对边疆个人主义的迷恋，又反对朋友弗吉尼亚对"资本主义和确立的秩序"痛骂（185），而是在哥哥对土地拓荒者的怀旧情感和里卡特唯利是图的拜金主义态度中坚持中间立场。安妮考虑的不仅是潜在的利润，更重要的是自己的行为对他人和区域发展的影响。

铁尔若危机的外因是里卡特之流企图购买沿岸土地权以便将水资源出卖给水需求日益增加的大城市而获利，更重要的内因则在于农民不能团结一致应对地区的社会经济和环境变化。是什么原因使得当地农民不能够控制自己地区的发展呢？一方面是忽视日益卷入现代化浪潮的乡村现状，比如肯尼斯最初依然憧憬旧时田园生活，试图通过自己"对土地的感情"（403）抵制外来的侵犯力量。另一方面，农民缺少新时代下必要的合作精神。肯尼斯观察到自耕农都具有同一种品质—个人主义倾向，这种品质"让他们成为好的农民、生产者，而不是好的游戏玩家"（289）。他们不能够明白水资源的不可分割性导致自己经济和政治上都处于劣势。因为缺乏公共凝聚力和合作能力，农户们既不能通过有利可图的大规模发展项目充分利用土地，又不能依靠共同的力量阻止外界力量侵占当地资源。

《浅滩》不仅是肯尼斯的成长小说，更是以铁尔若·隆加地区为代表的西南部区域的成长小说。通过将肯尼斯的成熟过程与地区的发展过程结合在一起，小说集中阐述了奥斯汀对当时美国西部发展中存在的三个主要问题的认识：一是发展荒芜地区背后的资本主义动机，批评了城市规划者和唯利是图的个人投资者对西部的生态和农业的漠视；二是西部地区的农业发展道路，认为地区农业发展取决于不可分割的公共事业，指出政治呆滞和缺乏合作是农民们不能合理发展自己地区的主要原因；三是探讨了美国文化中对西部的浪漫想象，这种理想化加固了个人主义身份感，导致了对社会发展的不切实际的认识。通过对这些问题的阐释，《浅滩》提供了一幅将地区社会经济和自然环境的历史和特性都纳入考虑的地区规划图景。虽然美国西南部最终并没有完全按照奥斯汀所设想进行生态式地域发展，但是奥斯汀所提出的地域乌托邦思想以及所牵涉的城乡发展、区域发展、环境保护、资源争夺等诸多问题对于正处于推进城市化进程和协调东中西部共同发展中的我们有着深刻的现实意义。

六、结语

奥斯汀的地域主义写作“不是仅仅哀悼丢失的文化”（Brodhead，121），将乡村地区描绘成无可挽回的逝去的田园景象，而是将其视为美国未来的预兆。奥斯汀所关注的不仅是地区的文化发展和身份感的确立更是国家的多文化发展和国家认同感的建构，不仅是西南地区的过去更是其尚未实现的未来，不仅是特定区域的经济政治发展更是不同区域的协调发展。在全球化的时代背景之下，奥斯汀所关注的诸多问题依然存在：宏观上，如何在西方文化大量入侵的情况下保护国家文化，如何协调国家产业发展和经济全球化的大潮流，如何处理经济发展和环境保护的关系；微观上，如何协调国内各地区包括城乡的共同发展，如何在推进城市化进程中保护特定区域比如乡村和民族聚集地的特有文化，如何在经济发展中处理好资源争夺、环境恶化等。地域化和全球化本就是相辅相成的，在全球化时代奥斯汀的思想和作品依然可以给予我们很多借鉴意义。这也是奥斯汀研究和地域主义文学研究在全球化时代再次复兴的原因，“这种辩证的地域主义是美国文学走向繁荣的原因，也是其在全球化时代继续繁荣之本”。（刘英，31）

参考文献：

[1] AUSTIN MARY. The land of little rain[M]. Boston:Houghton,1903.

—Lost Borders [M]. New York: Harper, 1909.

—The Ford [M]. Boston:Houghton, 1917.

—The American Rhythm [M]. New York: Harcourt, Brace,1923.

—“The Indivisible Utility” [J]. Survey 55（1 Dec.1925）: 301-327.

—“Regional Culture in the southwest” [J]. Southwest Review 14（July 1929）: 474-77.

—Earth Horizon: An Autobiography[M].Boston:Houghton, 1932.

—“Regionalism in American Fiction”[J].English Journal 21（Feb.1932）: 97-107.

[2] BRODHEAD RICHARD H. Cultures of letters: Scenes of reading and writing in ninettenth-century America[M]. Chicago:U of Chicago P, 1993.

[3] BUELL LAWRENCE. The environmental imagination [M]. Cambridge, Mass.:Harvard University Press, 1995.

[4] EMERSON RALPH WALDO. “The Poet”（1844）[A]. The Norton Anthology of Literature. Ed. Nina Baym et al. 3rd ed. Vol. 1. New York: Norton, 1989. 984-999. 2 vols.

[5] SCHAEFER HEIKE. Mary Austin’s regionalism: Reflections on gender, genre, and Geography[M]. Charlottesville and London: University of Virginia Press, 2004.

[6] SMITH HENRY NASH. The fell of the purposeful earth: Mary Austin’s prophecy[J].New Mexico Quarterly, 1（Feb.1931）：17-33.

[7] 刘英. 全球化时代的美国文学地域主义研究[J]. 国外文学，2010（2）：25-32.

【Liu Ying. The study of American Literary Regionalism in the Era of Globalization [J]. Foreign Literature, 2（2010）: 25-32.】

周作人的日本文化观
—— 兼论对高校日语专业教学的思考

张妍

【摘 要】近年来，随着中日交流的良性发展，我国高校日语专业教育取得了长足的进步，在校专业学生数已突破 15 万人。如何全方面提升教学质量，培养更多高素质的日语专业人才，成为摆在高校日语教师面前的一个重要课题。本文结合周作人的日本文化观，探求日本文化、语言基础教学的新模式，并借鉴其对日本文化的研究及日语习得，深化高校日语专业教学，提高教学效果。

【关键词】日语教学；日本文化；周作人

【Abstract】In recent years, with the good development of communication between China and Japan, the teaching of Japanese major in colleges and universities has made considerable progress. The number of students majoring in Japanese has exceeded 150 thousand. How to improve the teaching quality and cultivate more high-quality Japanese professional talents has become an important issue to the Japanese teachers in Colleges and universities. Based on Zhou Zuoren's thought of Japanese culture, the writer wants to explore a new model of Japanese culture and language teaching. And learning from the research on Japanese culture and Japanese language linguistics, in order to improve the Japanese teaching and improve the teaching effect.

【Key Words】Japanese teaching; Japanese culture; Zhou Zuoren

日语专业教育是高等院校人文和社会科学教育的一个组成部分。进入 21 世纪，我国日语专业教育连续多年高速发展。据中国日语教学研究会2007年度提供的统计数据，全国开设日语专业的高校已达到 385 所，其中专科、高职院校 200 余所，在校日语专业学生数超过 15 万人。[1] 如此庞大的受教群体，对广大高校日语教师提出了新的挑战。改变以往单一的教学模式，引入各派学者的文化观点，博采众长，不失为日语教学的一种新尝试。

众所周知，周作人在中国文学史上是一个微妙的存在，他的政治污点已无法抹杀，但他对引入外国文化、批判封建传统文化、促进中国新文化发展起到了一定的积极作用；尤其在对日本文化的介绍和研究方面，功不可没。

周作人早年曾长期留学日本，并娶日本人为妻，对日本文化的理解和省察，较一般学者更为独到与深刻。自 1916 年起，周作人陆续发表了大量有关日本文化的文章，内容涉及日本文学、语言、艺术、民俗、宗教等方方面面。周作人在日本文学方面的贡献较为突出，晚年竭尽余生翻译了《万叶集》《古事记》等多部日本古典文学作品，并在1926年译出了狂言十种，结集为《狂言十番》。在日本近代文学方面，他将二叶亭四迷、夏目漱石等日本近代的著名作家介绍到中国；并对白桦派人道主义文学和唯美派文学进行翻译和介绍。他的这些工作在中国的日本文学研究领域都是具有开创性的。周作人以其切身的体察和悉心的研究，对日本文化提出了不少独到的见解，逐渐形成了较全面、有见地的日本文化观。周作人的日本研究对后来的研究者而言，可谓意义深远，日本学者山田敬三甚至评价周作人“对日本文化的理解超出日本人之上。”[2]因此，在高校日语专业教学中，周作人的日本文化观，具有一定的借鉴意义。

一、周作人的日本文化研究与日本文化教学

日语专业的学生容易产生两种倾向：一是对日本的盲目崇拜；二是“师夷长技以制夷”的心态。这两种看似对立的极端情绪，究其根源，皆源于仅看到日本一些文化现象的表层，而没有深刻理解日本文化的真正内涵和特质。因而日语教学尤其是日本文化的教学，不应仅仅停留在让学生掌握日语这一工具，熟悉日本历史事件和文化现象这一层面，而应引导学生深入日本文化的内核，探求日本文化特性的成因，洞察日本文化心理。而周作人的“日本管窥”系列蕴含了作者对日本文化的深刻思考，对升华日本文化教学有一定的借鉴意义。

中国人对日本的态度一直处于矛盾的状态：一方面轻视日本文化，认为日本文化是模仿的文化，明治维新之前仿效中国，明治维新之后“脱亚入欧”，学习欧美。另一方面又赞叹当代日本高度发达的物质文明，心向往之。

对于这种心态，周作人一直是反对的。他曾在《谈日本文化书（其二）》一文中予以批判：“本来据我想一个民族的代表有两种，一是政治军事方面的所谓英雄，一是忆文学术方面的贤哲。此二者原来都是人生活动的一面，但趋向并不相同，有时常至背驰，所以我们只能分别观之，不当轻易根据其一以抹杀其二。如有人因为喜爱日本的文明，觉得他一切都好，对于其丑恶面也加以回护，又或因为憎恶暴力的关系，翻过来打倒一切，以为日本无文化，这都是同样的错误”[3]。在周作人看来，日本是多面的，既有正面的一面，又有负面的一面。在审视日本文化时，周作人是未带有偏见的。周作人在对日本文化进行深刻省察之后，对日本文化做出了较为理性、客观的解读。他以“创造的模仿”[4]概括日本文化的内核，认为“日本古今文化诚然是取材于中国与西洋，却经过一番调剂，成为他自己的东西，正如罗马文明之出于希腊而自成一家”[5]，承认了日本文化的继承性与独立性。

周作人对日本文化的研究，最客观、透彻的是他对于日本国民性的研究。以往，对日本国民性的研究大多集中于“忠君”这一特性。芳贺矢一曾将“忠君”列为日本国民性之首。但周作人对此却并不认可，他认为“忠君”只是外来影响下的产物，不是本国所固有的，因此不能算国民性。周作人将国民性界定为本民族、尤其是本民族文化中所固有的，不受外来影响自主形成、具有独特性的民族特点。在1925年1月21日的《桃太郎的辩护》一文中，他谈到了自己对国民性的理解：“国民性不是一时的，须是历代都存在的一种特色才可称得，所以要决定一民族的国民性颇不容易，在未研究明白之前还是只好阙疑”[6]。由此标准出发，他找到

了自己认为最能代表日本国民性的东西。周作人从文化人类学的角度，对日本国民性做出了概括，也同时说明了日本文化的主要特征："日本人古今不变的特性，有两点，一是现世思想，与中国是共通的。二是美之爱好。"[7]以上两点很好地概括了日本文化的特征。"现世思想"换言之，即为后来日本著名学者源了圆提出的"即物主义"[8]，即日本人立足现实，重视实用性和实践的文化心理[9]。这种文化特质在日本对外来文化的吸收、日本人的宗教观和日常生活等方面都有比较直观的反映。周作人坦言日本"唐时不取太监，宋时不取缠足，明时不取八股，清时不取鸦片"，"日本古今的文化诚然是取材于中国与西洋，却经过一番调剂，成为自己的东西"，他"深钦日本之善于选择。"[10]"日本宗教，求与神接近，以至灵气凭降，神人交融，大抵民众安于现世，无成身坐佛的大愿。"[11]这种根深蒂固的"现世思想"，使日本得以巧妙地吸收同时代世界最先进的科技文化，取其精华，去其糟粕，为己所用；日本的宗教信仰也因此呈现"多神教"的特点，多数民众拥有两种以上的宗教信仰，印度佛教、中国儒学、西洋基督教在日本驳杂共存。日本人认为信仰是自然而生的，"万物皆为神"，只要能庇佑自己，皆可以信奉。[12]而"美之爱好"概括了日本人的审美意识。日本国民在待人接物时处处洋溢着"人情之美"，较其他国家国民对美有更纤细、更敏锐的感受力，这种感受力催生了日本独特的美意识文化现象，如渗透着安逸、静寂之趣的茶道、幽玄的能乐、悦目和谐的日式料理等。

笔者以为在组织文化教学时，可先引入周作人对日本国民性之概述，使学生对日本的国民特性有一个宏观的把握。同时，将周作人的学说与日本学者相应的研究相联系，进一步深化学生对日本文化特性的理解。此外，借助多媒体教学手段，将能够直观体现此种文化心理的文化表象，如日本的"冠婚葬祭"中不同宗教形式的运用、茶道礼仪、日式料理、枯山水等放映给学生，让学生不仅了解并熟悉日本特有的文化现象，并且洞悉这些现象背后所折射出的独特文化内涵，引领学生对异文化更深层次的解读。

日语从属于东方语系，本身的特性是含蓄、内敛，因而日语教师在授课时往往难以像西语教师那样活泼、风趣。但如果教师的教学方法得当，不仅可以激发学生的学习兴趣，而且可以使学生从更深的层面认识日本文化，从而全面、客观地看待日本这个国家。

二、周作人的日语习得与日语基础教学

日语作为日本文化重要的一环，是日本文化的直接载体和传承推广工具，而大多数日语专业学生在接受高等教育之前，没有进行过系统的日语学习，如何激发他们的兴趣，引导他们掌握正确的学习方法，达到事半功倍的效果，是摆在众多日语教师面前的课题。同时，在掌握了一定的基础后，对于高年级的学生如果尽快提高自身的日语水平，尤其是翻译水平，也是较为重要的一环。翻译了多部日本文学名著的周作人，有很深的日语造诣，他的日语学习心得，对"零基础"以及有一定基础的日语学习者皆有一定的启发作用。

一部分初学者错误地以为日语非常容易，因其表记方式中包含相当数量的汉字，从而产生轻视和厌学情绪。对此，周作人予以了驳斥："中国人不了解日本，以为日本文化无研究之价值，日本语三个月可以精通，这种浅薄谬误的意见实在有改正的必要"[13]。他在《关于日本语》一文中阐述了学习日语的基本方法："须得根本地从口语入手，还

得多读名家所写的文章，才能真正了解，不是单靠记忆几十条规则或翻看基本社会科学书所能达到的。学日本语须稍稍心宽，可能的要多花费点时日，除不得已外万不宜求速成。普通所谓速成实在只是浅尝，即只学了一部分耳”。这个观点时至今日依然具有现实意义，能够使初学者认识到日语的汉字虽是经中国传入，但在读音、意义、表记等方面存在诸多差异，要真正在日语学习中有所收获，就应脚踏实地，循序渐进，重视口语训练，广泛涉猎日文原著和影视作品等，努力使自身的日语更接近“纯粹”和地道。

五四时期，周作人译介了大量日本文学作品。他一方面把翻译日本文学作品视为启蒙工作的组成部分，一方面为中国新文学提供可资效仿的新文学表达形式。因此，周作人在翻译方面颇有心得。他以“大同小异的人道主义思想”为选译标准，翻译的作品既能够表现世界“现代文学的特色”，其译法又“重在忠实的传达原文的意见”，并“保存本来的若干的风格”，将自然主义和白桦派的作品翻译得既符合汉语的语言习惯，又不失日式风韵。周作人的这种译法正是翻译手法上“归化”和“异化”的结合，他没有一味地为了汉语句子的优美，而过度地修改原作，也没有为了保留日语风味，而全然不顾汉语的语言习惯，真实地演绎了“信达雅”的标准。这对于掌握了一定的日语基础，已经踏上翻译的征途的日语学习者，具有一定的借鉴意义。

此外，周作人对日本的和歌、俳句、浮世绘等古典文学艺术了解颇深，对日本传统的民俗生活，如节分撒豆、雏祭、五月人形、落语、和式料理等也有详细记述。虽然现在许多高校与日本开展了合作培养模式，但并不是每一名学生都有出国亲身体验日本生活，领略日本文化的机会。因此，教师应在课堂上尽可能为学生全方位地展现日本。在给学生传授现代日语的用法、讲述日本现代生活的同时，也可参考周作人的这部分文章，为学生介绍这些日本至今仍保留并重视的文学艺术形式和民俗，使学生不仅了解日本的现在，也熟悉日本的过去，为学生呈现一个现代与传统共存的日本。

三、结语

我们也应该看到，周作人的日本文化研究存在着一些理论偏颇和方法论上的缺陷，致使他的日本文化研究包含了复杂的矛盾和潜在的危机。作为一个宁静的学者，周作人的日本研究过多地拘泥于旧文化人类学摸索猜测与旁征博引的书斋式研究构架中，缺乏历史主义的总体科学把握和现代政治的系统的分析。而且，他不能辨明日本民族古来的文化与日本帝国主义的本质区别，也未能在学理的层面上，从日本国民劣根性的一面去考察日本军国主义产生的历史文化根源。结果，这种与政治思想消沉落伍相关联的文化研究偏颇，又反过来影响了政治上的进一步倒退，以致最后堕入罪恶的深渊。抗战爆发后，周作人背叛民族国家，附逆投敌。这一根本立场的转变，决定了周作人的日本研究已由一般的学术研讨变成了为日本侵略者的“大东亚主义”进行理论论证的反动说教，决定了其日本文化研究事业的没落。

因此，在借鉴周作人的日本文化观时不可一味效仿、照搬。借鉴周作人的日本文化观只是丰富日语教学的手段之一，在教学过程中引入时应注意有所选择，鉴别、舍弃那些带有明显亲日倾向的作品（尤其是日伪时期的作品），选择那些较为客观、理性的观点。并可将周作人自身作为反面例证，培养学生的民族自尊心和自信心。从根本而言，一堂成功的日语课首先要求教师不能照本宣科，因此教师自身应不断加强学习，扩展自身视野，才能充分把握课堂有限的时间，给予学生更多的信息，紧扣高校日语教学不断发展的脉搏。

参考文献：

[1] 修刚．中国日语教育的现状与课题 [J]. 日本学研究，2008（4）.

[2] 钱理群．周作人传 [M]. 北京：北京十月文艺出版社，1993.

[3] 周作人．瓜豆集 [M]. 石家庄：河北教育出版社，2002.

[4] 周作人．艺术与生活 [M]. 石家庄：河北教育出版社，2002.

[5] 周作人．苦竹杂记 [M]．石家庄：河北教育出版社，2002.

[6] 陈子善，张铁荣．周作人集外文（上）[M]. 海口：海南国际新闻出版中心，1995.

[7][10][11] 钟叔河．周作人人文类编⑦ [M]. 长沙：湖南文艺出版社，1998：18-47.

[8] 源了円．文化と人間形成 [M]. 東京：第一法規出版社，1984.

[9][12] 韩立红．日本文化概论 [M]. 天津：南开大学出版社，2003.

[13] 周作人．谈虎集 [M]. 石家庄：河北教育出版社，2002.

[14] 止庵．周作人集 [M]. 广州：花城出版社，2004：246.

《献给爱米丽的一朵玫瑰花》中女主人公的悲剧人生
——以索伦·克尔凯郭尔“绝望”观为视角

班慧敏

【摘　要】《献给爱米丽的一朵玫瑰花》是威廉·福克纳的经典短篇小说，历年来备受学术界的密切关注。本文的切入点为索伦·克尔凯郭尔的“绝望”理论，在《致命疾病》中克尔凯郭尔把“绝望”分为三种形式，即：人不知道有自我，人不愿意有自我，人不能够有自我。本文基于这三种形式的“绝望”分别从女主人公爱米丽·格里尔森的少年、青年以及老年生活，分析与探讨了爱米丽的悲剧人生。
【关键词】“绝望”观；悲剧人生；克尔凯郭尔

【Abstract】 “A Rose for Emily” is a classic short story of William Faulkner, as well as academic scholars have given much attention to it over the years. Whereas this article tries to analyze the heroine's tragic life from “despair” theory, the theory presented by Soren Aabye Kierkegaard. The “despair” in The Sickness Unto Death is divided into three types. This article respectively analyzes the protagonist's tragic life through the three forms of “despair”, her childhood, youth and old ages.
【Key Words】the concept of “despair”; tragedy life; Kierkegaard

一、引言

威廉·福克纳（William Faulkner）是世界著名小说家，其长篇小说屡屡获奖，而于1930年4月发表的篇短篇小说《献给爱米丽的一朵玫瑰花》，则让我们看到他简练、精准、有点神秘而又富有美感的写作手法，后被誉为其最负盛名的经典短篇小说。女主人公爱米丽·格里尔生（Emily Grierson）被福克纳定义为一个悲情角色，其一生都不如愿，似乎从没享受过一个女人应有的幸福，甚至也失去了做人的乐趣，无法想象她的生活状态有多么糟糕。若爱米丽小姐来到现在，会被认为她患上了社交恐惧症。因为小说中的爱米丽与世隔绝从不与人过多交往，人们只能通过一个黑奴出入古宅的身影才得以知晓爱米丽小姐尚在人世。由于经历了父亲的死亡，爱人的抛离，乃至毒死恋人的种种遭遇让爱米丽亦然不对生活抱有希望，终日生活在早已残败而又孤立的古宅中。生活的绝望是导致“病态”生活的原因之一，这是一种在希望完全消失时，得不到回应的状态下的内心感受。这种感觉非常痛苦，往往伴随着精神病、意图轻生、与社会断绝关系等状况。这种生存状态与索伦·克尔凯郭尔（Soren Aabye Kierkegaard）的“绝望”（despair）

观不谋而合。在1849年出版的《致死的疾病》（The Sickness Unto Death）中，克尔凯郭尔全面系统地探讨了人的生存状态，即“绝望”，力求诊断人生存的病因，寻求解决的方法（姚艳秋，2009）。

本文就索伦·克尔凯郭尔的“绝望”观，着重分析悲剧色彩的爱米丽。用克尔凯郭尔的观点来分析《献给爱米丽的一朵玫瑰花》的原因是他本人无疑是现代“存在主义”的创始人，同时也被后人认为是“人本心理学”的先驱。他提出的“绝望”的看法与观点，与女主人公爱米丽的生活状态极其相似，所以本文将从克尔凯郭的三种形式的“绝望”来探讨爱米丽的悲剧人生。

二、索伦·克尔凯郭尔眼中的“绝望”

生于19世纪的索伦·克尔凯郭尔（Soren Aabye Kierkegaard）生前一直不被理解，却在20世纪被视为新时代的预言者和先知，甚至有人把他和黑格尔、马克思相提并论，把他们说成是“改变了文明发展方向的三位伟大的哲学家”（姚艳秋，2009）。他是现代存在主义哲学的创始人，后现代主义的先驱，也是现代人本心理学的先驱。作为存在主义的哲学先驱，他注重对人自身情感的关注，如人的孤独、恐惧和绝望。其中，“绝望”是克尔凯郭尔哲学中的一个重要概念（孙凤娟，2010）。他在《致命的疾病》（The Sickness Unto Death）一书中提出，“绝望”（despair）是促成“致命疾病”的重要原因（傅佩荣，2012）。绝望是一种精神的疾病、自我的疾病。因此可以有三种形式：在绝望中并不意识到有自我（并非严格意义上的绝望）；在绝望中不要是自身；在绝望中要是自身（克尔凯郭尔，1849）。由于克尔凯郭尔从哲学的角度来提出“绝望”的观点，多少难以让人理解透彻，学者们对其“绝望”观也提出了不同的见解，其中傅佩荣先生的阐释最易理解。傅佩荣（2012）把克尔凯郭尔的三种形式的“绝望”加以整理为：人不知道有自我；人不愿意有自我；人不能够有自我，即“人生三绝望”。这三个“绝望”都围绕“自我”所讲，自我的概念既抽象又具体，它是永恒对个人的要求和呼唤，也是每个个体的权利。当一个人选择完全自我时，也就是选择了自由，从而使自己的生存无限化（刘慧姝，2006）。克尔凯郭尔将“成为自我”作为终生奋斗的目标，将没有自我的状态称为绝望（姚艳秋，2009）。

通过这三种形式的“绝望”，往往导致“致命的疾病”。而克尔凯郭尔所指的“致命疾病”是一种纠结折磨自己的人生状态。所以绝望是一种普遍的精神疾病，靠死亡从这种疾病中获救是不可能的，这疾病和他的折磨（及死亡）恰恰在于不能死去（刘慧姝，2006）。即小说中的爱米丽小姐处在一种绝望状态，没有认识到自我，没有选择自由，这种处于死亡之中的状态是寂寥、压抑且惊悚的。

三、爱米丽·格里尔森的“绝望”人生

（一）第一种形式的“绝望”：人不知道有自我

克尔凯郭尔在《致命疾病》中这样定义第一种形式的“绝望”：在绝望中并不意识到有自我（并非严格意义上的绝望）（克尔凯郭尔，1849）。由于克尔凯郭尔是现代存在主义哲学的创始人，存在即自我的肯定。所以傅佩荣（2012）把他的第一种“绝望”理解成：人不知道有自我。普遍认为婴儿没有意识到自我，虽然随着年龄的增长、意识的觉醒，但仍然有许多人不知道自我是什么，换言之不知道自己到底在追求什么。如果柏

拉图穿越到当今社会，可能会为当今社会表象所高兴。从表面看当今的人们各司其职：学生努力学习，教师负责教学，工人辛勤劳动，老板致力扩张，律师积极维权，领导全力为民，等等。但是作为人类的我们有思想、有灵魂。不会一辈子只为一个职位而活，我们并不是柏拉图眼中的“理想国”，我们比他的“理想国”更加自由与人性。人们可以通过很多方法来认识自我，比如在学习中不断接纳新的自我，在成长中不断更新自我，在独处时不断认识自我等。反观当代中国年轻的一代想要在当下这个纷繁复杂的社会中认清自己并不容易，当下充斥着的无数有用或无用的信息严重干扰着人们的判断。有许多年轻人确实知道自己在追求什么，无非是稳定的工作、高薪的工作以及完美的家庭。但克尔凯郭尔认为，这种成功是相当外在化的成功，人生绝对不应该只以拥有这些为满足（傅佩荣，2012）。而在笔者看来这些外在的成功可以当做人们的短期目标。相较于长期久远的目标而言，短期目标更容易实践，也能增加人们的自信心，反而使人内心更加踏实。或许只有当我们实现这些基本目标的同时，才有心思去考虑更加深层、更有意义的事。社会由许多家庭、许多人组成，自己的成功，国家才能更加成功、稳固、和谐。

反观爱米丽从小遵循父亲的教导，有着贵族一般的乖张、顺从，不敢挑战父亲的权威。小说没有提及爱米丽的母亲，笔者大胆猜想她的母亲应该是早逝，或是福克纳有意对其母亲不落笔墨从而突出其父亲对她的专制。本该天真烂漫的爱米丽没有母亲的呵护，同时也缺乏朋友的倾诉，其内心隐约透着孤寂。父亲犹如一块基石一样是她的依靠所在，同时又是她的压抑所在。毋庸置疑父亲是爱她的，可是这种爱带着阶级的束缚的爱深深压抑着爱米丽。

“The day after his death all the ladies prepared to call at the house and offer condolence and aid, as is our custom Miss Emily met them at the door, dressed as usual and with no trace of grief on her face. She told them that her father was not dead. She did that for three days…”（威廉·福克纳，1930）

这段文字描写了爱米丽不能接受父亲去世的现实，纤瘦的她无心成为偌大家里的顶梁柱。福克纳笔下的爱米丽为典型的没有自我意识的贵族小姐，没有自我的爱米丽天天过着无所事事、毫无乐趣的生活。不用为生活奔波，不懂察言观色，最重要的还没有奋斗的目标。对于年轻的爱米丽来说，无疑是在浪费自己的青春，浪费自己的生命。“人生三绝望”的第一种绝望即是人不知道有自我，碌碌无为地过着到头来也是一场空的生活，这样的生活毫无意义可言。无自我意识的爱米丽形成了孤僻、忧郁同时又依赖于他人的性格，这也为她以后的做事风格埋下了伏笔。

（二）第二种形式的“绝望”：人不愿意有自我

克尔凯郭尔（1849）认为，在绝望中不要是自身，不愿意有自我是另一种绝望。傅佩荣（2012）将其解释为不愿意有自我，即不愿意关注自我，不愿意了解自我。虽然人类是群居动物，忙于交际与应酬的人们很少有时间留给自己。在大数据时代人们能够轻而易举接触到最新信息，接纳到最新知识。虽然跟上时代的节奏是人际交流很重要的一步，但独处也是一种享受。唯有独处时才有时间思索自己的事情，这取决于人们对于时间的合理安排以及愿不愿意有自我的空间。无论在东方还是西方，“男尊女卑”思想深深渗透进人们的骨子里。随着现代工业革命的兴起，女性主义的浪潮风起云涌。部分手束缚的女性逐渐意识到自我的重要性，也更愿意花时间了解自我、关注自我。许多女性意识到即使没有独处的时间，至少也要做到精神独立，甚至金钱独立。独立的思想能够带给自己更加和谐、成功的婚姻、事业生活。反观当下流行的冥想以及自我反省，即是人们愿意有自我、了解自我、关注自身的体现。然而在感情中投入很多精力，同时又缺乏独立性的女性和男性们，是不愿意有自我，甚至完全不去考虑自己，只想时时刻刻粘着他们眼中的全世界。一旦感情出现了问题，随之她们的玻璃心也跟着破裂，在不知道生活的方向时，往往会做出许多极端的事情。现实中无论是谈恋爱或是交朋友，心中都应有一把掌握好分寸的尺。甚至那些过了一辈子的老人们，也会为自己的事情而忙碌，而不是天天腻着对方。找到自己的兴趣爱好，反而更能相处一辈子。反观大多不幸的婚姻，明明可以有强烈的自我意识，却不愿意把自我意识放大，典型的不愿意有自我造成了悲剧的产生。

以上这种心态跟小说中的爱米丽小姐很相似。当父亲去世以后，爱米丽没有了依靠，也摆脱了束缚。单纯又渴望自由恋爱的爱米丽碰到年轻有为、活力十足的北方佬，直接为爱米丽打开了新的世界。她深信她的恋人是继父亲以后唯一的依靠，是她的全世界。压抑许久又获得自由爱情的爱米丽自认为相当幸福，犹如活在天堂一般。她心中的恋人会犹如父亲一样守护在她身旁，永远伴她左右。可天堂坠入地狱的那种巨大落差使得爱米丽始料未及，当她知道她的恋人无意于婚姻时，爱米丽内心已经崩溃无比。是思绪万千的爱米丽的最终极端一面让她决定杀了恋人，甚至与情人的尸体同床共枕数十年，以这种“病态”的方式来永远得到他。

“I want some poison,” she said to the druggist. She was over thirty then, still a slight woman, though thinner than usual, with cold, haughty black eyes in a face the flesh of which was strained across the temples and about the eyesockets as you imagine a lighthouse-keeper’s face ought to look. “I want some poison,” she said.（威廉·福克纳，1930）

她买毒药的表现极其异于常人，面无表情，冷峻得令人胆寒，可见她内心已十分绝望。多么可怕极端又多么可怜的杀人动机，爱到骨子里都想和他在一起。连作者福克纳都对这个 19 世纪的女性动了恻隐之心。

（三）第三种形式的“绝望”：人不能够有自我

在克尔凯郭尔（1849）看来，第三种绝望是：在绝望中要是自身。简单来看是当人们有了自我意识，也愿意有自我的时却发现不能够有自我。人处在那种情况下，是极其痛苦与绝望的。由于各种客观因素、各种条件的制约，不能够做自己实在是痛苦地无法想象（傅佩荣,2012）。例如，一个人在年少不经事时，犯了小错误，能够改正固然可好；那种犯致命错误从而导致犯罪而被关在监狱里面不能够做自己，不能够自由生活，不能正常社交，不能亲近家人的人们，生活在多么痛苦与绝望的日子里。有的人会说，被关押几年、十年，出来还可以重新做人。我们不能否认这样的心态，因为我们不应该歧视那些刑满释放的人。可是他们的时间，他们最美好的光阴都不能够有自我，那是多么一种令人惋惜的痛楚啊。此外，更加痛惜的例子经常出现在电视上，大多发生在感情破裂的家庭中：妻子出轨遭丈夫砍死、妻子杀夫抛尸水库、妻子一怒拔刀杀夫等等。这些人没有了自我，不想有自我，更不愿意有自我。这一系列残忍的事件曾真真实实发生，而且还在不断上演。生活即是舞台，也许福克纳的灵感也来源于这些残忍的杀人事件，把现实教训搬到写作创作中以此来告诫人们。

文中的爱米丽在毒死恋人后她的生活已经被她定型了，一心只想留在爱人身边，哪怕是一具死尸也要守护在旁。一墙之隔的爱米丽·格里尔森从小没有自我意识，成年后不愿意有自我，杀人事件发生后不能够自我，多么绝望的生活啊。以至于不会社交、不敢社交、不能社交。没有实现本该幸福、快乐的人生。

For a long while we just stood there, looking down at the profound and fleshless grin. The body had apparently once lain in the attitude of an embrace, but now the long sleep that outlasts love, that conquers even the grimace of love, had cuckolded him. What was left of him, rotted beneath what was left of the nightshirt, had become inextricable from the bed in which he lay; and upon him and upon the pillow beside him lay that even coating of the patient and biding dust.（威廉·福克纳，1930）

当读到结局时，让读者们恨之又怜之。毕竟爱米丽小姐这几十年来一直处于绝望中，没有死亡，却一直永恒地生活在死亡之中。

四、绝望与疾病

克尔凯郭尔“绝望”的三种形式收录于他的《致死的疾病》中第一编第一节。普遍认为人的心理与健康有着紧密的联系，所以他也被人们认为是人本心理学的先驱。可他本人并不是从心理学的角度去对绝望进行研究，而是从哲学的角度对绝望进行阐释（孙凤娟，2010）。为了从哲学上对绝望进行深入的探析，克尔凯郭尔首先从“自我”这个概念进行剖析，所以才被世人解读为“人生三绝望”：不知道有自我，不愿有自我和不能够自我。就克尔凯郭尔的观点，绝望产生的根源是作为关系或综合的自我。从自我的特性来看，每个人都处于绝望之中。绝望是人与生俱来的一种生存状态，也是一种“致死的疾病”，不同于当代的致死疾病。当代致死的疾病常常指结果为死亡的疾病，像艾滋、癌症等。而克尔凯郭尔的“致死的疾病”是指人死于这种疾病或这种疾病会导致肉体的死亡是绝不可能发生的。他指出这种绝望的折磨恰恰是求死不得，这致死之病是既不能死，又似乎没有生的希望使得人们陷入悲观与绝望。“绝望”作为一种疾病，最大的不幸就是不能死亡，却又一直永恒地处于死亡之中。“当死亡是最大的危险时，人希望生；但当人认识到更恐怖的危险时，他希望死。所以，当危险是如此之大，以至于死亡成为人的希望时，绝望就是那求死不得的无望。（孙凤娟，2010）”多么令人印象深刻的语句，让人不得不对人生进行思索。那些因为各种客观或主观原因而一直生活在没有目标，总觉得人生没意义的心态的人，最终大部分人心理、神经都会出现问题。所以克尔凯郭尔也被认为是“人本心理学”的先驱，虽然他本人当时并没有从心理学角度分析“绝望”。

福克纳笔下的爱米丽长期处于克尔凯郭尔的“致死疾病”中，折磨得不能自已。如果我们在最严格意义上谈论致死的疾病，它必须是这样一种疾病，它的终端是死亡，并且死亡是终端的结局，准确地说这就是绝望的含义。

五、结语

求而不得，是以绝望；爱而不得，是以绝望；活而不得，更是绝望。正常人是无法理解与想象爱米丽是以怎样的心态来面对这一切，其最痛苦的“绝望”莫过于死而不能，一直且永远地处于死亡之中。福克纳笔下的爱米丽经历了这些绝望，福克纳对于爱米丽也给予了怜悯之心，献给爱米丽的玫瑰也许就是对她境遇的一种同情。同时，绝望对于每个人来说，也是极其痛苦的一种状态，甚至是无意义的生活方式，可以说是人生最大的不幸与悲剧。想要从绝望中抽离，必然先要认识到自己在绝望之中。了解自我，认识自我，关心自我，才能正确找到人生方向。

参考文献：

[1] 陈军宏．“献给爱米丽的一朵玫瑰花”寓意阐释 [J]. 作家，2009（6）.

[2] 柴旭健，李向东，花萌．从爱情启蒙到梦醒后的绝望看女性的悲剧命运 [J]. 西安外国语大学学报，2010（3）：64-78.

[3] 陈华．福克纳的爱米丽 [J]. 四川师范大学学报，2003（3）：90-93.

[4] 傅佩荣．哲学与人生 [M]. 北京：东方出版社，2012.

[5] 黄桂平．父权制下女性的疯狂与恐怖 [J]. 四川师范大学学报，2007（7）：81-85.

[6] 克尔凯郭尔．或此或彼 [M]. 阎嘉，译，北京：华夏出版社，2007.

[7] 廖越英．从女性主义心理学的角度再读《献给爱米丽的一朵玫瑰花》[J]. 湖南科技学院学报，2006（10）：102-104.

[8] 刘慧姝．论克尔凯郭尔绝望心理范畴的审美意义 [J]. 学术研究，2006（8）：116-119.

[9] 勒相茹，张瑞红．存在的焦虑 —— 从克尔凯郭尔的存在主义解读《走向末日》[J]. 2013（5）：107-111.

[10] 陆颖．绝望的美学沉思 [MA]. 南京师范大学，2014.

[11] 孙凤娟．信仰与抗争：绝望走向希望之路 —— 克尔凯郭尔、萨特绝望理论分析 [J]. 哈尔滨学院学报，2010（6）：8-12.

[12] 索伦·克尔凯郭．克尔凯郭文集 [M]. 京不特，译．北京：中国社会科学出版社，2013.04.

[13] 斯文·卢瓦尔·克莱默裴．克尔凯郭尔与现代心理学 [M]. 北京：知识产权出版社，2015.04.

[14] 威廉·福克纳．福克纳短篇小说集 [M]. 陶洁，李文俊，译．北京：北京：燕山出版社，2015.

[15] 王齐．走向绝望的深渊 —— 克尔凯郭尔的美学生活境界 [M]. 北京：中国社会科学出版社，2000，01.

[16] 姚艳秋．克尔凯郭尔论绝望 [D]. 东北师范大学，2009.

[17] 余小倩，朱振武．《献给爱米丽的一朵玫瑰花》的死亡哲学 [J]. 安徽师范大学学报，2006（1）：54-57.

[18] 郑伟．试论克尔凯郭尔的绝望概念 [J]. 理论学刊，2016（7）：29-33.

从文学文体学角度分析《水浒传》译者的语言风格

刘晓晨

【摘　要】文学文体学特指“以阐释文学文本的主题意义和美学价值”为目的的文体学派。《水浒传》作为一种特殊类型的文学体裁，其丰富的语言对于塑造典型人物形象和展现深厚文化内涵具有重要意义。不同的译者所采用的语言风格必定不尽相同，本文将不同译本译者语言风格通过文学文体学方法进行分析，利用译者语言风格透析并窥见《水浒传》英译的翻译策略和翻译方法及译者在不同文化语境下的价值取向。
【关键词】文学文体学；译者；语言风格；翻译策略；翻译方法

【Abstract】As an intermediary discipline connecting linguistics and literary criticism, literary stylistics, by means of the methodology of linguistics, serves to interpret how the writer expresses and strengthens the thematic significance and aesthetic effects through language choices. As a special literary genre, the abundant language in Shuihu Zhuan plays an important role in shaping typical characters and revealing profound cultural connotation. Definitely, different translators adopts different language styles. This paper would analyze different versions` language styles in the way of literary stylistics, employing this “mirror” to explore translator’s translation strategies and methods, as well as ideologies under different cultural contexts.
【Key Words】literary stylistics; translator; language style; translation strategies; translation methods

一、引言

文学文体学特指“以阐释文学文本的主题意义和美学价值为目的的文体学派。它是连接语言学与文学批评的桥梁，注重探讨作者如何通过对语言的选择来表达和加强主题意义和美学效果”。（申丹，2002）文学文体学的研究对象是文学作品的语言风格和文体特点。运用文学文体学的分析方法，对于译者来说，可以充分理解原作的美学效果和主题意义，从而明确要通过何种翻译策略和翻译方法进行翻译工作这一“二次创作”，使译文在译入语文化的传播过程中更好地表现原作的美学效果和主题价值。对于译入语读者来说，通过文学文体学分析方法，可以充分理解译作的风格特征，进而感受到源语言所表达的美学效果和主题意义。

“当代文学翻译理论已从研究文学翻译的性质、原理、功能、标准、和技巧等问题转移到研究翻译过程和翻译主体——译者本身。其中如何处理文学翻译中译者风格尤其受到关注”。（刘宓庆）林语堂也曾经指出

“译文最重要的是要以原文之风格与其内容并重。不但须注意其说什么，并且须注意怎么说法”。可见风格是否能在译本中得到充分再现是决定翻译是否成功的关键因素。根据刘宓庆教授在《文体与翻译》一书中的概念，译者风格就是译者在翻译活动中所表现出来的创作过程，其中语言运用特点表现最为显著。这也是本文研究的重点。译者的语言风格是译作风格甚至可以说是翻译家翻译风格的直接体现，本文通过对译作的词汇，句法和篇章等方面的研究分析，进一步揭示语言现象背后译者主体的风格偏好，翻译策略和翻译方法以及宏观角度上译者受文化语境影响下的价值取向。

《水浒传》作为一种特殊类型的文学体裁，其丰富的语言对于塑造典型人物形象和展现深厚文化内涵具有重要意义。伴随着中西文化交流这一纽带，《水浒传》英译活动传播了中华文化。不同的译者所采用的语言风格必定不尽相同，本文正是将不同译本译者语言风格通过文学文体学方法进行分析，利用译者语言风格这一面镜子透析并窥见《水浒传》英译的翻译策略和翻译方法以及译者在不同文化语境下的价值取向。

二、文学文体学

（一）文学文体学的概念

20世纪初以来，伴随着现代语言学的发展，文体学逐渐成为具有一定地位的独立理论学科。特别是60年代之后，转换生成语、功能语言学、社会语言学、话语分析、言语行为理论等各种语言学研究成果被逐渐引入文体学，大大增加了文体学研究的深度和广度。文学体裁与文体学的结合，文学文体学便应运而生，这是介于语言学和文学评论之间的一门学科，既有语言学对语言本身的描写，又涵盖文学批评对文学作品的分析。文学文体学在描述语言形式的同时能发掘文学语篇的美学意义，是文学研究从主观性走向客观性的桥梁。因此，“文学文体学的方法对文学翻译和文学翻译批评来说，无疑是评价翻译质量的一块试金石”。（封宗信）

文学文体学的分析方法是以语言学作为分析工具，不限于采用某种特定的语言学理论，但更强调采用现代语言学的方法深入分析语言结构，对语言特征作精细深刻的描写，文学文体学反对主观印象，而是主张“文本细读”，这样才能对语言特征做出较为精确、系统的描写。文学文体学70年代以来就开始把注意力转向了小说的分析，并且由此发展了数种不同的小说分析模式。

（二）文学文体学在国内的发展情况

受到文化意识形态的影响，文学文体学是在改革开放初期才被正式介绍到国内，并在之后蓬勃发展起来，利用文学文体学对文学作品进行翻译批评实践的论文数量可观。北京大学申丹教授在国外深造博士期间就致力于这个领域的研究。在申丹教授著名的《文学文体学与小说翻译》（英文）一书中，她就提出要把文学文体学中课题小说的研究与翻译批评研究结合起来。这一主张在国内外翻译界都具有开创意义。

（三）文学文体学在翻译中的应用

一直以来，在文学翻译界，特别是在翻译传统小说中，译者往往会忽视语言形式所传达的主题意义和美学效果，这样的翻译效果就只能“形似”而不能“达意”。这样一部翻译作品的文学价值在译入语中无疑会大打折扣，不能起到预期的文学效果。被誉为文学文体学之父的德国文体学家Spitzer认为文学作品的价值主要体现在语言上，因此他非常重视分析具体语言细节所产生的效果，进一步提出了“语文圈”（philosophical circle）的阐释模式：先找出作品中偏离常规的语言特征，对其做出作者心理根源的阐释，之后再回到作品细节中通过考察相关因素予以证实或修正。之后英国文学文体学家Leech和Short将Spitzer的“语文圈”理解成为一种“循环运动”——在一种“无逻辑起点”的循环中，对“语言的观察能促成或修正文学见解，文学见解反过来又促进对语言的观察”。（1981）同时两位学者也指出，文体分析的目的就在于找出作者语言运用背后的艺术原则。

所以，文学文体学的研究方法有助于解释作品中的语言特征，在翻译过程中将这些特征在译文中得以再现，利用文学文体学的翻译批评主要是从语音、词汇、语法及篇章结构入手，尤其关注具有文体意义和美学价值的语言特征，进而对翻译文本的文体风格进行分析阐释。最终上升到原文转换到译文两类文本的主题意义和美学效果分析上。

三、译者的语言风格

（一）风格

风格是与主题意义紧密相关的前景化语言运用。我国文学批评大师刘勰在《文心雕龙》：《体性》《风骨》中指出，一般的风格论主要是研究作家或作品的思想内容与语言文采的统一性以及文采（情采）的表现规律和艺术感染力诸要素。风格研究是翻译从微观的词、句法、篇章角度扩展到宏观的内涵价值意义层面的升华。但就目前的研究现状看，对风格的解读倾向于主观印象或者是纯粹的语言学描述，缺乏美学价值的客观的探讨。鉴于此，本研究认为有必要采取文学文体学的途径来弥补这一学术研究的不足。将其运用到风格的研究中，有利于风格全部美学价值的挖掘。有利于译者增强文体意识，更加注重形式本身所蕴含的文学意义和价值，从而更好地把握语言形式的美学功能和文体价值，避免翻译中的文体损差。

（二）译者的语言风格

从文本角度上看，语言风格是作品风格或者作家风格的直接体现，是通过对语音、词汇、语法、修辞、结构等各种语言现象的细密分析，进一步揭示这些现象背后创作主体的心理动机、个性风格特征以及所蕴藏的审美、文化意蕴。译者风格就是译者在翻译创作活动中所表现出来的创作个性，其中语言运用特点表现最为显著。对原文本译作的语言风格就是特指译者的语言风格，是指译者在对原文进行翻译时，译文中出现的具有文体价值的语言特征，这主要体现在语言层面以及修辞层面。如果用文学文体学着手分析，从词汇、句法和语篇角度分析译本，都能在字里行间中感受到译者在两种语言切换风格中表现出来的个性特点，从而更好地理解译作的主题意义和审美效果。进一步进行研究，在译者语言个性特征背后无疑是译者个人价值取向、语言文化修养和宏观层面上的文化语境的影响。

四、《水浒传》的四个全译本

（一）译本及译本研究概况

《水浒传》作为中国最早且最具有英雄传奇色彩的长篇古典文学名著，是中国文学的扛鼎之作，是展现中国世俗文化以及思想文化的一面多棱镜。因此对《水浒传》的英译活动是向英语国家介绍中国文化的一个重要途径。1993年至2002年，《水浒传》已经有四个英语全译本：美国学者赛珍珠的“All Men Are Brothers”（四海之内皆兄弟），英国学者杰克逊的“Water Margin”（发生在水边的故事），中籍美人沙博理的“Outlaws of the Marsh”（沼泽地边的不法之徒）和登特·扬的“The Marshes of Mount Liang”（梁山好汉的故事）。（孙建成 2008）

随着译本的相继出现，国内期刊也陆续

发表了一些评论英译的文章，这些文章基本上都概括性地反映出目前我国对《水浒传》英译的研究成果和现状，特别是近十五年来呈现出蓬勃繁荣之势，其翻译批评伴随着多学科，包括语言学，语义学和文体学的交融而大放异彩。一个值得注意的倾向就是研究者越来越多开始从文化交流的角度和译者文化身份的角度去研究《水浒传》的四个译本，不再是单纯地从语言文字方面比较译本的得失，研究视野得以无限扩展。（许燕 2008）例如孙建成、温秀颖的《后殖民语境下〈水浒传〉英译本的文化特征》，马红军的《为赛珍珠的“误译”正名》，李晶的《翻译与意识形态——〈水浒传〉英译本不同书名成因探析》，将译者的个人意识形态和译者所处社会主流意识形态纳入到翻译批评研究中，大大地开拓了研究的领域，拓展了研究思维。

本研究正是受此研究大背景的影响展开的，笔者认为，译者的语言风格是洞悉译作风格的一面镜子，它可以完整而清晰地呈现出译者个人语言偏好，所采用的翻译策略和翻译方法，更为关键的是可以帮助我们（原语文本读者或者翻译批评家）发掘译语背后译者的个人价值取向，所处的文化语境甚至是更为宏观上的社会文化意识形态。语言是文化的载体，那么可以成功搭建语言和文化之间桥梁的就是文学文体学这一研究方法。在《文学文体学与小说翻译》一书中，申丹（1995）根据中英文文学的具体特点，从三个层面阐述了文体学在小说翻译中的具体运用：词汇层面，句法分析，言语表达层面。这就是本研究所把握的三个研究角度。

（二）用文学文体学分析译本

韦勒克也曾指出语言和文学之间密不可分的关系，“语言是文学艺术的材料”，每一件文学作品都只是一种特定语言中文字词汇的选择，翻译作品的语言词汇也是如此。词汇的选择，尤其是那些在形式上或者内容上偏离常规的词汇，使得译文产生了独有的文体价值和美学效果。由于各个译者在翻译时对同一事物的感知不同，他们对词汇的选择上也存在极大差异。本研究专门就《水浒传》英译的几个比较有代表性的词汇翻译展开论述。

1. 词汇层面——文化词语分析

原文：可怜两个强徒，化作南柯一梦。

赛译：Alas, the good fortune of these two thieves endured, therefore, but for the space of a dream!（Chapter 5）

杰译：We cannot but pity these two ruffians, who were sent to their last sleep in this way, and whose deeds passed like a bad dream.（Chapter 5）

沙译：Poor ruffians, their lives vanished like a dream.（Chapter 6）

登译：This was the end of those two miserable wretches. Their lives were empty as a fleeting dream. Truly it was a case of “Past deeds return to plague the doer.”（Chapter 6, D.P140）

四个译文在“强徒”上用词不一。话说这两个强徒是花和尚鲁智深和九纹龙史进在一座古刹里碰到的，分别是崔道成和丘小乙，“这两个人那里似个出家人，只是绿林中强贼一般，把这出家影占身体”。这一和尚一道人来此寺庙无所不为，赶走众僧，占山为王。在四个译本中，相比赛译和登译，杰译和沙译都是用的 ruffian 一词，程度比赛译的 thief 和登译的 wretch 要重。Ruffian 在中文里面是恶棍、流氓的意思，同时它还有形容词的词性，为残暴的、凶恶的、无法无天的。在这个词的处理上，按照译本出现的时间顺序，沙博里是参照了杰克逊的译法，比较得体，充分说明了两个强徒的身份及胡作非为，使西方读者更加容易把握。而 thief 和 wretch

程度较轻，表达效果方面略逊一筹。

这句话最应该值得关注的是对“南柯一梦”这个文化特色词的翻译。出自唐·李公佐《南柯太守传》，形容一场大梦，或比喻一场空欢喜，比喻梦幻的事。四个译本综合来看，虽然用词不一，但都只作了释义。南柯一梦一词在《水浒传》里出现了三次，分别是前文所讲的第五回，另外第四十一回中，“二青衣望下一推，宋江大叫一声，却撞在神厨内，觉来乃是南柯一梦。”还有在第六十六回中，“宋江撒然觉来，却是南柯一梦。”杰克逊的翻译分别如下：

译文一：... the two Little Blue Clothes pushed him over the balustrades into the water and he suddenly awakened as though from a dream.

译文二：The figure vanished, and Sung Chiang thought he had only had a dream.

笔者特别在本文中举了杰克逊对文化特色词的翻译，从文学文体学层面分析杰克逊的翻译策略和翻译方法以及决定策略方法的翻译价值取向。

第一句背景已经介绍，这里不再赘述。译文一出自“还道村受三卷天书，宋公明遇九天玄女”。夜色朦胧、路不分明，宋江为逃避两个赵都头的追赶误入还道村，入了一处庙堂，躲进庙里的一处“神厨”得以逃脱。却在神厨内左右不得行，这时宋江遇见了两位青衣童子，由两位仙童引路去见了娘娘，即九天玄女。娘娘传宋星主三卷天书，授意其替天行道，为臣辅国安民。跪别完娘娘，宋跟随两个仙童来至石桥边，两青衣给宋江指“石桥下水里二龙相戏”，随后便出现了上文这一幕，宋江梦醒，知是南柯一梦。杰克逊译为“as though from a dream”，看似在语意上是相通的，但是从文化视角上看，却不能很好地体现汉语的文化内涵，译入语读者在读杰译本时根本不会像原语读者一样联想到南柯一梦，这确实是极为困难而遗憾的地方。如果联系下文，把这个情节放在整体语境中会发现杰克逊译本极为明显和不足的地方。“宋江爬将起来看时……袖里帕子包着天书……果是三卷天书……宋江想到：这一梦真乃奇异，似梦非梦！”下文更是明确指出宋江所困之地正是“玄女之庙”。很明显，原语读者可以充分理解这里作者暗含的意思，二龙戏水，宋江即为二龙之一，辅以替天行道之重任。这个似梦非梦的伏笔如果仅仅翻译为 as though a dream，实在简单而且轻率了。

译文二的背景是“托塔天王梦中显圣，浪里白条水上报怨”，宋江破城不得，在帐内忧闷而卧，却忽见天王晁盖显灵立在帐前，晁盖告诉宋江将有血光之灾，需收兵求神医安道全，说罢遂消失。这里杰克逊译文中的 figure 即晁天王，在柯林斯高级词典中，对 figure 有专门的解释：

“You refer to someone that you can see as a figure when you cannot see them clearly or when you are describing them.”

所以单个词的翻译很到位，不过还是“南柯一梦”这个文化特色词，特别是在这里加了 only 一词，实为欠妥。这的确只是一个梦，但是在中国文化中，鬼魂是民间“祖先崇拜”，它根植于中国传统文化的土壤中，影响着民众心理。古代文学作品中，鬼魂托梦的内容无论多么复杂，故事多么曲折，形式多么变换，大凡都系着一个“情”字。这是一种极富民族内涵的文化现象，倘若在下文没有进一步强调此梦的重要性，仅仅用 only 一笔带过，实在是对原著和原语文化的误读。

在这里笔者仅仅列出了一个极为普通的文化特色词，用文学文体学的方法来细究其中的文体价值，通过对杰克逊译本整体译本的阅读，原语读者会发现很多类似于“南柯一梦”的处理方法：简单、直接。孙建成教授的《〈水浒传〉英译的语言与文化》一书中，已经充分将杰译本的特点做了详细介绍和评价。笔者从文学文体学角度出发，将杰克逊语言风格总结如下，“洗练地道，富有文采，但欧化的味道太浓，是译者自己的风格，而非原作的风格”。在杰克逊译本中，数次删除原文的内容，将原文段落进行任意组合，多有失真之处。杰克逊的翻译策略和方法是由其翻译价值取向决定的。孙建成教授在书中将其定义为——杰克逊逻各斯中心主义的“普遍文化”价值观。所谓“逻各斯中心主义”是西方国家对普遍文化追求的具体表现，反映的是文化帝国主义的价值取向。这一点正是杰克逊在翻译《水浒传》时所秉持的，从有关文化内容词语的翻译就可以看出，杰克逊尽量采用基督教词语代替原文的词语，浅化汉语典故，而且惯用英文的行文取代原文的行文规范。这些都彰显了其普遍文化价值取向的内涵。显然，杰译是用自己的翻译动机覆盖了原语作者创作的动机，他对文化词语的选择就是一种张扬欧洲中心的文化帝国主义。

2. 句式层面

句式分析是对原作与译作在句式运用的异同及其文体效果进行分析，在句式分析中，通过对单复句、特殊句型、句子的长度等的探究分析文体效果和整体译作语言风格。

原文：吴用道：“保正梦见北斗七星坠在屋脊上，今日我等七人聚义举事，岂不应天垂象！此一套富贵，唾手而取。”

赛译：Wu Yung said，“The Lord Ch`ao dreamed of the seven stars of the northern constellation. Today we seven men are banded together to carry out a great endeavor. Have we not then fulfilled what was shown forth in the heavens ? Now we have but to spit on our hands and seize this piece of good fortune.”

杰译：Wu Yung said，“Alderman，you had a dream, and saw the seven stars of the kipper descending from the sky, and settling on the ridge of the roof. To-day we seven men have assembled here to transact business, and does it not mean that our meeting fulfills the forecasts of heaven?...”

沙译：“The ward chief has dreamt that the seven stars of the Big Dipper settled on the ridge of his roof, and now we seven, with the same righteous purpose in mind, encounter each other here today,” said Wu Yong. “Surely that is an omen from Heaven. We can take the precious very easily.”

登译：Then Wu Yong said：“Mr. Chao dreamed of the seven stars of the Plough descending on the roof of this house and now here we are, the seven of us, meeting to make plans, who can doubt that it was a vision sent him by Heaven? This prize is really ours for the taking.”

就句式长短来说，赛译本是较为典型的直译，用词多但是不够简洁，虽能充分将原文的意思表达出来但是较为冗余。比较而言，其他三个译本言简意赅，意思表达明确。

就句式选择来说，针对其中最鼓舞人心的一句话的翻译：岂不应天垂象！此一套富贵，唾手可取！这四个译本只有沙博里选择用陈述句，而其他三个译本都用了疑问句。从语气上来说，原文用反问句表达的语气非常强烈和坚定，充分表现了起义的决心和勇气。“应天垂象”是指古人会把一些自然想象附会人事，特别是在一些像揭竿而起之类的需要壮大声势的起义中运用更加普遍，起义需要神化一些自然现象来表明自己受命于天，起义是上天指示的，是合理而且极富正义的。沙译仅仅用 surely 开头陈述了这样一句鼓动人心的话，在语气表达上黯然失色，根本无法让译语读者体会到当时吴用等七人起义时那种“吾心之所向，虽九死其尤未悔”的决心。

接下来我们再来比较一下三个疑问句的译本。赛译“Have we not then fulfilled what was shown forth in the heavens?”不同于另外两个，用了完成时态，在这里笔者认为赛译本用完成时态表现了吴用等七人已经按照命运的轨迹开始举事起义，并且对现在产生了重大深刻的影响。其他两个相对来说就是普通的疑问句了。这里笔者专门搜集了许多有关赛珍珠译本的翻译批评，赛珍珠也在译者前言中说：翻译这部小说时，“我尽可能地做了直译，因为在我看来，汉语的这种文体类型非常适合这样的题材，我尽量保留了原作的意义和风格。”

赛珍珠的直译一度引起了学者的抨击，最有意思的是对“放屁”一次的翻译，赛译为“pass your wind”。此词在《水浒传》中出现的频率很高，多达 26 次，既有出自出生低微的平民之口，如武大郎、阎婆惜、王婆等；也有出自英雄好汉之口，如杨志、武松等；又有出自高贵的头领之口，如卢俊义、殷天锡等。这句话通常表示“比喻说话没有根据或者不合情理”，是一句骂人的脏话，表示人在交际过程中出现的愤怒、蔑视、否定等不满情绪，相当于英语的“shit!”或“what a crap!”。由于“pass your mind”在英语中只是一种自然生理现象，所以引起了争议，纷纷将其指责为“文化陷阱”“误读”“歪译”“超额翻译”“失真”，等等。但是物极必反，随着马红军《为赛珍珠的“误译”正名》一文的问世，中国译界似乎出现了一股为赛珍珠“误译”平反的潮流。马红军指出：“赛珍珠女士的初衷是把中国名著原原本本地介绍到西方，她希望保留中国语言特有的表达方式和行文习惯，要做到这一点，最有效、最便捷的翻译方法就是直译。”我们可以做这样的假设：或许正是由于赛珍珠千篇一律地将所有的“放屁”都译为“pass your wind”这样的结构，我们才能断定赛珍珠是有意为之；或许正是由于西方读者在反复读到这个结构之后不再将其视为生理现象，才会对中国“放屁”一词形成固定的形象。陈敬教授在《赛珍珠与中国——中西文化冲突与共融》指出：“要评价赛珍珠译本是否成功，不能只抓住书中个别的词语和细节翻译评价，而必须站在更大的文化视角上来全面评判。文化意义上的翻译，即是不同思维方式的转换，是把一种语言向表现形式与文化背景都不同的另一种语言的转化。既然表现形式与文化背景不同，两者就不能完全等价交换，文学作品的翻译尤其如此。”诚然，我们要从文化交流的角度肯定赛珍珠的翻译，如果从文学文体学角度分析，尽管对字词或句的翻译不是很符合英文表达，但是在审美和主题意义价值上确实对中国传统文化的一个极好的展示，反映出了赛珍珠翻译的价值取向：对中国文化价值的认同和对中西文化差异的尊重。译本中随处可见的“中国英语”则更能体现它的整体特色与本质、彰显了译者真正的用心与动机——向西方介绍介绍、阐释、传播中国与中国文化。

3. 语篇层面

这里笔者特别就“话说”二字进行有关语篇或者说是衔接层面的分析。原文中的“话说”在《水浒传》每章开头几乎都有，是中国古代章回体小说最为突出的叙事方式，其语用功能是承上启下，帮助读者回顾上一回刚刚讲过的事情，并继续了解马上要发生的事情，从而使上一回用“且听下回分解”留下的悬念立刻得到解密，在效果上保持叙事的节奏连贯，吸引了读者的阅读兴趣。几乎在四个译本中，这些特色鲜明的叙述艺术已消失得无影无踪，取而代之的是平铺直叙的标准英语，虽然也向读者传达了原文的信息，但对“话说”的取消，显然已使信息蕴含的民族色彩和文化特征荡然无存。这样的译文虽然地道通顺，但在译入语读者中唤起的联想与原文读者的联想是大为不同的。从文化交流角度来看，对原文任意的删节和改写体现的是“西方文学形式规范中心论”的价值观，标志着西方“普遍文化”的意志和权利，是对原语文化的蔑视和侵犯。由此而造成的后果是，西方读者并不能真正地了解原语国家和人民的真实特点，使原语民族成为被改写和重塑的对象。

五、结束语

以上只是简单用了几个译文的实例，从文学文体学角度重新看待《水浒传》四个译本的翻译价值，尚且不够完善，论据不够充分，需要补充完善的还有很多。通过文学文体学的研究视角，四个译本在语言的各个层面都存在绝对的差异，但是在绝对差异背后又有着相对类似的意识形态和文化价值取向。总体来说，文学文体学不仅是研究译本语言层面的极为重要的研究方法，而且也在宏观层面上对把握译本主题意义和美学价值具有无与伦比的作用。它帮助我们更好地了解译本背后译者的价值取向，对于搭建原语文化与译语文化之间沟通的桥梁起到重要作用。

参考文献：

[1] LEECH G H, SHORT M H. Style in fiction[M]. New York: Longman Inc, 1981 : 13-14.

[2] SHEN DAN. Literary stylistics and fictional Translation[M]. Beijing: Peking University Press, 1998.

[3] SPITZER L. Linguistics and literary history [A] // D C FREEMAN. Linguistics and literary style [C]. New York: Holt, Rinehart & Winston, 1970.

[4] 封宗信 . 文学文体学 —— 文学翻译批评的试金石 [J]. 中国翻译，1999（5）.

[5] 刘宓庆 . 文体与翻译 [M]. 北京：中国对外翻译出版公司，1986.

[6] 马红军 . 为赛珍珠“误译”正名 [J]. 四川外语学院学报，2003.

[7] 申丹 . 文学文体学与小说翻译（Literary Stylistics and Fictional Translation）[M]. 北京：北京大学出版社，1995.

[8] 申丹 . 叙述学与小说文体学研究 [M]. 北京：北京大学出版社，1998.

[9] 申丹 . 论文学文体学在翻译学科建设中的重要性 [J]. 中国翻译，2002：67-68.

[10] 孙建成 .《水浒传》英译的语言与文化 [M]. 上海：复旦大学出版社，2008,

[11] 王东风 . 译家与作家的意识冲突：文学翻译中的一个值得深思的现象 [J]. 中国翻译，2001（5）.

[13] 许燕 . 二十年来《水浒传》英译的研究 [J]. 山东外语教学，2008.

[14] 张齐颜 . 赛译《水浒》中的中国英语及其文化精神 [M]. 天津：南开大学出版社，2006.